Hebrew Bible and Ideology

구약성서와 이데올로기

Hebrew Bible and Ideology

구약성서와 이데올로기

김영호

대한기독교서회

구약성서와 이데올로기

2024년 9월 1일 초판 1쇄

지은이 김영호
펴낸이 서진한
펴낸곳 대한기독교서회

등록 1967년 8월 26일 제1967-000002호
주소 서울시 강남구 테헤란로103길 14(삼성동)
전화 출판국 02-553-0873~4, 영업국 02-553-3343
팩스 출판국 02-3453-1639, 영업국 02-555-7721
e-mail editor@clsk.org
https://www.clsk.org
facebook.com/clskbooks
instagram.com/clsk1890

ISBN 978-89-511-2156-2 93230

* 이 책은 위탁을 받아 출판하였습니다.

* 책값은 뒤표지에 있습니다.

추천사 1

이데올로기를 넘어 구약성서의 ‘크고 깊은 세계’를 경험하는 시간이 되기를

박종화 / 경동교회 원로목사

김영호 박사가 저술한 『구약성서와 이데올로기』는 제목부터가 기이하고 호기심을 자극한다. 그는 본래 경영학 박사로서 대학 강의와 기업 경영의 경험을 바탕으로 전혀 다른 차원의 학문영역에 도전장을 내밀었다. 바로 신학의 영역이다. 한신대학교에서 신학석사 과정을 마치고 급기야 신학박사 학위까지 획득한 일종의 ‘종합지성’의 모범자로 등장했다. 이 책은 신학 전문 세계뿐 아니라 평신도 그리스도인들에게도 도전적 보탬이 되고 싶은 마음에 학위논문을 대중 서적의 틀로 재구성하여 내어놓은 작품이다.

저명한 신약성서학자 루돌프 불트만(Rudolf Bultmann)은 예수의 메시지가 ‘신화적’ 외피로 표현되어 있음을 직시하고, 신화의 껍질을 벗기고 그 메시지의 본질을 찾음과 동시에 종교적, 시대사적, 역사적, 특히 실존적 함의를 밝히고자 하였다. 이른바 성서 본문의 ‘비신화화’인데, 그 학문적 피고와 공헌이 컸다. 이와 비슷한 논거로 이 책의 저자는 구약성서 메시지의 핵심을 파악하기 위해서 당시의 정치적, 경제적, 종교적 상황을 분석하면서 본문의 저술과 편집 의도 이면의 세계에 몰두한다. 여기에 자크 데리다(Jacques Derrida)의 '해체비평'을 도입하여 구약성서의 이데올로기를 해체해 간다.

저자는 이스라엘의 핵심 구조를 '성전국가'의 틀로 보면서 포로귀환 후 제2성전 건축 시기와 200여 년의 페르시아제국 지배하에서 나타난 '사독계-레위인 제사장 집단'의 지배 이데올로기를 살핀다. 특히 오경, 역대기, 에스라서, 느헤미야서, 에스겔서 등에 표출된 선민 이스라엘의 구체적인 삶과 역정, 그 속에 담긴 메시지의 깊은 뜻을 밝힌다. 저자는 "현대 독자에게 성서 이면의 저작/편집 의도를 밝히고 도식화하는" 과제를 수행하고자 했다며 이 책의 목적을 밝힌다.

그동안 '로고스 중심주의'에 고착된 구약성서 연구의 틀을 넓혀서 이데올로기 비평뿐 아니라 더욱 다양한 분석의 틀 안에서 연구한 이 책을 통해 독자들이 구약성서의 '크고 깊은 세계'를 경험하기를 바란다. 마치 기독교 교회사를 고착된 교리사의 전개나 확대 등 좁은 의미의 교회사로 제한하지 않고, 세계 역사의 시대마다 이념적, 정치적, 사회 경제적, 문화적, 종교적 현실을 순응적/비판적으로 만나며 실질적 삶의 역사로 다시 분석하고 결단해야 하는 것과 같다. 예수께서 말씀하셨듯 "세상의 소금과 빛"으로 살아가는 것이 신·구약성서가 증언하는 교회의 존재 이유이자 삶의 본질이 아니겠는가!

추천사 2

경제학에서 경영학을 거쳐 신학(구약학)으로

서명수 / 협성대학교 구약학 명예교수

아무리 보기 좋고 큰 나무라 할지라도 한 그루만 서 있다면 우리는 그것을 거목이라고 하지 숲이라고 부르지 않는다. 크고 작은 다양한 나무와 풀이 어우러져 상호작용을 하며 생태계 균형과 조화를 이루고 있을 때 모든 초목은 숲이자 숲의 일원이 된다.

학문과 학자들의 세계인 학계 역시 마찬가지이다. 다양한 관심과 관점, 방법론과 전망을 가진 학자들이 자유롭게 학술 활동을 지속하며 각자 추구하는 바를 향해 한 걸음 한 걸음 나아갈 때 학계는 더욱 다양하고 풍요로워진다.

올해 김영호 박사가 학위논문을 다듬어 단행본으로 출간한 이 책 『구약성서와 이데올로기』를 통해 한국 구약학계의 숲은 더욱 다양하고 풍요로워질 것이다. 본 연구는 포로기 사제 집단의 이데올로기 형성과 종교권력화 과정에 초점을 맞추고 있으며, 방법론으로 이데올로기적 해체비평을 시도하고 있다. 학술연구가 아닌 일반인의 성경공부 차원에서는 다소 어렵고 생경하게 느껴질 수 있지만 학문적 논의의 장에서는 충분히 수용되고 수렴될 수 있는 방법론이며 주제이다.

김영호 박사는 경제학에서 출발하여 경영학을 거쳐 신학, 그중에서도 구약학에 발을 들여놓은 독특한 이력의 소유자이다. 계속 탐구하고자 하는 강렬한 열정을 품고 있기에 향후 더 진전된 연구 결과를 내놓으리라 기대된다.

사람이 태어나 자기 이름의 전문 학술서를 가진다는 것은 결코 쉬운 일이 아니다. 저서 출간을 축하하며 독자들에게 일독을 권하는 바이다.

추천사 3

거룩함이란 문자 뒤에 숨은 이데올로기를 해체하는 책

김학철 / 연세대학교 학부대학 교수

하나의 관점을 제시한다는 것은 새로운 세계를 구성하는 것과 다를 바가 없다.

이 책은 구약 전체를 조망하는 신선한 통찰을 제공한다. 새롭고 흥미롭다.

도전적인 이 책은 권위와 거룩함의 문자 뒤에 숨은 인간 욕망과 그것의 응결체인 이데올로기를 해체한다.

이른바 신의 말씀에 엉긴 인간의 자국이 드러난다.

그것을 애써 외면하기보다는 정직하게 직면할 때 우리는 도리어 신의 음성을 들을 기회를 얻을지 모른다.

머리말

지금부터 한 10년 전인 것 같다. 문득 나이 먹는 것에 대해 의문이 들었다. 그냥 시간이 지나면 당연히 늘어나는 숫자인지, 아니면 내가 주체적으로 시간의 흐름을 가질 수 있는지에 대한 본원적 질문이었다.

이미 대학에서 경영학을 가르치던 시절이었지만 학생들에게 가르치는 것 외에 나에 대해 무엇을 알고 있는지 의문이 들었다. 마침 인근 대학원 신학과에서 신입생을 모집한다는 소식을 듣게 되었는데, 신학에 무지하던 터라 잠시 망설였지만 임마누엘 칸트가 57세의 나이에 『순수이성비판』을 출판했다는 사실에 용기를 얻고 주경야독의 심정으로 지원서를 내게 되었다.

신학 공부에 매력을 느끼며 2023년 6월 구약학으로 박사학위를 받았지만 아직도 아는 것이 별로 없는 느낌이다. 박사학위 논문을 좀 더 읽기 쉽게 편집하여 단행본으로 출판하는 객기를 부리지만 기존의 신학이나 신앙과 동떨어진 느낌도 없지 않고, 생소한 내용이라 내심 부담을 느끼고 있다.

부담을 가지는 가장 큰 이유는 학위를 받아도 하나님의 깊은 바다에 대한 지식이 여전히 부족하기 때문이다. 겸손이 아니라 처음 입학할 때와 크게 다르지 않아 무지(無知)의 연속으로 느껴진다. 그런데도 책을 출판하니 그 건방짐에 얼굴 들기가 민망하다.

오늘날 우리 주변에는 수많은 그리스도인이 있다. 모두 저마다의 방식으로 하나님에 대해 잘 알아가고 있는데, 불행하게도 나만 잘 모르는 듯하다. 하나님이란 깊은 바다에 이제 겨우 뗏목 하나를 올려놓은 기분이다. 나름 치열하게 고민하며 구약성서에 대해 인문학적, 거시적, 포스트모던적인 시각으로 글을 썼지만 많은 지도와 조언이 필요하다.

한국의 많은 그리스도인들은 '성서가 진리'라는 절대적인 명제를 고수하고 있는데, 이러한 생각의 틀을 조금 유연한 자세로, 확장된 자세로 바라보면 '성서는 진리로 가는 안내서'라는 명제가 오히려 타당해 보인다. 그래서 용기를 내어 '이데올로기 해체비평'을 통한 성서 비평 연구를 시도하였다. 구약성서를 거시적으로 바라보며 핵심 단어의 편집 역사를 역사적 정황(historical context)을 근거로 정리하였다.

다시 한번 저자의 사유가 완벽할 수 없음을 자인한다. 그럼에도 신학의 새로운 영역에 대한 이 시도가 독자들에게 신선하게 받아들여지기를 소망한다.

2024년 8월

성공회대학교 일만관 연구실에서

우촌(愚村) 김영호

차례

제1장

서론

"히브리 성서는 누가, 언제, 왜 그리고 어떻게 쓸 수 있었을까?" 이 책은 그동안의 히브리 성서에 대한 지엽적이고 미시적인 접근에서 벗어나서 최종 형태의 본문에 대한 근원적이고 거시적인 관점의 네 가지 물음에서 출발한다. 이 질문의 목적은 최종 형태의 히브리 성서가 오랜 편집의 시기를 거치면서도 계속해서 전승되어 우리에게 주어진 그 근원적 힘이 무엇인지를 이해하기 위해서이다.

첫 번째 질문: 누가

히브리 성서의 저자/편집자와 그 당시의 독자는 누구였을까? 이 질문을 추적할 때 중요한 고려사항은 당대의 문맹률이다. 고대 이스라엘 사회에서는 글자 독해가 가능한 인구가 약 5-10%에 불과했다는 주장이 일반적이다.[1] 토마스 뢰머(Thomas C. Römer)는 메소포타미아와 이집트에서 독해 가능한 인구가 1% 미만이었다고 말한 바 있다.[2] 중세 시기에도 극소수의 가톨릭 성직자만이 라

---

1 Konrad Schmid, 이은우 옮김, "누가 오경을 기록했는가?" 「구약논단」 28 (2022): 282.

2 토마스 C. 뢰머, 김경식 옮김, 『신명기역사서 연구: 사회학적, 역사적,

틴어 성서 해독이 가능했다는 점, 심지어 20세기인 1945년 기준 한국의 문맹률이 78%, 인도는 88%였다는 점[3]을 고려하면 고대 이스라엘 사회에서 상당수의 사람이 텍스트를 읽고 쓸 수 있었다는 주장은 상식적이지 않다.

이와 관련하여 기원전 2세기의 쿰란 문서를 발견한 것은 성서 연구에 새로운 통찰을 가져다주었다. 쿰란 공동체에서 쿰란 문서를 보존하는 일뿐 아니라 읽는 사람들 역시 일반인이 아닌 '사제들'이었기 때문이다. 마찬가지로 히브리 성서 각 문서를 전승·보존·편집하는 지난한 과정의 중심에도 그 문서의 독자이며 저자이자 편집자인 '사제 집단'이 있었다. 가령 권력을 가진 사제 집단이 없었다면 히브리 성서의 '글쓰기-보존-편집'은 결코 불가능했을 것이다. 따라서 필자는 이 책에서 최종 형태의 히브리 성서를 저술하고 편집한 주체를 '바벨론 포로 귀환 사제 집단'으로 여기고 그들의 이념 형성 과정을 구체적으로 다룰 것이다.

두 번째 질문: 언제

최종 형태의 히브리 성서는 구체적으로 언제 쓰였을까? 고대 이스라엘 사회에서 아주 단순한 형태의 글쓰기는 기원전 10세기부터 시작되었다고 추정한다.[4] 하지만 '글'에 '이념'을 담는 발전된 형

문학적 개론』(서울: CLC, 2020), 79.

3 위키피디아, http://mhrd.gov.in/school-education.

4 기원전 10세기 것으로 추정되는 게젤 달력(The Gezer Calendar)이 돌

태의 글쓰기와 전승 및 보존은 우리가 흔히 생각하는 것보다 훨씬 후대에 시작되었다. 최종 형태의 히브리 성서에서 '사제 집단'이 구체적으로 언급되고 그들이 권력을 형성하는 모습은 포로에서 돌아온 이후부터 뚜렷하게 나타난다. 다시 말해 사제 집단의 '권력' 곧 글을 쓰고, 전승하고, 보존할 수 있는 힘이 형성된 때는 왕정 시기가 아니라 왕정이 무너지고 난 이후 그들이 바벨론에서 귀환하고 제2성전을 건축하던 때부터이다. 이는 다윗 왕조가 무너진 권력의 공백에서 발생한 것이 아니라, 먼 바벨론 유다 포로공동체에서 태동한 것임을 보여준다.

사제 집단이 권력을 형성할 수 있었던 것은 그들이 바벨론 포로 시절부터 이미 권력의 배아(胚芽)로서 통치 위임자의 능력을 갖추고 있었기 때문이다. 그들은 페르시아제국의 정책에 따라 위임자로서 공공연하게 귀환했고, 그 이후 성전 건축을 준비하며 권력을 키워갔다. 이처럼 권력을 가지고 있었기에 히브리 성서를 저술하고 편집할 수 있었을 것이다. 다시 말해 그들은 성전을 완공하고 속주(屬州)에서 제국의 통치 위임자로서 역할을 수행하고, 자신들만의 성전 권력을 유지하고 공고화하기 위한 이데올로기 작업을 했는데 이는 그들이 엘리트였기에 가능한 일이었다.

판 기록은 월별 농작에 대한 정보를 나타내고 있는데, 이 글이 고대 히브리어인지, 고대 페니키아어인지에 대한 논쟁은 아직 남아 있다. 이 돌판을 통해 히브리어로 이념을 나타내는 글쓰기는 훨씬 후대의 일이라고 추측할 수 있다.

히브리 성서에 나타난 사제 집단의 권력 형성은 다음과 같은 네 시기로 구분할 수 있다.

(1) 바벨론 포로기의 유다인 포로공동체 시기

(2) 바벨론 포로 귀환 이후

(3) 성전 건축과 신정국가(神政國家) 탄생

(4) 성전 권력의 강화

이 책에서는 사제 집단의 권력 형성을 크게 네 단계의 시대적 구분에 따라 나누고, 이데올로기의 형성 단계 역시 위의 네 단계로 구분하여 구체적으로 논의할 것이다.

세 번째 질문: 왜

사제 집단은 왜 글을 써서 전승하고 보존했을까? 사제 집단에게 권력이 필요했던 최초의 이유는 바벨론 포로공동체 내부의 혼란과 무질서를 바로 잡아야 했기 때문이다. 바벨론 포로지에서 형성된 권력의 씨앗이 시간이 지남에 따라 집단화되면서 그들은 엘리트가 되었고 역사의 수면 위에 올라오게 되었다. 이는 제2성전의 완공까지 이어지는 '힘'의 원천이 되었다. 사제 집단은 포로지에서부터 시작된 공동체 내부의 혼란을 해결하면서 영향력을 가지게 되었고, 다윗 왕조가 붕괴한 뒤 바벨론, 페르시아제국이 등장하면서 더욱 커다란 힘을 얻게 되었다. 새로운 제국의 등장이라는 역사적 상황이 사제 집단을 새로운 성전 권력으로 등장시키는 환경이 된 것이다. 역사적 정황으로 살펴본 바에 따르면 사제 집단의 권력 획득은 우연이 아니라 제국의 태동과 함께 등장하게 된 사제 집단의 힘의 결과인 것이다.

네 번째 질문: 어떻게

히브리 성서는 어떻게 쓰였으며, 보존되고 편집될 수 있었을까? 필자는 히브리 성서의 글쓰기와 보존 및 편집과 관련된 일련의 과정이 모두 사제 집단의 '권력'이 있었기에 가능했다고 생각한다. 이 주장을 증명하기 위해서 다음과 같은 방법과 절차에 따라 성서 본문을 분석하고 논의하고자 한다.

(1) 이데올로기의 강조는 '반복'과 일정한 경향으로 나타난다. 예를 들어 출애굽기 31:18의 돌판은 34장에서 다시 언급되며, 십계명은 출애굽기 20장과 신명기 5장에서 반복된다. 또한 율법책의 발견은 열왕기하 22장과 역대하 34장에 반복되고, 최종적으로 에스라가 느헤미야 8장에서 '모세의 율법책'을 가져와 회중 앞에서 낭독함으로써 자연스럽게 정통성을 지니게 된다. 히브리 성서 안에서 율법책은 성전과 더불어 이데올로기 형성 과정의 중심이 되는 힘과 지위를 얻는다. 모세를 통한 십계명은 부서지고 다시 만들어지며, 율법책은 사라졌다가 요시야 시절에 다시 발견되어 마침내 느헤미야 시절 성벽의 완공과 함께 모든 백성 앞에서 낭독되는 것으로 이 이야기의 상관관계는 결론을 맞이한다. 즉 저자의 의도

가 각 두루마리에 편집되어 그 관계를 연결하고 있음을 파악할 수 있다.

(2) 성서의 이데올로기적 서술은 '단순한 것에서 복잡한 것 혹은 짧은 문장에서 긴 문장'으로 발전하는 것이 일반적인 과정이다. 시대적이고 역사적인 상황의 변화는 이데올로기가 생성되는 것과 복잡해지는 것을 의미할 수 있으며, 사제 집단의 편집을 통해 상황에 맞춰 변화하면서 그 이데올로기를 반영하기 때문에 이러한 발전 과정은 히브리 성서를 읽는 중요한 기준점이 될 수 있다.

(3) 성서의 이데올로기적 서술은 현재 상황이나 이념을 과거의 사건이나 인물에 투영하는 '되쏘기' 방식(retrojected method)을 사용한다. 이는 과거의 이야기를 끌어다가 자신들의 이념을 정당화하거나 강화하는 인유적 표현(allusion expression)이며, 일종의 '데자뷔'라고 할 수 있다. 대표적으로 아브라함은 포로 귀환민을 나타내는 표현이고, 모세는 사독계로 대표되는 사제 집단을 나타내는 인유적인 표현이다.

(4) 성서의 이데올로기적 서술은 표면적으로 드러나지 않고 암시되어 있기 때문에 시대적이고 역사적인 상황과 함께 파악해야 한다. 왜냐하면 성서의 본문은 역사적 사실, 맥락 혹은 정황(historical context)을 파악하지 못하면 그 이데올로기를 해체하기가 어렵기 때문이다. 예를 들어 1970년대 한국의 유신체제가 독재의 정당함과 당위성을 강조하기 위해 1968년 12월 5일 제정한 〈국민교육헌장〉을 살펴보자.[5] 당시 정부는 교과서 첫 장에 이 헌장을

[표1] 대표적 되쓰기 작업의 모습: 모세와 사제 집단의 데자뷔

	모세	사독 제사장
대표성	사제의 원형	포로기 귀환 사제
조직	출애굽한 유다인 교포[6]	바벨론 귀환 유대인 교포
출생	이집트(유다-이집트인)	바벨론(유다-바벨론인)
여정	가나안으로 이동	유다 땅으로 이동
목적	땅의 정복	땅의 회복(정통성의 회복)
특징	투사된 이야기(과거)	실체적, 역사적

실어 학생들에게 암기하도록 했다. 〈국민교육헌장〉을 문자적으로 해석한다면 '민족주체성 확립'이라는 웅장하고 서사적인 글로 볼 수 있다. 그러나 저자가 '군부 독재자'였기에 그 내용에 담긴 함의는 권력을 유지하고자 한 것이라고 이해할 수 있다. "나라의 융성

5 "우리는 민족중흥의 역사적 사명을 띠고 이 땅에 태어났다. 조상의 빛난 얼을 오늘에 되살려 안으로 자주독립의 자세를 확립하고 밖으로 인류공영에 이바지할 때다. 이에 우리의 나아갈 바를 밝혀 교육의 지표로 삼는다. …우리의 창의와 협력을 바탕으로 나라가 발전하며 나라의 융성이 나의 발전의 근본임을 깨달아 자유와 권리에 따르는 책임과 의무를 다하며, 스스로 국가 건설에 참여하고 봉사하는 국민정신을 드높인다. …길이 후손에 물려줄 영광된 통일 조국의 앞날을 내다보며 신념과 긍지를 지닌 근면한 국민으로서 민족의 슬기를 모아 줄기찬 노력으로 새 역사를 창조하자." 1968년 12월 5일.

6 필자는 이 책에서 시대적 상황에 따라 포로 귀환 이전 조직을 '유다인'으로 칭하고, 포로 귀환 이후 조직을 '유대인'으로 칭할 것이다. 그 외에는 '유다'라는 용어를 사용할 것이다.

이 나의 발전의 근본"이라는 문구는 문장의 표면과 각 단어를 해석할 때 그 어떤 난해함도 없다. 그러나 군부 독재자의 의도를 생각해보면 '나라(국가)가 개인보다 우선'이라는 의도가 분명하게 느껴진다. '국가=정부=유신헌법=군부 독재'의 등식처럼 군부 독재가 곧 국가이며 개인의 권리보다 군부 독재가 우선된다는 함의가 담긴 것이다. 국가가 제정한 유신헌법을 개인이 따라야 하는 것으로 이해할 수 있다. 즉 개인보다 국가가 우선하기에 국가를 위해 개인이 희생해야 하고, 군부 독재(국가)의 명령(유신헌법)에 순종(백성)해야 한다는 이데올로기가 함축되어 있는 것이다. 이처럼 우리가 군부 독재의 배경(역사적 상황)을 이해하지 않고 단순히 문장의 형태만 보고 그 뜻을 논의한다면 저자의 진의를 왜곡하여 이해할 가능성이 크다.

히브리 성서의 글도 현재의 저작/편집이 과거로 돌아가 과거에서 현재를 미래로 표현하는 고유한 서술 양식에 담겨 있다. 이러한 양식은 주요한 사제 집단의 의도를 간접적으로 드러내고 있다. 히브리 성서 안에는 대표적인 두 집단 '사독계'와 '레위계' 제사장 집단이 등장한다. 초기 귀환 사제로 알려진 사독 제사장에 대한 언급은 소위 신명기적 역사에 집중되어 있으며(왕상 1:8, 26, 38, 39) 역대기에는 레위인에 대하여 강조되어 있다. 어떤 시기 혹은 집단은 사독계를 강조하여 편집하였고, 다른 시기 혹은 집단은 레위인을 강조하여 편집하였음을 추정할 수 있다. 이러한 이데올로기적인 강조는 사제 집단의 이데올로기 형성과 그 발전 과정을 추적할 수 있는 근거가 된다.

따라서 히브리 성서에서 두 사제 집단에 대해 언급하는 것은 '성서가 말하는 시대'가 아닌, 상당한 시간이 지난 후대에 특정한 사제 집단이 권력을 갖게 됨으로써 자신들을 정당화하거나 구별하여 칭하고자 하는 의도로 쓰였다고 이해해야 한다. 예를 들면 우리나라에서 성이 김해 김 씨인 사람들은 많지만 그것이 김수로 왕의 몇 대손이라는 역사적 사실을 의미하지 않는 것과 같다. 즉 김해 김 씨는 김수로 왕 시절에 생긴 것이라기보다는, 그 후손 중 권력을 가진 이들이 자신의 '뿌리 찾기'를 하는 과정에서 자신이 누구라는 것을 강조하기 위해 '조상'을 언급하는 인유적인 표현 방법일 수 있다.

(5) 이데올로기는 히브리 성서의 표층에 드러나 있지 않고 심층에 존재하기 때문에 '해체'해야 한다. 이 책의 목적은 성서 본문에 대한 저자/편집자의 의도, 즉 글 이면의 주제를 찾는 것이라고 할 수 있다. '이데올로기'라는 용어의 의미를 이념 혹은 사상으로 설명하면 칸트가 말하는 언어 이전의 표상 층위에 형성된 것으로 정의할 수 있다. 풀어서 말하면 히브리 성서의 저술과 편집 이전에 이미 이데올로기가 '선행적'으로 형성되었으며 '선험적'으로 존재했다는 것이다.

그러므로 히브리 성서 안에 담긴 이면의 권력을 드러내기 위해서 '해체'의 방법을 사용하려고 한다. 자크 데리다(Jacques Derrida)는 기존 서구사회의 고정화되고 정형화된 이분법적 관념이 인간

사고의 영역을 확대하지 못하는 한계를 지닌다고 지적하면서 기존 철학직 고정관념을 비판하기 위해 '해체'(解體, deconstruction) 개념을 사용한 바 있다. 그에게 해체란 사고의 이유보다는 유래를 묻고, 모든 연구 영역을 끊임없는 텍스트의 일부로 이해하는 것이기에 어떤 근원의 종착보다는 끊임없는 연결구조 속[7]에 머물러 있게 하는 것이다. 즉 해체란 어떠한 중심도 없고, 중심이 있을지라도 고정된 위치가 아니라 무한한 기호의 대치만이 적용되는 기능적인 의미의 상태를 가리킨다.[8]

데리다는 플라톤 이래로 지속해온 서구철학을 현전(現前, presence, logos)[9]의 형이상학, '로고스 중심주의',[10] 즉 이항대립(dichotomy)의 구조로 규정하면서 그것과의 단절을 제시한다. 형상, 목적, 신(神) 등을 끊임없이 주제로 삼는 형이상학의 역사는 "순전히 낱말 의미에서 현전으로서 존재자로 점철되는 이야기"인데, 이러한 '말'이나 이성적 진리를 중심으로 이루어진 체계가 로고스 중심주의이다. 그는 이러한 형이상학적 사유에 몰입하게 되는 선/악, 진리/거짓, 내면/외면, 현전/표상, 본질/현상 등과 같은

---

7 양해림, 『현대 해석학 강의(개정판)』(파주: 집문당, 2011), 298.

8 위의 책, 304.

9 현전은 지금 여기에 있는 것을 뜻한다. '현전시키다'는 어떤 개념을 지금 여기에 있게 만드는 것을 의미한다.

10 로고스 중심주의는 '말'을 중심으로 인간의 '이성'과 '사고'가 참된 지식과 진리를 발견한다는 것을 의미한다.

이항 구조를 사실상 대립 개념이 아니라 그 반대되는 가치와 상호 공존하는 관계에 있는 개념으로 이해한다.[11] 기존의 서구철학이 비이성에 대한 이성, 차이에 대한 동일성, 부재에 대한 현전을 진리 근거로 파악한 것과 달리 데리다는 이성, 동일성, 현전에 대비되는 비이성, 차이, 부재로 여겨지는 타자들을 해방한다.[12]

데리다는 총체적인 사고를 해체하면서 본질의 인식이 고정화되고 정형화되는 것을 경계했고, 항상 차연(différance)[13]의 관점에서 언어(성서 문장)의 의도를 확정된 것이 아니라 살아 있으며 다가올 미래에 관한 것으로 보아야 한다고 강조한다. 따라서 데리다적 관점에서 보면 히브리 성서 이야기에 대한 기존의 해석들은 로고스 중심주의라는 고정된 시각의 틀에서 벗어나지 못한 것이다. 이 해석을 극복하기 위해서는 이성과 진리의 상호 성찰을 통해 해석이 이미 완료된 것이 아니라 생동적인 비결정성(undecidability)을 가지고 있다고 보아야 한다.

데리다의 해체 관점에서 보면 종교 행위는 신과 연관이 있지만, 이 행위를 무조건 절대적인 가치라고 여길 수는 없다. 마치 '종교는

---

11 양해림, 『현대 해석학 강의(개정판)』, 310.

12 양운덕, "새로운 이론: 데리다의 해체이론," 「월간사회평론」 92 (1992): 186-98; 박정호, 『현대철학의 흐름』 (서울: 동녘, 1996), 347.

13 자크 데리다가 사용한 개념으로 발음상 'difference'와 동일하나 데리다는 'difference'(다름)에 'defer'(지연시키다)의 개념을 추가하여 'différance'라고 표기함으로써 언어가 가진 규정적인 의미 결정을 미루어야 한다고 주장했다.

신이 아니다.'로 그 의미를 함축할 수 있겠다. 지난 18세기 미국의 백인들은 아프리카의 흑인들을 납치하여 노예로 팔았는데, 백인 사회는 그 행위를 합리화하기 위해 성서의 내용을 인용하여 '흑인 노예제도'의 정당성을 주장했다. 또한 나치의 히틀러는 제2차 세계대전 중 인류 역사의 가장 큰 인종차별로 600만 명 이상의 '유대인 대학살'을 자행했는데 당시 주류이던 독일 제국교회는 독일 아리안 인종(백인)이 우월하다는 히틀러의 주장을 정당화했다. 하지만 이는 명백히 인종차별주의이며 국수주의 사상일 뿐이다. 종교가 신의 자리에 올라시면 종교권력자가 현존의 신 혹은 신의 현신 대행자가 되어 '신의 이름으로 명령'을 하게 된다. 역사적으로 이러한 형태의 사건은 기독교 외부가 아닌 내부에서 일어났다. 교리라는 이름으로 창조주 신의 모습을 자신만이 유일하게 그릴 수 있다는 아집에 사로잡히는 경우가 많았다. 특히 이들은 성서의 문구를 사용하여 타자에게 자신의 권력 이념(이데올로기)을 주입하는 작업을 했고, 그것이 원만하지 않으면 상대를 공격하기 위한 목적으로 사용했다. 현대에도 이러한 행태가 계속해서 이루어지기에 경계해야 한다.

필자는 이러한 종교 권력의 남용을 비판하기 위해 전통적인 히브리 성서 본문을 해체하여 당시의 권력 집단이 누구이며, 그 집단이 무엇을 배경으로 성서에 자신들의 이데올로기를 편집해 넣었는지 검토할 것이다. '남성 중심', '성소수자 혐오', '타종교에 대한 배타성' 등 이분법적인 편견을 강화하는 데 성서 본문을 사용하고 이것이 성서의 진리라고 주장하는 것을 해체하고자 한다. 해체는 새로운 결과를 유도하는 것이 아니며 그렇기에 최종적인 답이 아니다. 또한 해체는 새로운 고정된 관점을 향한 것도 아니다. 정리하자면, 성서 본문을 해체하는 것은 사제 집단의 이데올로기가 만들어진 사회적 상황과 성서 본문 사이의 상관관계를 밝히는 것이 그 일차적 목적이라고 할 수 있다.

필자는 '히브리 성서를 누가, 언제, 왜 그리고 어떻게 쓸 수 있었을까?'라는 질문에 답하기 위해 위와 같은 다섯 가지 방법론적 기준을 적용했다. 이를 종합하여 '이데올로기 해체비평'이라고 정의하고자 한다. 이데올로기 해체비평은 현대 독자에게 성서 이면의 저작/편집 의도를 밝히고 도식화하는 것을 목적으로 한다. 이 방법을 사용하여 히브리 성서 각 두루마리의 개별적 본문과 사건을 상호텍스트적(intertextuality) 층위에서 관찰하고, 동일하거나 유사한 주제를 다루는 본문의 맥락을 분석할 것이다. 이 분석에서 나타나는 공통점과 차이점을 통해 이데올로기의 변화와 의도를 파악할 수 있을 것이다.

이 외에도 히브리 성서가 언급하는 표면적이고 표층적인 내용은 신화, 전통, 역사적 상황이 다양하게 혼재되어 나타난 것이므로 고대 근동의 다양한 자료를 참고하여 보조적으로 사용할 것이다. 키스 휘틀럼(Keith W. Whitelam)은 이스라엘 역사와 관련된 기존 연구를 검토하면서 현재까지 팔레스타인의 역사가 전혀 고려되지 않았다고 주장한 바 있다.[14] 실체적인 사제 집단의 이데올로기 비평을 위해 20세기 중후반 발견된 사해문서나 바벨론과 페르시아 제국에 관한 연구, 엘레판틴 편지, 사마리아 성전, 고고학적 발견의 자료를 합리적이고 균형적인 입장에서 활용하도록 하겠다.

14 키스 W. 휘틀럼, 김문호 옮김, 『고대 이스라엘의 발명: 침묵당한 팔레스타인의 역사』(서울: 이산, 2003), 11.

Hebrew Bible and Ideology

제 2 장

포로기 유다공동체와 사제 집단의 부상

사제 집단의 권력은 포로기 유다공동체에서 형성되기 시작했다. 이 첫 단계에서 사제 집단은 그들이 맞이한 새로운 환경과 내부의 무질서, 혼란을 극복하기 위해서 유다공동체의 정체성을 확립해야 했고, 이는 이데올로기 형성과 연결되었다. 이 장에서는 사제 집단의 이데올로기 형성의 시작을 파악하기 위해 출애굽기와 신명기에 나타난 십계명을 분석하고, 포로기 공동체의 상황을 역추적할 것이다.

1. 바벨론 포로기 이전 유다 지역 및 주변 상황

기원전 10세기는 소아시아 지역에서 제국의 이름하에 본격적으로 영토 충돌이 일어난 시기이다. 지정학적으로 메소포타미아 지역 발원 국가와 아나톨리아(소아시아) 발흥 신흥 강대국인 아시리아 그리고 전통적으로 나일강 삼각주를 지배하던 이집트의 패권 경쟁이 가나안 지역을 중심으로 일어났다. 가나안은 이들 세력의 중간 지역으로 이집트, 아시리아, 바벨론제국이 번갈아가며 그 영향력을 넓힌 지역이다. 이러한 강대국의 틈바구니에서 세력이 약한 이스라엘은 제국의 지배를 받았다. 특히 지중해를 낀 이 지역은 해상을 포함한 모든 무역의 요지였기에 제국은 이들 지역에 대해 세력을 확장하고자 했다. 즉 이곳은 국가 정치, 경제의 확장을 위해 부닥치는 군사적 완충지대였던 것이다.

메소포타미아, 나일강 지역은 강의 풍부한 수량과 정기적 범람으로 인해 농사 짓기에 적합한 비옥한 땅이었고 당시 인근 도시국가들은 흥망을 거듭하고 있었다. 한편 아나톨리아 지역에서 발원한 국가는 남쪽의 비옥한 땅과 지중해의 해안 상권을 차지하기 위해 남쪽으로 세력을 확장하고자 했다. 이처럼 세 지역의 제국 간 충돌은 불가피한 상황이었다.

이에 반해 가나안 지역의 작은 부족과 도시국가들은 대국들의 전쟁터에 있었는데 생산력, 인구 등 모든 면에서 이들 국가에 맞설 수 있는 능력이 부족했다. 이스라엘이 남유다와 북이스라엘로 나누어진 뒤 북이스라엘은 기원전 722년에 멸망했고, 남유다는 비록 멸망은 면했지만 제국의 속주로서 조공과 세금, 노동력을 제공하게 되었다.(왕하 15:19-20, 18:14)

기원전 612년 바벨론제국은 메디아와 협공하여 아시리아의 니느웨(Nineveh)를 함락시키며 고대 근동 지역의 새로운 맹주가 되었다. 이들이 지배권 확대를 위해 이집트를 공격하는 것은 당연한 수순이었다. 아시리아제국의 정책을 승계한 바벨론제국은 동쪽 엘람, 즉 자그로스와 나우루스 너머는 연합국 메디아에게 양보했지만 페니키아 해안지역은 직접 통치했다. 왜냐하면 이집트가 이

지역에 진출하는 것을 방어하고 지중해 해상무역의 기득권을 가지려고 했기 때문이다.[1]

유다 지역은 가나안의 동쪽 산악지역에 속해 있어 상대적으로 가나안 해안지역보다 전략적·경제적 가치가 떨어졌다. 산악지역에 있는 예루살렘은 도로가 발달된 해안도시보다 농업을 하기에 척박한 땅이었다. 그들은 대신 목축업을 주된 업으로 삼으며 산비탈을 이용하여 올리브와 포도 농사를 짓기도 했다. 북이스라엘을 지배한 아시리아나 남유다까지 정벌한 바벨론 입장에서는 유다 지역의 생산물에 대해 세금을 거두는 것보다 노동 생산력 확보, 곧 자국의 지역 농업 생산 확대를 위해 이들을 포로로 데려가는 것이 더 나았던 것으로 보인다. 다시 말해 제국의 생산력을 증진하기 위해 유다인들을 이주시킨 것이다.[2]

립쉬츠(O. Lipschits)는 아시리아의 디글랏빌레셋 3세(745-727 BC)가 유다 지역 주변(에돔, 암몬, 모압 등)과 페니키아 지역을 점령했지만 해상무역이나 중계무역에 역점을 두었다고 말한다. 또한 기원전 605년 이집트의 퇴락 속에 바벨론의 느부갓네살은 메소포타미아 지역을 점령하고 아시리아를 멸망시켰는데, 유다 지역에서

---

1 조르주 루, 김유기 옮김, 『메소포타미아의 역사 2』 (서울: 한국문화사, 2013), 202.

2 북이스라엘이 남유다로 분리된 것은 "고역과 무거운 멍에"(왕상 12:4), 즉 노동력 착취, 과도한 세금에 기인한 것으로 보이며, 이것은 남유다보다 북이스라엘이 노동력과 경제 활동 지수가 높았다는 사실을 간접적으로 보여준다.

고고학적으로 파괴된 지층이 발견되지 않았음을 근거로 하여 그가 이 지역을 큰 저항 없이 정복한 것으로 주장한다.[3] 당시 바벨론의 정책은 기본적으로 아시리아와 차이가 없는 조공의 형태였지만 메소포타미아의 비옥한 충적토에서 농업 생산력을 증가시키기 위해 정복 도시의 주민을 일부 이주시킨 것으로 보인다.[4]

1) 바벨론 포로기 이전의 유다 인구

특정 시대의 모습을 그릴 때 인구수를 추정하는 것은 시대의 문화적인 사회상에 접근하는 데 가장 중요하고 간결한 척도가 될 수 있다. 인구수를 통해 경제력과 확장된 정치·군사적 능력도 유추할 수 있기 때문이다. 그런데 히브리 성서의 보도에 따르면 출애굽 백성의 숫자는 60만 명(출 2:37)이며, 시내산에서 다시 길을 떠날 때의 숫자는 60만 3,500명(민 1:20-46)이다. 또한 이스라엘 왕정이 형성된 이후 무기를 다룰 만한 이스라엘인이 80만 명, 유다인이 50만 명이라고 한 것(삼하 24:9)을 기준으로 하면 도합 130만 명으

---

3 Oded Lipschits, "Achaemenid Imperial Policy, Settlement Processes in Palestine, and the Status of Jerusalem in the Middle of the Fifth Century B.C.E.," in *Judah and the Judeans in the Persian Period*, eds. Oded Lipschits and Manfred Oeming (Winona Lake, IN: Eisenbrauns, 2006), 19-23.

4 페르시아제국은 바벨론 속주로 하여금 매년 1,000달란트(30톤, 속주 중 가장 많은 양)의 은을 페르시아 왕실에 바치게 하고, 연간 3분의 1의 왕실 식량을 제공하게 했다. 참조. 루, 『메소포타미아의 역사 2』, 244.

로, 성인 남자를 제외한 노인과 아이들 그리고 여자까지 합친다면 최소 그 3배인 390만 명 이상으로 유추할 수 있다.

드보(R. de Vaux)는 열왕기하 15:19-20에서 므나헴이 자기 왕국의 '큰 부자'(גִּבּוֹרֵי הַחַיִל, 기보레 하하일)에게 한 사람당 은 50세겔의 세금을 징수함으로써 아시리아 왕 티글랏-빌레셀 3세에게 은 1,000달란트를 조공으로 바쳤다는 것에서 착안하여 한 달란트를 3,000세겔로 계산한 뒤 경제적으로 곤궁하지 않은 가장(家長)을 6만 명으로 추정했다. 이를 통해 경제적으로 곤궁하지 않은 전체를 약 30-40만 명으로 계산했으며, 여기에 기타 군소 영세민, 직공장과 빈민, 외국인과 노예들을 합하여 이스라엘 왕국 전체 인구를 약 80만 명으로 추정한 바 있다. 또한 이스라엘보다 면적이 3배 적고 인구밀도가 낮은 유다 왕국의 인구를 20만 명 정도로 여겨 남북 왕조의 전체 인구를 100만 명 정도로 추정했다.[5] 올브라이트(W. F. Albright)는 기원전 8세기 유다인의 인구를 25만 명으로 추정하며, 디브너(B. Diebner)는 사무엘하 24:9를 근거로 22만 명, 얀센(E. Janssen)은 15-17만 명으로 추정했다.[6] 성서를 기준으로 연구한 학자들은 대체로 유다 지역의 인구를 약 20만 명 수준으로 내다보고 있다.

---

5 롤랑 드보, 이양구 옮김, 『구약시대의 생활풍속』 (서울: 대한기독교서회, 2013), 135.

6 E. Janssen, *Juda in der Exilzeit* (Göttingen: Vandenhoeck & Reprecht, 1956), 28.

그러나 좀 더 객관적 자료를 얻기 위해 고고학 자료를 기반으로 연구한 핀켈슈타인(I. Finkelstein)은 인구밀도가 가장 높은 기원전 8세기 후반 유다의 인구를 11-12만 명으로 추정하고, 기원전 7세기 말에서 6세기 초의 인구를 약 6만 5,000명으로 예상한다. 그는 이것을 종합하여 포로기 이전 유다의 인구를 약 8만 명으로 추정한다.[7] 그리고 종교사학자 알베르츠(R. Albertz)는 핀켈슈타인이 제시한 인구의 약 25%인 2만 명 정도로 유다 인구를 추정했다.[8] 히브리 성서에 예루살렘 인구에 대한 직접적인 언급은 없지만 바벨론으로 끌려간 포로민 숫자는 1만 8,000명(왕하 24장) 혹은 4만 6,000명(렘 52장)으로 예루살렘 인구를 간접적으로 확인할 수 있고, "예레미야의 입으로 하신 말씀"(대하 36:21)을 기준으로 대략 8,000-1만 명 정도(렘 39:9, 렘 52:29)로 유추할 수 있다.

---

7 Israel Finkelstein, "The Population of Palestine in Iron Age II," *The American Schools of Oriental Research* (1992): 47-69.

8 립쉬츠는 전체 인구 가운데 약 50%인 4만 명 정도가 줄어들었다고 주장한다. 포로민 숫자에 따른 인구 감소율에는 차이를 보이지만 알베르츠와 립쉬츠 모두 포로기 직전 유다 인구를 8만 명 정도로 가정하는 유사성을 보인다. Rainer Albertz, "More and Less Than a Myth: Reality and Significance of Exile for the Political, Social, and Religious History of Judah," in *By the Irrigation Canals of Babylon: Approaches to the Study of Exile*, eds. J. J. Ahn and J. Middlemas (London and New York: T&T Clark, 2012), 20-33; Oded Lipschits, *The Fall and Rise of Jerusalem: Judah under Babylonian Rule* (Winona Lake, In: Eisenbrauns, 2005), 273.

브로시(M. Broshi)는 히브리 성서의 언급과 비교해서 고고학적으로 고대 예루살렘의 인구를 도시 규모와 인구밀도를 종합하여 1헥타르당 160-200명으로 추정했는데, 기원전 1000년경 예루살렘 인구는 12에이커에 약 2,000명, 기원전 900년경에는 32에이커에 약 4,500-5,000명, 기원전 8세기 말 북왕국 멸망 이후에는 약 125에이커에 2만 5,000명 정도였을 것으로 추정한다. 브로시에 따르면 페르시아 시대 예루살렘이 재건되면서 느헤미야 시대에는 약 30에이커에 4,500명 정도, 기원전 2세기경에는 하스몬 왕조 시절의 확장에 따라 약 165에이커에 3만-3만 5,000명의 인구 수준을 보인다. 헤롯 시절에는 194에이커로 약 4만 명, 5세기 비잔틴 말기와 초기 아랍 시대에는 5만 5,000-6만 명으로 증가한 것으로 보인다.[9] 남유다가 멸망하면서 그 정복 과정에서 도시가 파괴되기도 했는데, 열왕기하 25:12에서 '그 땅에 비천한 자를 남겨두고 포도원을 다스리는 자와 농부가 되게 하였다.'고 언급한 점을 종합한다면 유다 땅 인구가 상당히 줄었다고 볼 수 있다. 포로기 직전의 예루살렘 규모를 측정하는 기준에 따라 다소 차이를 보일 수는 있지만, 1세기 예루살렘 인구를 4만 명 정도로 추정하고 당시 바벨론 면적이 무려 850헥타르에 약 1,179개의 신전과 신당이 있었으며 인구를 약 10만 명으로 추정한다면,[10] 포로기 직전의 예루살렘 인구는 1세기 인구의 절반에도 못 미

9 M. Broshi, "Estimating the Population of Ancient Jerusalem," *The American Schools of Oriental Research* 4 (1978): 10-15.

10 루, 『메소포타미아의 역사 2』, 218.

치는 2만-2만 5,000명으로 추정하는 것이 타당하다.

성서에서 표현한 예루살렘의 숫자와 고고학적 추정은 큰 차이를 나타내는데, 기원전 바벨론 포로기 전후 예루살렘의 정치, 사회, 문화적 상황에 대한 접근은 히브리 성서를 제외하고는 자료가 거의 없어 객관적, 과학적으로 분석하기가 쉽지 않았다. 하지만 최근 고고학의 발전으로 다양한 고고학적 자료, 도기 파편, 건물의 모습을 통해 당시의 남유다왕국 예루살렘 인구를 추정할 수 있게 되었는데, 이는 그 시기의 경제력 규모와 정치, 종교를 짐작할 수 있는 가장 중요한 바로미터로 활용할 수 있다.

한 예로 솔로몬 군대에 대해 열왕기상 4:26에서는 "솔로몬의 병거의 말 외양간이 사만이요 마병이 만 이천 명이며"라고 서술한다. 마병 1만 2,000명의 숫자는 당시 전체 인구가 2만 명이던 것을 생각해보면 과장된 표현임을 알 수 있다. 2만 명 중 성인 남성을 3,000명 정도로 계산한다면 3,000명 정도의 군사력과 1,000명 미만의 상비군을 지녔을 것이라고 추정된다. 이를 통해 위의 성서 표현이 문학적 표현이자 과장된 표현임을 알 수 있다.[11]

2) 포로기 유다 땅의 생산력

포로기 이전 남유다에 존재한 왕정의 규모는 정확한 자료를 근

11 동방 원정을 한 알렉산드로가 잇소스 전투에서 기병 약 3,000명을 동원했으며, 중세 유럽 국가의 일반적인 기병 운영과 비교하면 1만 2,000명이라는 솔로몬의 마병 숫자는 거의 불가능한 숫자이다.

거로 들 수는 없으나 남유다 인구 2만 명 정도를 기준으로 경제 능력을 추정하면 왕정의 규모 역시 추정할 수 있다고 본다. 남유다가 거의 척박한 산간지역이라는 것을 고려한다면 예루살렘 중심의 경제력을 어느 정도 산정해볼 수 있다.

이스라엘 농업의 중심지는 북이스라엘의 단(Dan)에서 내려오는 풍족한 수원(水源)을 기반으로 농사가 원활한 갈릴리 지역 주변과 이스르엘 평원, 해안지역 평야에 속하는 갈멜산 기준 북쪽 악고평야와 남쪽 샤론평야가 있다. 이스르엘은 이스라엘의 곡창지역이지만 북이스라엘에 속한 곳이었으며, 해안지역에서도 블레셋이나 두로 등 해안 도시국가가 있었기에 상대적으로 척박한 지역인 남유다에서는 목축업 위주의 생산활동이 전개되었다. 농업 생산물에 대해서는 크게 기대할 것이 없지만 유다 지역, 예루살렘 주변 기드온 계곡에서 포도주나 올리브[12] 같은 상업용 농작물[13]이 어느 정도 재배되고 있었다.

그러므로 왜 포로기 시절 유다 땅에 사람이 거의 살지 않았고(렘 39:9) 그 땅이 척박해졌는지 살펴보아야 한다. 제미슨-드레이크(D. W. Jamieson-Drake)는 유다 사회가 완전히 붕괴하거나 전체

---

12 포도는 경사가 진 구릉의 척박하지만 일교차가 있는 곳에서 잘 자라며, 올리브는 전형적인 지중해 기후에서 재배된다.

13 Marvin L. Chaney, "Ancient Palestinian Peasant Movements and the Formation of Premonarchic Israel," in *Palestine in Transition: The Emergence of Ancient Israel*, eds. D. N. Freedman and D. F. Graf (Sheffield: Almond Press, 1983), 39-90.

가 와해된(왕하 25:9-17) 성서의 보도에 대해 어떤 고고학적 증거도 발견할 수 없다고 지적하며 당시 예루살렘의 도시 기능이 지속되고 있었다고 주장한다.[14] 프리드(L. S. Fried)는 예루살렘에 지속적 활동이 있었고 목축업과 농업노동자, 장인(匠人), 상인, 마을과 마을의 장로, 서기관, 사제, 예언자가 존재했으며 정치적 제도 역시 손상되지 않은 사회였다고 주장한다.[15] 오히려 바르스타드(H. M. Barstad)는 느부갓네살이 바벨론의 건축 프로젝트를 위해 장인을 중심으로 포로민을 끌고 갔지만 유다의 생산에는 거의 영향을 미치지 못했으며, 주요 농산물인 포도와 올리브의 경우 북부지역에서는 생산이 증가했다고 말한다. 그는 여러 지역(Tell en-Naßbeh, Tell Beit Mirsim, Tel Beth-shemesh, Tel Gezer, Tel Batash, Tel Miqne)에서 와인과 올리브를 위한 생산설비 유적이 발견되었음을 근거로 제시하면서 이 생산물은 바벨론 지역의 군대와 지방 행정을 유지하는 데 사용됐으며 일부는 개별적인 유통을 통해 상업도시(두로, 다메섹)와 거래를 했다고 주장한다.[16]

남유다의 농업 면적과 생산물이 북이스라엘 이스르엘 평야의 소출보다 상당히 적은 수준임을 가정한다면, 기원전 722년 아시리

14 라이너 알베르츠, 배희숙 옮김, 『포로시대의 이스라엘』 (고양: 크리스챤다이제스트, 2006), 133.

15 Oded Lipschits and Joseph Blenkinsopp, *Judah and the Judeans in the Neo-Babylonian Period* (Winona Lake, In: Eisenbrauns, 2003), 22.

16 위의 책, 11-13.

아가 북이스라엘을 점령한 뒤 남유다보다 북이스라엘에서 더 많은 조공을 받았으리라 이해할 수 있다. 상대적으로 풍요로운 북이스라엘에 아시리아인을 이주시킨 이유도 농업 생산성이 더 높기 때문임을 추정할 수 있다. 앞서 언급했다시피 바벨론의 느부갓네살도 남유다로부터 조공받는 것이 실익이 거의 없다고 판단하여 기원전 605, 597, 586년 3차에 걸쳐 남유다인을 포로로 끌고 갔다. 이는 다윗 왕조에 대한 응징과 더불어 바벨론 도시 건설을 위해 노동자가 필요했기 때문이기도 하지만, 고고학적으로 발견된 골라(Golah)의 농업 활동을 통하여 추정해보면 메소포타미아나 강가의 비옥한 충적토를 개간하여 농업 생산을 높이고자 한 것이 가장 중요한 목적이었다고 볼 수 있다.

오히려 예루살렘은 경제적으로 활성화된 가나안 지역(남유다의 위쪽까지)의 하단 외곽에 위치했고 동쪽 내부 산악지역에 있어 아나톨리아 혹은 메소포타미아 기원의 북쪽 국가와 이집트 남쪽 국가 간의 무역품, 상업품의 중간 교역지로서 어느 정도 역할을 했다고 볼 수도 있지만, 두 제국 사이에 놓인 유다의 지형적 위치로 인해 유다 땅은 오히려 경제적인 의미보다는 이집트와 바벨론의 중간지대(buffer zone, 완충지대)로서의 군사적 의미를 지녔다고 보는 편이 적절할 것이다. 기원전 334-332년 알렉산더가 이집트를 정복하기 위해 이동 통로인 지중해 연안도시 두로(Tyre)를 함락시키고 팔레스타인 본거지인 가자(Gaza)를 장시간 공격하여 함락시킨 것[17]은 지중해 해상무역로(Sea Line)를 확보하기 위한 것이었다. 경제적 가치를 기준으로 한다면 지중해 연안의 중간 무역도시의 거점이 중요하기 때문이다. 상대적으로 동쪽 내부 산악지역에 속한 예루살렘은 지나쳤는데 이는 예루살렘을 함락하는 것에 큰 실익이 없다고 여긴 것이다.

유다 지역은 역사적으로 메소포타미아의 풍부한 농업 생산력을 가진 바벨론 아나톨리아 세력과 나일강의 이집트 세력 간 경제적 관점의 충돌이 아니라, 해상무역 및 대상 교역의 중간 접점 지역인 비블로스, 시돈, 두로 등 페니키아인들과의 해상무역을 위한 군사 강대국의 전쟁 장소가 되었고, 양 강대국이 공존하는 경우에는 일종의 군사적 완충지대의 역할을 했다. 그러나 힘의 균형이 무너진 기원전 10세기 이후 유다 지역은 지속적으로 강대국의 속주로서 편입되었다.[18]

결론적으로 포로기 동안 유다 지역은 지도자나 장로가 부재한 것도 아니고, 정치적·사회적·종교적 제도와 조직된 공동체가 사라진 것도 아니었다. 히브리 성서에 언급된 "사제나 선지자도 없는 땅, 중요한 경제 활동이 없는 황폐한 땅"(렘 29:15-18, 겔 12:19, 33:28)이라는 표현은 실체적 상황이 아니라 귀환 사제 집단의 이데

---

17 두로 함락에는 8개월이 소요되었고, 가자 점령에는 2개월간의 치열한 전투가 치러졌다.

18 고대 페니키아는 비블로스, 시돈, 두로 등을 중심으로 지중해 해상권을 가지고 카르타고를 개척했고, 제국의 속주로서 경제적인 역할을 하여 카르타고 및 스페인 남단 지역을 개발했다.

올로기를 표현한 것으로 볼 수 있다. 포로 기간에도 남유다에서는 미스바(Mizpah)를 중심으로 바벨론의 속주 통치가 이어졌다. 이후 바벨론의 멸망과 페르시아제국의 등장은 제국의 속주 정책에 변화를 일으켰는데 바벨론 포로민 귀환을 허락한 것에는 특별한 이유가 있었다. 즉 미스바를 중심으로 친바벨론 세력이 무너지고 예루살렘 중심의 페르시아 신(新)권력의 등장을 예고하는 것이었다.

2. 바벨론제국의 속지(屬地) 통치 정책과 페르시아제국의 속주(屬州) 통치 정책의 차이

유다 왕국이 멸망한 뒤 예루살렘 지역에서는 정치 변화가 일어났다. 비록 성서에는 다윗 왕조의 왕권정치 붕괴 시기, 곧 왕조 말기 다윗 왕조의 여호야김-여호야긴-시드기야 왕에 이르는 붕괴 시기 이후(587 BC 이후)에 대한 언급이 거의 없지만, 그럼에도 이를 정치 권력의 공백이라고는 볼 수 없다. 오히려 이 시기부터 바벨론제국이 멸망한 기원전 538년까지 약 50년 동안은 느부갓네살의 통치로 지역의 행정 시스템이 재편되는 시기였다. 베냐민의 성읍인 미스바로 수도를 옮겼고, 미스바 출신 아히감의 아들 그다랴가 유다의 총독으로 임명되었다.(렘 40:5) 예레미야와 그 추종 세력은 바벨론제국의 통치에 대해 긍정적(렘 40-42장)이었지만 저항 세력인 이스마엘에 의해 그다랴는 피살(렘 41:1-17)된다. 이 피살 사건으로 요나단 등 군사 일부와 예레미야가 바벨론의 적대국 이집트로

피신하는 등 불안정한 상태가 지속된 것으로 보인다. 그러나 바벨론 멸망 전까지 바벨론의 통치 아래 예루살렘 등 주변의 경제적 행위와 일상의 모습은 유지되었고 지방 산당 중심의 야훼 제의 또한 지속되었다.

이 시기의 사회상에 대해 브라이트(J. Bright)는 고고학적 입장에서 페르시아 시대에 유다 지역에 있던 공동체와 관련하여 특별히 언급할 것이 없다고 말한다. 고고학적 자료가 존재하지 않기에 바벨론 통치 시절의 예루살렘은 중요한 전략지가 아니었다는 것이다.[19] 립쉬츠도 팔레스타인에서 예루살렘이나 미스바보다 사마리아가 가장 큰 중심도시였다고 말한다. 기원전 5세기 중반 그리심산에 성전이 완성된 형태로 있었다고 주장하는데 이를 근거 삼아 상대적으로 예루살렘 건축과 무덤은 적게 발견되었으며 예루살렘의 크기는 약 6만 제곱미터이고 인구는 매우 적은 숫자였다고 보았다.[20] 알트(A. Alt)는 예루살렘 지역이 예루살렘 성벽 재건축 때인 기원전 5세기 중반에 이르러서야 중요한 위상의 변화가 있었다고 주장하는데, 부족한 고고학적 증거에도 불구하고 페르시아제국 시절 느헤미야 11장의 성벽 건축 증언이 나올 즈음에야 예루살

---

19 존 브라이트, 박문재 옮김, 『이스라엘 역사』 (서울: 크리스챤다이제스트, 1981), 586.

20 Lipschits, "Achaemenid Imperial Policy, Settlement Processes in Palestine, and the Status of Jerusalem in the Middle of the Fifth Century B.C.E.," 31–32.

렘이 미스바를 대신하여 지역의 수도가 되었다는 것이다.(느 6:15-7:4)[21] 이들의 주장을 종합하면 예루살렘이 중요한 도시로 등장한 것은 성전 완공 이후이다.

바벨론제국의 왕은 수메르 지역의 종교적 적통자임을 자처했다. 왕은 '마르둑(Marduk, 신들의 왕)의 은혜를 받은 자', '신들의 사랑을 받는 자', '신실한 목자'라는 칭호를 사용하여 신의 대행자가 되었다. 수도 바벨론을 가장 훌륭한 제사의 도시로 꾸몄고 신년 축제를 통해 풍요를 위한 제의를 시행했다. 또한 농경사회에 기반을 둔 전통 제의를 계승했고, 각 지역의 신들을 바벨론 신전에 안치하여 마르둑을 보좌하게 했다.[22] 여러 신들 중 가장 위대한 신은 마르둑이며 그 대리인이 바벨론 왕이었다. 이러한 바벨론 신전 시스템은 바벨론제국의 확장과 더불어 성장했는데, 각 지역의 신전들이 바벨론 중앙 신전에 정기적으로 예물을 상납하도록 시스템을 구축하여 운영한 것이다. 결국 마르둑은 제국의 안녕과 농업생산과 상업 활동을 보호하는 보호자이므로 성전은 그 제국의 정치적·경제적 기능의 중심을 의미한다.

바벨론은 강력한 왕권체제였기에 '제국의 법'은 수메르 문명의 발전과 함께 정교해졌고, 그 법을 통하여 강력한 중앙통치체제를 구축했다. 당시 메소포타미아 지역의 여러 도시의 경제력이 상승

---

21 A. Alt, "Judas nachbarn zur zeit Nehemias," *Palästina-Jahrbuch* 27 (1931): 66-74.

22 루, 『메소포타미아의 역사 2』, 228-30.

함으로써 바벨론제국의 정치적 위상도 영향을 받게 되었다. 제국의 입장에서는 자체 농업 경제력을 확보하기 위해 전리품으로 많은 지역에서 포로민을 바벨론으로 이주시켜 생산력을 증가시키려고 했다. 주목할 것은 포로민에 대한 바벨론의 정책이 강제 노예 정책이 아니었다는 점이다. 그들은 포로민에게 일정 땅을 주어 개척하도록 하고 그 생산물에 대해 세금을 부과했다. 이러한 정책으로 인해 유다인 포로공동체는 바벨론에서 경제적·종교적으로 독립된 공동체를 만들 수 있었다. 70년의 포로기 공동체 생활 이후에도 상당수 유다인이 바벨론에 남은 것은 자유의사에 따른 결정이었다.[23]

페르시아제국은 파티마 지역의 대상 무역과 상업을 통해 얻은 국제적 안목과 문화를 받아들여 성장한 제국이기에 넓은 지역을 식민 통치하면서 각 지방의 분권주의적, 문화적 특성을 인정하는 정책을 폈다. 이런 시각에서 지역 출신 전문가를 등용하는 개방정책을 시도했으며, 때때로 지역 총독을 그 지역 출신으로 위임하는 경우도 있었다.[24]

페르시아제국의 고레스가 포로민 귀환을 승낙한 것은 각 속주

---

23 Lipschits and Blenkinsopp, *Judah and the Judeans in the Neo-Babylonian Period*, 55. 이스라엘이라는 이름은 페르시아 시대 이전 또는 아마도 그 이후까지 유다 주민들이 자신들의 정체성을 위해 사용하지 않았다고 본다.

24 그리스 지도자 데미스토클레스를 기원전 466년 아닥사스다의 소아시아 서쪽 마그네이사의 총독으로 부임시킨 것도 같은 맥락이다.

고유의 풍습과 신앙을 인정하는 관용정책으로 볼 수 있다. 또한 그들은 속주를 운영하기 위한 제국의 통치 시스템의 일환으로 지역 전문가를 총독으로 파견했다.[25] 즉 포로 골라 출신 인재를 페르시아제국의 속주 관리인으로 파견하여 넓은 제국의 영토를 관리하게 했는데, 훗날 이들은 예루살렘 성전을 건축했다. 이는 페르시아제국의 종교적 관용정책에 의해서가 아니며, 또한 귀환 사제 집단 스스로 성전을 건축한 것이 아니라 제국의 운영 시스템에 의한 결정이라고 봐야 한다.(스 6:10) 속주 지역에 성전을 건축한 것은 성전 중심으로 세금을 징수하기 위한 일환으로 제국의 새로운 통치 방식이었다. 즉 예루살렘 성전은 조공, 관세, 통행세 등 관련 세금을 징수하기 위한 목적으로 건축된 것이다.(스 4:20)

3. 골라에서 포로민 사제 집단의 이데올로기 태동

바벨론 포로를 생각하면 어떤 이미지가 떠오르는가? 흔히 "바벨론의 여러 강변 거기에 앉아서 시온을 기억하며 울었도다"(시

---

25 지역의 포로민을 모두 석방한 기록은 '고레스 원통'(Cyrus Cylinder)에도 잘 나타난다. "바벨론 거주민에 대해… 나는 노동자들에게 임금을 안 주는 그것과 사회적 신분을 안 주는 제도를 폐지한다. 나는… 그들의 무질서한 주거 생활에 안녕을 주었고 티그리스 다른 편에 있는 헌납됐던 도시들을 돌려주었다. 그 땅은 오랫동안 폐허가 된 거룩한 땅으로… 나는 이전의 원주민들을 모아서 그리로 돌려보냈다.", "수메르와 아카드 땅의 거주민들에 대한 생각이 바뀌어."

137:1)라는 시편의 이미지를 떠올린다. 이 말씀을 읽고 노예로서 비극적 삶을 산 것으로 인식하는데, 바벨론 포로생활이 이집트 노예생활과 유사할 것이라고 여기기 때문이다. 하지만 히브리 성서에서는 에스더가 왕비가 되고, 다니엘이 우수한 엘리트로 궁정에 등용되었다고 보도한다. 또한 고고학 문서에서는 포로민들이 바벨론 지역에서 자유로운 생활을 한 것으로 나타난다.[26]

메소포타미아 지역 알 야후드의 유다인 공동체에서 발견된 고대 설형문자 아카드어로 쓰인 점토판에는 바벨론 유다 포로공동체의 일상의 모습(농사를 짓고, 운하를 건너고, 저녁에 집에서 요리하는 사람들에 대한 묘사)이 나타나는데, 이스라엘 사람들이 바벨론 사람들과 동일한 생활을 한 것을 알 수 있다. 아히감의 아들 학개라는 사람의 기록은 가족 연대기 성격의 글로서 증조할아버지까지 기록되어 있다. 이를 볼 때 그들이 바벨론에 포로로 끌려왔지만 가족에 대한 정체성을 확실히 지니고 있었음을 알 수 있다. 아마도 초기에는 바벨론 도시를 건축하기 위해 포로민들의 노동력이 동원되었을 수 있으나 이후 정착지가 주어지면서 그 후손들은 자유롭게 경제 활동을 한 것으로 보인다.

정착 이후 안정된 삶의 모습은 예레미야의 편지에 잘 나타난다. "집을 짓고 거기에 살며 텃밭을 만들고 그 열매를 먹으라… 자녀를

26 Lipschits and Blenkinsopp, *Judah and the Judeans in the Neo-Babylonian Period*, 170.

낳게 하여 너희가 거기에서 번성하고… 그 성읍의 평안을 구하고… 그 성읍이 평안함으로 너희도 평안할 것임이라."(렘 29:5-7) 예레미야의 보도는 포로민들이 농사를 지으면서 비교적 자유롭게 살았음을 암시하고 있다. 또한 히브리 성서에 언급된 니푸르(Nippur)를 통과해 흘러가는 유프라테스강의 관개수로인 '나루 카바리' 기슭의 포로민 정착지(겔 1:1-3, 3:15, 23), 이 외에도 델아빕(겔 3:15), 델멜라와 델하르사(스 2:59) 그룹, 앗단과 임멜(스 2:59, 느 7:61), 가시뱌(스 8:17) 등에서 다양한 유품이 발견되고 있다.

특히 나루 카바리 지역의 니푸르에서 1893년에 발견된 700여 개의 쐐기문자 토판을 통해 포로민의 생활을 충분히 엿볼 수 있다. 소위 '무라슈 문서'(Murashu texts)로 불리는 토판들은 대부분 계약과 행정에 관한 상업 활동을 담고 있지만, 유다 포로민에 대한 정보도 포함하고 있다. 이는 기원전 6세기 유다 포로민들이 니푸르 지역 28개 정착촌에서 공동체를 이루며 상당한 자치권을 누리며 살았고, 정착 이후 한 세기 동안 농업, 상업, 은행업 등 다양한 분야에서 자유롭게 활동하며 재산을 증식하고 심지어 노예까지 소유하는 등 비교적 성공한 삶을 살았음을 보여준다.[27]

앞서 언급한 알 야후드 외에도 나사르에서 발견된 쐐기문자 아카드어로 기록된 점토판[28] 중 약 100개의 토판에는 600명의 이름

---

27 위의 책, 171.

28 점토판들의 연대를 추정한 결과 기원전 572년부터 473년까지 넓게 분포되어 있었다.

이 기록되어 있는데, 이 중 120명의 이름이 야훼 이름을 딴 유다인의 이름이다. 이들은 생활필수품과 개인 소유물을 거래하는 사람들인 채무자와 채권자로서 언급되어 있다. 그런데 한 가지 중요한 특징이 있는데 이 문서가 남유다가 멸망한 기원전 586년에서 불과 14년이 지난 비교적 짧은 시기인 기원전 572년의 것이고 따라서 그들이 기존 바벨론 사회, 경제체제에 빠르게 정착했다는 인상을 준다는 것이다.[29] 이것으로 유추해보면 이들이 단순한 포로 노예로 강제 이주된 것이 아니라, 제국의 새로운 체제에서 경제의 한 축을 맡아 생산력 확대를 통한 제국의 세수를 증대시키는 역할을 담당했음을 추정할 수 있다.[30]

이처럼 유다인 포로공동체는 바벨론 공동체와의 경제 활동에서 동등한 입장이었으며 자신들의 고유 언어와 문화, 생활풍습, 종교적 정체성을 유지했다.[31] 공동체에서 형성되고 유지된 사회적 정체성은 한 집단을 이해하는 중요한 척도이다. 이 공동체가 공동의 규범과 가치를 가지고 있으며 구성원으로서 동질성을 공유하고 있다는 것을 의미한다. 이러한 사회적 정체성을 가진 집단의 규

---

29 Lipschits and Blenkinsopp, *Judah and the Judeans in the Neo-Babylonian Period*, 171-72.

30 위의 책, 172.

31 참조. M. W. Stolper, "The Genealogy of the Mura`su Family," *Journal of Cuneiform Studies* 28 (1976): 189-200. 일부 점토판에서 할아버지, 아버지의 족보를 언급하면서 유다인 성을 유지한 것은 그들이 사회적 정체성을 지니고 있었음을 의미한다.

범과 가치는 다른 이질적 집단과 공존할 때 더욱 차이를 드러낸다. 바벨론 사회의 유다 포로민 공동체는 초기의 강제 이주 때문에 드러난 불안감을 공동체 내부에서 종교적 결속력으로써 타개하고자 했는데 여기에서 바벨론 공동체와의 근본적 차이가 나타난다. 그들에게는 강제로 자기 고향을 떠나 새로운 정착지에서 초기 공동체의 무질서로부터 안정된 공동체를 만들기 위한 강력한 내부 리더십이 필요했다. 정체성 확립을 위해 자신들의 고유한 전통과 문화, 특히 종교적 자산을 지키는 집단이 필요했는데 이들이 바로 사제 엘리트이다.

이들은 고대 근동의 계약문 형식, 바벨론의 계약법전에 영향[32]을 받아 공동체 생활 규칙을 마련하고 야훼 종교 제의를 통해 공동체의 정체성을 확립했을 것이다. 이 내부 결속과 연대감이 이질적 장소인 바벨론 지역에서 더욱 강력하게 발휘된 것인데, 유다 민족 고유의 정체성이 유다 땅에서 생긴 것이 아니라, 골라에서 강하게 형성되었음을 주목해야 한다. 아마도 공동체의 유일한 정신적 리더인 사제 집단의 존재가 이것을 가능하게 했고, 이들은 점차 엘리트가 되면서 국제적 감각을 가지고 페르시아제국의 속주 통치 위임자로 귀환하게 되었을 것이다.

---

32 노희원, "십계명의 편집사적 연구," 「구약논단」 1 (1995): 108-53.

4. 골라의 정체성 확립과 공동체 생활지침서: '원십계명'을 찾아

1) 바벨론 포로공동체 사제 집단의 리더십 부상

성서에 따르면 제1차 포로 사건은 기원전 606년 여호야김 4년(느부갓네살 원년)에, 제2차는 기원전 597년(왕하 24:10-11)에, 제3차는 기원전 587년 시드기야 11년(느부갓네살 19년)의 예루살렘 점령 시기에 그리고 마지막은 기원전 582년 그달리야 개혁 시절(렘 52:30)에 있었다. 이에 따라 학자들은 히브리인의 귀환 시점을 기원전 515년으로 잡는다. 따라서 587년부터 성전 건축을 대대적으로 시작한 515년까지 대략 70년을 포로생활 기간(슥 1:12, 7:5)으로 본다.[33]

포로지에서 히브리인들의 삶이 어떠했는지는 다양한 고고학적 증거물을 통해 어느 정도 추정할 수 있다. 초기 포로민 정착촌은 니푸르 지역 델아빕 '그발 강가'(겔 1:1, 3:15)이며 이후 다른 곳으로 정착촌이 확장되었다. 고고학적 증거물은 포로공동체의 경제생활이 비교적 안정되어 있었음을 보여준다.[34] 초기 포로민들은 주로 정치적·육체적·종교적인 문제로 어려움을 당했으나,[35] 이후 공동

---

33 알베르츠, 『포로시대의 이스라엘』, 20.

34 위의 책, 144. 시파르 출신인 한 유다인 가정과 바벨론 가정이 법적으로 동등함을 보여주는 법문서 Cyr 307은 포로 말기의 법적·경제적 통합을 시사한다.

35 위의 책, 144.

체가 안정화하면서 포로민 후손 중 일부는 고등교육을 받고 엘리트로 성장하게 되었다. 이는 성서의 기록을 통해서도 확인할 수 있다. 다니엘은 바벨론 왕궁에서 교육받았으며(단 1:4), 귀환 초기의 대표적 인물인 스룹바벨이나 에스라도 유다 포로공동체의 후손 중 최고의 엘리트로 페르시아제국의 임무를 가지고 귀환했다. 느헤미야 역시 페르시아제국의 관원(느 2:1)으로 그리고 총독(satraphy)으로 귀환했다.

포로민들은 주로 도시 건설을 위한 군인, 장인, 수공업자와 메소포타미아의 풍부한 충적토에서 농업 생산을 하는 성인 남성과 그 가족으로 구성되었다고 볼 수 있다.[36] 포로공동체가 초기에 무질서와 혼란 속에 있었다는 것은 예레미야의 편지에서 드러난다. 편지를 통해 공동체에 거짓선지자와 점쟁이의 선동이 있었으며(렘 29:8-9) 치안과 가정이 무너지고 있었음을 유추해볼 수 있다. 그러나 동시에 이 혼란을 수습할 주체 세력이 있었고, 편지의 수신인이 포로공동체의 지도자였음도 추정할 수 있다. 포로기 시절 시작된 할례(유딧 14:16), 엄격한 음식 규정(단 1:8-16)과 안식일 정례화(신 5:12-15, 출 20:8-11)는 유다 전통과 종교적 전승을 고수하고자 한 포로기 사제 집단에 의해 이루어진 것임을 알 수 있다.[37]

---

36 위의 책, 118-20.

37 위의 책, 151.

왕족이나 관료 출신은 그들 자신이 패망의 제공자였기에 공동체로부터 인정을 받을 수 없었다. 이에 정치적으로 무색(無色)한 사제들이 자연스럽게 공동체 제의를 담당하면서 포로민들의 리더로 부상하게 되었다.

사제 그룹의 역할은 포로공동체 내부의 행정, 회계, 서기를 담당하는 것을 넘어 생활 법률, 치안, 의술 등의 분야로까지 확대되었다. 그들은 바벨론 신년 축제의 종교 제의 등에 참석하면서 바벨론제국 종교 지도자들과 교류하며 인맥을 쌓고 제국의 선진 시스템을 배우면서 포로공동체의 정체성을 형성해나갔다. 바벨론 신년 축제는 각 지역에서도 모두 참가하는 가장 규모가 큰 신전 축제로 제국 내부의 단결을 도모하는 역할을 했다. 사제들은 이를 보며 자신들의 공동체에서 그들과 차별화된 '유일신 야훼사상'을 정립했다.[38]

사제 집단이 세력으로 등장하였다는 것은 다니엘이 이 축제에 초대받은(단 5:1) 것에서도 확인할 수 있다. 또한 "제사장들은 예수아의 집 여다야 자손이 구백칠십삼 명이요"(스 2:36)라는 구절에서도 이들 세력의 확장된 모습을 볼 수 있다.

70년에 이르는 포로 기간 동안 사제 집단은 바벨론제국의 종교 제의와 차별화하여 자신들의 정체성, 고유 관습과 신앙의 모습을 정립했다. 그들은 바벨론의 다신 종교를 거부하고 '유일신 야훼'

---

38 라이너 알베르츠, 강성열 옮김, 『이스라엘 종교사 II』(고양: 크리스챤 다이제스트, 2004), 58.

로 더욱 정교한 정형화 작업을 통하여 공동체가 바벨론 공동체에 편입되는 것을 막고자 했다. 이 기간은 오직 야훼 하나님으로부터 선택받은 민족으로서 구원을 받을 것이라는 이데올로기를 도출하는(사 40-55장) 데 충분한 시간이었다.

2) '정체성' 확립을 위한 이데올로기 작업: '원십계명'

포로기 사제 집단에게 공동체의 리더로서 초기 내부의 혼란기 질서를 잡기 위한 '생활지침서'가 필요했다는 것은 충분히 추론이 가능하다.[39] 당시 사제 집단은 야훼 제의를 통해 차별화된 민족이라는 종교적 유다 정체성을 확립했는데 이로써 공동체를 하나로 묶어 안정을 이룰 수 있었다. 유일신 야훼 제의는 바벨론의 다신적 제의나 바벨론의 주신(主神) 마르둑과 차별화된 그들만의 고유한 신앙을 구축하는 작업으로, 이 신앙적 구심점을 통하여 공동체가 빠르게 안정화된 것으로 보인다. 출애굽기와 신명기의 십계명을

---

39 참조. 포로기 시절에 십계명의 원본이 있었을 것으로 추정하지만 정확하게 어떤 모습으로 있었는지는 알 수 없다. 하지만 그 모습이 어떠한지에 대해서는 성서의 십계명에 대비하여 '원십계명 자료'로서 '원십계명'이라는 표현을 사용한다. 노트(M. Noth, *Das System der Zwölf Stämme Israels*와 *Überlieferungsgeschichtliche Studien*)는 포로기 시절에 십계명이 하나의 문서로 통합되기 전의 윤리적 규범이 있다고 주장했고, 폰 라트(G. von Rad, *Das erste Buch Mose: Genesis*와 *Deuteronomy*)와 알트(A. Alt, *Das Verbot der Bilderverehrung im Alten Testament*)도 각각 노트의 주장을 수용했다.

통해 포로기에서의 유일신 야훼와 생활지침서가 서로 다른 자료로 존재했는지, 아니면 이 둘이 하나로 연결되어 소위 원십계명이 일정한 틀을 가지고 있었는지에 대해서는 명확한 증거가 없다. 하지만 당시 정황으로 볼 때 십계명을 통해 포로지에서 사제 집단의 문서화 작업이 진행되었음을 유추할 수 있다. 포로기 원십계명을 정확히 확인할 수 없는 상황에서 출애굽기 20장과 34장 그리고 신명기 5장과 27장은 귀환 이후에 포로기 시절을 되쏘기(retrojected)함으로써 원십계명의 편집이 이루어졌음을 보여준다.

필자는 바벨론 포로기 초기 혼란기를 거쳐 '십계명 이데올로기'가 형성되었고 훗날 성서의 십계명이 편집되었다고 본다. 신명기 십계명 중 모세가 언급되는 부분이 모세를 귀환 사제 집단의 원형(元型)으로 설정할 시점의 추가 편집임을 생각하면 신명기 십계명은 바벨론 포로 사제 집단의 귀환 초기 편집이라고 판단할 수 있다. 포로기의 원십계명이 포로기의 혼란기를 수습한 것과 같이 귀환 초기 페르시아 통치의 안정화와 속주(유다 지역) 통치를 원활히 하기 위해 귀환 사제의 포고령 혹은 계엄령[40]으로 자신들의 정통성을 드러내기 때문이다.

참고로 크뤼제만(F. Crüsemann)은 십계명이 신명기 기자의 작품이 아니라 독립된 자료이며, 포로기에 편집된 것이 아니라고 주

40 "들으라"(שְׁמַע, 쉐마)라고 하면서 "그것들에게 절하지 말며 그것들을 섬기지 말라", "나는 너의 하나님 야훼이기 때문이다."라고 말한다.

장한다. 그는 본문 주제에 대한 연대를 포로기 이전 기원전 9-8세기로 보며, 곧 종교, 신학, 정치, 사회의 위기에 대한 하나의 반응으로 보고 호세아와 신명기 사이, 북왕국 멸망과 요시야 시대 사이, 므낫세 왕 시대의 산물로서 당시 내부의 강한 사회적 대립과 심판 예언자들의 출현 그리고 북왕국의 멸망으로 수집된 자료라고 주장한다.[41] 양식비평으로 분석한 슈탐(J. J. Stamm)도 십계명이 신명기 기자의 작품이 아니라 주변에 이미 있던 자료라고 주장한다.[42] 이에 대해 슈미트(H. Schmidt)는 십계명은 신명기 기자의 산물에 출애굽기 20장의 몇 부분이 보충된 것이라고 주장한다.[43]

한편 포로기 공동체에서는 내부의 거짓 선동자가 초기 무질서를 준동했을 가능성도 있다. 이뿐 아니라 공동체의 유다인 일부가 바벨론제국에 동화되면서 야훼 제의에 불참했을 가능성도 있다. 이처럼 어려운 환경에서 사제들은 문제를 해결하기 위해 야훼의 유일신 종교 제의를 정립하여 포로공동체를 안정시키고 야훼 제의에 확고한 자부심을 갖게 했다. 이후 이들은 엘리트화하면서 공동체의 리더로서 바벨론 시민과 동등한 자격으로 바벨론과 페르시아제국의 공동체에도 편입되었다.[44]

---

41 참조. 프랑크 크뤼제만, 이지영 옮김, 『자유의 보존: 사회사적 관점에서 본 십계명의 주제』 (서울: 크리스천헤럴드, 1999).

42 J. J. Stamm, *Der Dekalog im Lichte der neueren Forschung* (Bern: Haupt, 1962), 7-9.

43 Hans Schmidt, "Mose und der Dekalog," *Religion und Literatur des Alten Testaments* 1 (1923): 78-119.

3) 히브리 성서의 십계명

포로기 사제 집단의 이데올로기를 추적하는 일차적 자료인 십계명은 출애굽기 20장과 신명기 5장에 있다. 두 개의 십계명은 시차를 가지고 편집된 것으로 보인다. 존스톤(W. Johnstone)은 편집 비평의 시각에서 출애굽기 20장에는 창조 이야기가 첨가되어 있으며, 신명기 5장의 경우 출애굽 사건에 안식일 계명이 첨가되어 있다고 주장한다. 먼저 출애굽기의 십계명은 "아직 역사적으로 실현되지 않은 종말의 이상 속에서 살아가는 법과 그날의 실현이 완성될 수 있는 최적의 환경(enabling environment)을 창조하는 방법"임에 반해 신명기의 십계명은 신학적 비애(pathos)로 "현재 포로 혹은 디아스포라로서 땅을 상실하고 재산과 아내를 탈취당해 고난받는 하나님의 백성을 언젠가 포로지로부터 자유를 지닌 이상적 상태로 회복시켜 주실 구속주 하나님에 대한 믿음을 재확인하기 위한 것"이라면서 출애굽 십계명이 후대의 편집이라고 주장한다.[45]

노희원의 경우 편집비평을 통해 신명기 십계명이 '삶의 정황'(Sitz im Leben) 안에서 명확하게 고대 근동의 계약문 형식에 기초했음을 직시하고, 포로기 혹은 포로기 이후 활동한 후대 신명기 사가의 작품이라고 추론한다. 그는 신명기 사가의 편집 양식이 지닌 구조적 특성으로 보아 출애굽기의 십계명 저자와 동일 지

---

44 위의 글, 144.

45 W. Johnstone, *Exodus* (Sheffield: JSOT Press, 1990), 97.

자라고 주장한다. 신명기 사가의 편집 활동을 통해 출애굽기의 계약법전이 신명기법전의 축소판으로, 출애굽기 십계명이 계약법전의 축소판으로 이루어지게 됨으로써 시내산 단화(短話)의 십계명, 계약법전은 신명기의 십계명, 신명기법전과 대칭형 한 세트[46]를 이루게 되었다고 주장한다. 그러나 이러한 주장으로는 쿰란에서 발견된 사해문서의 신명기에 십계명이 존재하나 사해문서의 출애굽기에서는 십계명이 발견되지 않은 것을 설명할 수 없다. 에세네파 쿰란 공동체가 출애굽기의 십계명을 삭제하지 않은 한 신명기의 십계명이 먼저 형성되었으며, 신명기와 출애굽기의 십계명은 같은 시간대에 편집된 것이 아님을 알 수 있다.[47]

슈미트는 십계명에 대한 명칭이 출애굽기 20장에는 등장하지 않으며 출애굽기 34:28과 신명기 4:14 그리고 10:4에 나타난다고 하면서, 신명기에서만이 십계명 전과 후에 그 명칭이 나타나기에 신명기의 십계명이 먼저 수집되었고, 이후 출애굽기의 십계명이 현 문맥 속에 자리 잡은 것으로 보았다. 신명기의 십계명은 고대 근동의 계약문 형식에 기초하여 서문의 권고적 해석, 지켜야 할 법 조항 율법집(신 12:1-24:15), 계약 체결(신 26:16-19), 저주(신 28장) 그리고 행위적 체결의식에 대한 맹세 서약으로 완전한 형태의 계약체결 형식임에 주목하고, 출애굽기의 십계명은 신명기 사가의 연장

46 노희원, "십계명의 편집사적 연구," 108-53.

47 그들은 출애굽기의 십계명을 삭제할 이유가 없으며, 이유가 있다면 신명기 5장의 내용도 동시에 삭제해야 타당하다.

선으로 분석했다.[48]

코흐(K. Koch)는 '애굽 땅에서 종 되었던 집', '다른 신들', '야훼의 이름'과 같은 전형적인 표현을 신명기 역사가의 특징으로 이해하면서, 출애굽기 20:1-7이 창세기 25:1-6, 13 이하, 출애굽기 13:3-10과 함께 오경의 앞 네 권에서 발견되는 것처럼 신명기 사가의 편집물이라고 주장한다.[49]

알베르츠는 추가로 안식일에 대해 언급한다. 사제 집단의 안식일이 성전과 달의 주기로부터 주간의 휴일과 연결되었다며 두 제도가 결합된 성전 축제를 안식일의 기원으로 주장한다. 이로써 "네 하나님 여호와의 안식일"(신 5:12-15, 출 20:8-11)이라는 제의적 위엄을 가지게 되었으며, 고향에서 멀리 떨어져 성전이 없던 포로민 공동체가 골라에서 행한 바벨론 제의 양식과 연결되어 있다고 주장한다.[50]

4) 십계명의 이데올로기 해체

최근 학자들은 대체로 편집비평을 통해 신명기의 십계명은 신명기 사가의 편집으로 여기고, 출애굽기의 십계명은 신명기적 사가의 편집본을 재편집한 것이라고 인정한다.[51] 이것은 일반적으로

48 Schmidt, "Mose und der Dekalog," 78-119.

49 K. Koch and S. M. Cupitt, *The Growth of the Biblical Tradition: The Form Critical Method* (New York: Schribner, 1969), 62.

50 알베르츠, 『포로시대의 이스라엘』, 152.

신명기 십계명이 먼저 편찬되고 누군가 후대에 이르러 출애굽기 십계명을 추가 편집했다는 말로 이어지며, 이에 대해 다양한 편집 과정을 해석하는 연구가 진행되고 있지만, 그 편집의도가 무엇인지는 설명하지 않고 있다.

이데올로기 해체에서 중요 단서로 여겨지는 것은 신명기 십계명의 서언에 등장하는 모세에 대한 언급이다. 이는 포로기 귀환 사제 집단의 이데올로기와 관련이 있다.[52] 초기에 귀환한 사독 계열(사독계 제사장)은 모세를 사제의 원형으로 삼았다. 그들이 신명기를 통해 모세의 정통성을 가진 후손(모세의 아바타)으로서 그 '정통성'을 가지고 유다 땅에서 '명령'(חק)[53]하는 형태를 취하고 있음

---

51 신명기의 저자로 포로기 한 사람(노트), 산헤립 시절 '땅의 사람'의 대변인 위치의 레위인(폰 라트, "신명기와 거룩한 전쟁," 213-14 참조), 북예언자(니콜슨), 기원전 7세기 서기관(바인펠트) 등을 제시했으나 일부 본문을 근거로 전체적 본문의 흐름을 끊는다고 반론이 제기되었다. 폰 라트의 경우 신명기의 저자로 요시야 시절의 개혁가들과 서기관을 지목하였다. 그러나 폰 라트를 비판하는 이들은 신명기 사가의 지방 성소 비판(신 12:14, 18, 15:20 등)에 대해 요시야 왕 시대에 이루어진 것이 아니라 긴 시간이 걸려 신명기 사가가 형성한 것이라고 본다.

52 아브라함이라는 이름은 페르시아 통치 초기의 유다 지방 귀환자의 모델로 신바벨론 이전 시대에 기록된 예언서에는 아브라함이 없다. 참조. 조셉 블렌킨소프, 소형근 옮김, 『유대교의 기원: 에스라와 느헤미야를 중심으로』 (서울: 대한기독교서회, 2014), 69.

53 히브리어 '쉐마' 구절(신 4:1, 5:1 등)은 지혜문학의 잠언 구절과 유사한 점을 근거로 예루살렘 왕궁의 서기관이 말한 것으로 주장되었으나 지혜문학이 역사 문제를 언급하는 자리에 있지 않다는 반론도 있다. Moshe Weinfeld, *Deuteronomy 1-11: A New Translation with*

에 주목하자. 돌아온 유다 땅의 모습은 포로 초기 공동체가 처한 혼란스러운 상황과 비슷했다. 그들은 바벨론 후손 교포 사제로서 유다 경험이 없는 생소한 환경은 마치 초기 포로기 공동체와 같은 모습으로 연상되었다. 그러나 귀환 사제는 엘리트로서 페르시아 정부의 관리자로 임명받고 유다 땅에서 명령, 즉 '들으라'(שְׁמַע, 쉐마)[54]라는 포고령으로 귀환의 정당성을 나타내는 이데올로기 작업을 하게 된 것이다.

이데올로기 발전 과정을 살펴보면 동일한 내용이나 유사한 문장이 짧은 것은 길어지고, 단순한 것은 복잡하게 서술되는 경우가 대부분이다. 그러나 후대에 편집된 출애굽기 십계명이 신명기 십계명보다 단순한 구성을 지니는 이유는 편집 시기가 예루살렘 제2성전의 안정화 이후였기 때문이다. 이때는 정체성에 대한 이데올로기 형성이 더 이상 중요하지 않았기 때문에 십계명의 내용이 간결해졌으며 오히려 성전에 대한 당위성을 강조하기 위해 창조신화를 덧붙여 편집한 것으로 보인다.

십계명은 크게 두 단락으로 나뉘는데, 1-4계명은 유일신 야훼와 안식일에 대한 규정이며 5-10계명은 생활지침서이다.

Introduction and Commentary (New York: Doubleday, 1991).

54 "모세가 온 이스라엘을 불러… 규례와 법도를 듣고 그것을 배우며 지켜 행하라."(신 5:1)

[표2] 십계명 본문 비교

규정	출애굽기 20:1–17	신명기 5:1–21	비교
제의	1. **하나님이 이 모든** 말씀으로 말씀하여 이르시되	1. **모세가 온** 이스라엘을 불러 그들에게 이르되 이스라엘아 오늘 내가 너희의 귀에 말하는 **규례와 법도**를 듣고 그것을 배우며 지켜 행하라	모세의 규례와 법도를 지키라고 명령함
	2. 나는 너를 **애굽 땅, 종 되었던 집**에서 인도하여 낸 네 하나님 여호와니라	2. 우리 하나님 여호와께서 호렙 산에서 우리와 언약을 세우셨나니	
	3. 너는 나 외에는 다른 신들을 네게 두지 말라	3. 이 언약은 여호와께서 우리 조상들과 세우신 것이 아니요 오늘 여기 살아 있는 우리 곧 우리와 세우신 것이라	
	4. 너를 위하여 새긴 우상을 만들지 말고 또 위로 하늘에 있는 것이나 아래로 땅에 있는 것이나 땅 아래 물 속에 있는 것의 어떤 형상도 만들지 말며	4. 여호와께서 산 위 불 가운데에서 너희와 대면하여 말씀하시매	
	5. 그것들에게 절하지 말며 그것들을 섬기지 말라 나 네 하나님 여호와는 질투하는 하나님인즉 나를 미워하는 자의 죄를 갚되 아버지로부터 아들에게로 삼사 대까지 이르게 하거니와	5. 그 때에 너희가 불을 두려워하여 산에 오르지 못하므로 **내가 여호와와 너희 중간에 서서 여호와의 말씀**을 너희에게 전하였노라 여호와께서 이르시되	

	6. 나를 사랑하고 내 계명을 지키는 자에게는 천 대까지 은혜를 베푸느니라	6. 나는 너를 애굽 땅, 종 되었던 집에서 인도하여 낸 네 하나님 여호와라	명령의 주체
하나님의 이름	7. 너는 너 하나님 여호와의 이름을 망령되게 부르지 말라 여호와는 그의 이름을 망령되게 부르는 자를 죄 없다 하지 아니하리라	7. **나 외에는 다른 신들을 네게 두지** 말지니라	
	8. 안식일을 기억하여 거룩하게 지키라	8. 너는 자기를 위하여 새긴 우상을 만들지 말고 위로 하늘에 있는 것이나 아래로 땅에 있는 것이나 땅 밑 물 속에 있는 것의 어떤 형상도 만들지 말며	소와 가축의 구체적 명시
안식일	9. 엿새 동안은 힘써 네 모든 일을 행할 것이나	9. 그것들에게 절하지 말며 그것들을 섬기지 말라 나 네 하나님 여호와는 질투하는 하나님인즉 나를 미워하는 자의 죄를 갚되 아버지로부터 아들에게로 삼사 대까지 이르게 하거니와	
	10. 일곱째 날은 네 하나님 여호와의 안식일인즉 너나 네 아들이나 네 딸이나 네 남종이나 네 여종이나 네 가축이나 네 문안에 머무는 객이라도 아무 일도 하지 말라	10. 나를 사랑하고 내 계명을 지키는 자에게는 천 대까지 은혜를 베프느니라	

규정	출애굽기 20:1-17	신명기 5:1-21	비교
	11. **이는 엿새 동안에 나 여호와가 하늘과 땅과 바다와 그 가운데 모든 것을 만들고 일곱째 날에 쉬었음이라 그러므로 나 여호와가 안식일을 복되게 하여 그 날을 거룩하게 하였느니라**[55]	11. 너는 네 하나님 여호와의 이름을 망령되이 일컫지 말라 나 여호와는 내 이름을 망령되이 일컫는 자를 죄 없는 줄로 인정하지 아니하리라	출: 창조신화 편집
	12. 네 부모를 공경하라 그리하면 네 하나님 여호와가 네게 준 땅에서 네 생명이 길리라	12. **네 하나님 여호와가 네게 명령한 대로 안식일을** 지켜 거룩하게 하라	
	13. 살인하지 말라	13. 엿새 동안은 힘써 네 모든 일을 행할 것이나	
	14. 간음하지 말라	14. 일곱째 날은 네 하나님 여호와의 안식일인즉 **너나 네 아들이나 네 딸이나 네 남종이나 네 여종이나 네 소나 네 나귀나 네 모든 가축이나 네 문 안에 유하는 객이라도** 아무 일도 하지 못하게 하고 네 남종이나 네 여종에게 너 같이 안식하게 할지니라	

55 כִּי שֵׁשֶׁת־יָמִים עָשָׂה יְהוָה אֶת־הַשָּׁמַיִם וְאֶת־הָאָרֶץ(키 세세트 야밈 아사 야훼 에트 하샤마임 베에트 하아레츠, 이는 엿새 동안에 나 여호와가 그 하늘과 땅을 만들고)라는 창조에 관한 출애굽기의 십계명 보도는 창세기 1:1의 אֵת הַשָּׁמַיִם וְאֵת הָאָרֶץ(에트 하샤마임 베에트 하아레츠, 그 하늘과 땅을)라는 사제적 표현을 반복하고 있다.

	15. 도둑질하지 말라	15. 너는 기억하라 네가 애굽 땅에서 종이 되었더니 네 하나님 여호와가 강한 손과 편 팔로 거기서 너를 인도하여 내었나니 그러므로 **네 하나님 여호와가 네게 명령하여 안식일을 지키라** 하느니라	
	16. 네 이웃에 대하여 거짓 증거하지 말라 17. **네 이웃의 집을** 탐내지 말라 네 이웃의 아내나 그의 남종이나 그의 여종이나 그의 소나 그의 나귀나 무릇 네 이웃의 소유를 탐내지 말라	16. 너는 **네 하나님 여호와께서 명령한 대로** 네 부모를 공경하라 그리하면 네 하나님 여호와가 네게 준 땅에서 네 생명이 길고 복을 누리리라 17. 살인하지 말지니라 18. 간음하지 말지니라 19. 도둑질 하지 갈지니라 20. 네 이웃에 대하여 거짓 증거하지 말지니라 21. **네 이웃의 아내를** 탐내지 말지니라 **네 이웃의 집이나 그의 밭이나 그의 남종이나** 그의 여종이나 그의 소나 그의 나귀나 네 이웃의 모든 소유를 탐내지 말지니라	

✣ 신명기 십계명: 정통성 확보

신명기 십계명은 히브리 성서 율법의 근간이며 포로기에 존재하던 원십계명을 공동체 내부를 위한 규율의 근간으로 삼아 포로 귀환 이후 유다 땅 페르시아 속주에서 재편집한 것이다. 히브리 성서의 율법(출 21:23-25, 신 19:21, 레 24:17)이 고대 근동 함무라비 법전의 '동해 보복법', 즉 '눈에는 눈으로'처럼 강력한 모습을 갖추지 못한 것은 귀환 공동체 사제들이 강력한 정부의 권위를 가지고 있지 않았음을 반증한다. 즉 포로기 공동체의 생활지침서 역할을 한 원십계명이 강력한 제왕적 법전이 아닌 것으로 보아 사제들은 귀환 이후 이데올로기를 편집한 것으로 보인다.

신명기 5:1-5에서 모세는 율법의 수여자로서 등장한다. 규례와 법도를 가지고(1절) 야훼와 백성 사이의 중재자(5절)로 모세를 등장시킴으로써 귀환 시 자신들이 모세의 대행자임을 암시한다. 이들은 십계명 편집을 통해 모세-성막-규례와 법도(1절)의 이데올로기를 강화함으로써 자신들에게 권위(정통성)가 있음을 드러낸다.

신명기 5:12에 기록된 "네 하나님 여호와가 네게 명령한 대로 안식일을 지켜 거룩하게 하라"라는 정언적 명령은 성전 완성을 위한 '성전-율법-성전세'의 선행적 모습을 예고한다.[56]

귀환 사제 집단은 자신들의 정통성을 강조하기 위해 "안식일/명령한 대로"(12, 16절)를 편집하였다. 여기에다가 '우상숭배 금지'(7

56 출애굽기 5:22부터 전환된 예배에 대한 서술이 나온다.

절)로 원십계명의 이데올로기 목적인 '정체성' 확립 부분을 자신들의 '정통성'과 연결한다. 이것은 귀환 초기 페르시아 통치의 위임자이며 모세의 대행자로서 야훼가 '명령한 대로' '안식일'을 지킬 것을 강조한 이유이다. 신명기 십계명 1-4계명의 결론이 바로 안식일을 지키라는 것이다. 이것은 누구든 이의를 제기하지 못하는 야훼의 명령이기에 이 편집을 통해 귀환 사제 집단이 야훼와 모세의 대행자로서 위상을 가지고 있음을 드러내는 것이다.

이런 사제 집단이 성장한 배경에는 포로지에서 '안식일→제의→포로기 공동체 리더 부상'이라는 등식이 있다. 이 등식은 페르시아제국의 명령에 의해 귀환한 사제 집단이 유다 땅에서 제1 행동강령으로 '안식일' 준수를 정한 것과 관련이 있는데 이는 성전을 건립하기 위한 것이었다. 이 모든 것은 야훼의 '명령에 의한 것'으로, 마치 고레스가 자신들을 귀환시킨 것이 야훼의 명령에 의한 것임을 강조하기 위한 편집이다.

"네 하나님 여호와께서 명령한 대로"라는 문구가 반복되는 생활지침서(16-21절) 역시 야훼의 '명령에 의해서'라는 논리에 따라 선언됨으로써 권위가 생긴다. 바벨론 포로공동체가 아니라 유다 땅에서 생활지침서를 재사용한 것은 성전 건립 과정에서 생길 많은 방해에 대처하기 위해 선제적으로 통치 이데올로기를 수립한 것이다. 유다 땅에 자신들의 통치 법령 1호 포고령을 내림으로써 이를 따를 것을 요구한 것이다. 21절에 언급된 "밭" 역시 중요한 의미를 지닌다. "밭"(땅의 문제)에 대한 언급은 귀환 시 '본토 땅'이 누구의

'소유'인지에 대한 질문이며 토착민 소유의 땅에 대해 그 소유권이 누구의 것인지를 재정립하는 중대한 순간을 나타낸다.[57]

결론적으로 신명기 십계명은 포로기에 존재한 원십계명에 모세의 출애굽 사건을 추가하여 귀환 초기 유다 땅의 모습을 보여준 것이다. 신명기 5:1-15에 이르는 '유일신 야훼에 대한 첫 구분' 설명을 통해 유일신 야훼가 너희를 이스라엘로 인도하였으나 우상숭배를 하여 왕권이 무너졌기에 이를 회복하기 위해서는 다시는 '우상숭배'를 해서는 안 되고 '나 이외의 다른 신'을 섬겨서도 안 되며 안식일을 지켜야 할 것을 촉구하는 것이다. 이는 예루살렘 성전 완공이라는 신명기 주제로 연결된다.

이것은 사제 집단이 유다 땅에서 '유일신 야훼주의' 성전을 가지려는 목적을 드러내는 부분이다. 포로기 정체성 문제에서 발전하여 모세의 율법과 규례를 강조하고 또 자신들이 이미 모세의 정통성을 가진 대리자임을 나타내는 이데올로기를 형성함으로써 성전의 완공을 목적으로 하고 있다.

✣ 출애굽기 십계명: 성전 권력의 안정화

출애굽기의 십계명은 신명기 십계명의 재편집[58]이며 제2성전이 완공된 후대의 편집물이다. 출애굽기 십계명 전후에 "제사장 나

---

57 참조. 토착민에게는 일종의 착취(느 5:7)이다.

58 윌리엄 존스톤·레스터 L. 그라베, 윤성덕·임요한 옮김, 『출애굽기·레위기 연구 입문』 (서울: CLC, 2023), 146.

라"(출 19:5-6)라는 언급과 성전 완공 이후 안정된 '성전 제의'를 통해 야훼가 "복을 주리라"(출 20:22-24)로 연결한 것을 주목해보자.

출애굽기 십계명이 성전이 완공된 이후를 전제하고 있다는 것과 레위기 성결법전 역시 출애굽기의 내용을 동일하게 언급하고 있다는 것[59]은 십계명이 레위 제사장의 성전 운영 지침서로서 성전 운영의 안정화를 위해 편집된 것이기 때문이다. 귀환 초기 사독계 제사장의 편집으로 제의적 관점에서 예루살렘 성전 제의에 참여할 수 있는 법규로 재편집한 것이다.[60]

레위 제사장은 출애굽기 32:25-29에서 자신들의 조상이 모세의 호위무사가 되어 '야훼의 복을 받는다.'며 자신의 위상을 높이고 있다. 이는 '레위는 분깃도 없으며 기업도 없다.'(신 10:8)는 신명기의 내용과 정반대의 시각을 드러내는 편집이다. 성전의 주인인 야훼가 천지를 창조하셨다는 편집(출 20:11) 역시 창세기 2:2-3과 연결되면서 제4계명에서 말하는 안식일의 중요성을 강조한다. 안식은 일곱째 날에 창조가 완벽하게 끝나고 휴식에 참여하는 일로서 성전이 존재하는 가장 중요한 이유이다.[61] 이것은 성전 권력을 유지하기 위한 안식일이 창조의 역사 속에 있다는 것으로 성전이 이 안식일을 지키기 위해 존재함을 나타내는 것이다.

---

59 노희원, 『최근의 신명기 역사 연구』(서울: 연세대학교 출판부, 2001), 297.

60 존스톤·그라베, 『출애굽기·레위기 연구 입문』, 152.

61 위의 책, 161.

[표3] 히브리 성서 속 십계명에 대한 이데올로기 해체 결과

	신명기 5:1-21	출애굽기 20:1-17
원본문	원십계명	
이데올로기 요소	모세 규례 - 법도(율법) 안식일 땅에 대해	창조 설화(11절)
편집 주체	초기 귀환 사제(사독계 제사장)	레위계 제사장
이데올로기 표현	모세 → 사제 집단의 원형 명령한 대로(12, 15, 16절) → **계엄적 성격**(일방적 지시)	이스라엘 민족의 서사 → 창조 속 안식일 제의
의도	**정통성 강조**	**성전의 중요성, 제사장 강조, 제의 강조**
이데올로기 목적	귀환 초기 성전 건립 목표	신정국가(성전 완공) 완성

5. 정체성 확립이 가진 함의

바벨론 포로 시절 유다인 공동체가 유일신 야훼에 대한 정체성을 확립하려고 노력한 것은 포로공동체 일부가 바벨론에 동화되고 공동체 내부 역시 분열되었음을 의미하기도 한다. 공동체가 포로기 70년 동안 바벨론 문화에 동화되는 것은 자연스러운 현상이다. 바벨론의 사회, 경제 교류를 통해 일부는 이미 바벨론 문화에 흡수되었다는 것을 충분히 짐작할 수 있다.[62]

62 흔히 말하는 '바벨론 포로' 비유와 다르게 그들은 현대적인 수용소에

기원전 6세기 바벨론 포로기의 사제 집단은 유일신 야훼에 대한 정체성을 정립할 시간을 충분히 가졌으며[63] 이 종교적 신념이 공동체의 안정화에 기여하며 차별화된 고유의 민족의식을 형성하게 했다. 이들 엘리트들은 바벨론 공동체에서 이데올로기 역량을 갖추었고, 귀환 시 신명기에 나타난 십계명을 통해 유다 땅에서 성전을 건축하려고 했다. 바벨론 시절 포로기라는 환경은 역설적으로 사제 집단의 '유일신 야훼 사상'으로 형성되었다. 이것은 당시 유다 땅 산당 중심의 다신적 야훼 제의와 비교된다.[64]

창세기 11:1-9('옛날에 인류가 한마음과 한 언어를 가지고 거니는 중에 바벨론 평원에 이르러 거기에 거하게 되었고, 그들은 벽돌로 성을 쌓으며 도시를 건설하기 시작했지만, 하나님이 그들의 계획을 망쳐 언어를 교란해 그들을 세계 여러 곳으로 흩어지게 했다.')는 바벨론 도시 건설이 야훼에 대한 도전임을 나타내며, 바벨론제국과 종교적 대척점을 만들어 그들의 야훼 중심적 정체성을 확고히 드러낸다.

귀환 사제 집단은 '십계명'을 통해 그들이 페르시아제국의 정책을 속주에서 집행할 능력을 갖춘 엘리트로 성장하면서 단순히 제

있는 전쟁포로나 노예와 같지는 않았을 것이다. 알베르츠, 『포로시대의 이스라엘』, 142-43.

63 위의 책, 351.

64 도널드 레드포트·윌리엄 테베, 강승일 옮김, 『유일신 신앙의 여러 모습들: 하나님은 어떻게 한 분이신가』 (서울: 한국신학연구소, 2008), 36-50.

국의 관리로만 귀환한 것이 아니라 '유일신 야훼'의 정체성을 확립한 집단으로 돌아온 것임을 드러낸다. 이후 오경의 최종 편집과정을 주도한 제2성전의 레위 제사장 사제 집단은 성전 권력의 지속적 안정을 위해 출애굽기의 '십계명'을 추가 편집했다.

초기 귀환 사독계 사제 집단이 신명기 5장을 편집한 이유는 골라 공동체의 정체성 확립을 위해 사용한 원십계명을 재편집함으로써 야훼의 정통성을 드러내 성전을 건설하고자 했기 때문이다. 제2성전이 완공된 이후에는 사독계 제사장의 권력이 레위계 제사장에게로 넘어가면서[65] 그들은 신명기 십계명을 재편집하는데, 두 십계명을 각기 신명기와 출애굽기에 위치시킨다. 레위 제사장은 출애굽기 19:6의 "제사장 나라(말레케트 코하님)가 되며 거룩한 백성이 되리라"에서 자신들의 이데올로기를 극명하게 드러낸다. 자신들의 성전 권력이 지속되는 '제사장 나라'임을 드러낸 것이다.

---

65 김영호, "구약성서 두루마리를 쓴 사람들," 「신학연구」 83 (2023): 12.

제 3 장

포로 귀환과 사제 중심의 성전국가 건설

이스라엘 백성이 바벨론에서 포로가 귀환한 것은 바벨론의 멸망 그리고 페르시아제국의 등장과 관련이 있다. 예루살렘으로 귀환한 사제 집단은 유다 땅에서 자신의 위치를 확고히 하기 위하여 그곳 토착민과 권력관계를 새롭게 설정해야만 했다. 이 시기의 귀환 사제들은 지방 산당의 권력을 해체하면서 다윗 왕조의 대안세력으로서 정통성을 주장하였다.

바벨론 포로에서 귀환한 사제들은 권력 이데올로기를 강화하는데 이는 신약 시대에까지 영향을 주었다. 마태복음 1:12-17의 예수의 계보에 바벨론 시절부터 예수까지 14대 세대가 언급되어 있는데 여기에 사독과 바벨론이 함께 등장한다. 이것은 귀환 초기 사제들이 만들어낸 사독 제사장에 대한 이데올로기 전승 효과이다. 흔히 기원전 520년 전후로 포로민이 귀환했다고 하는데 당시 유다 땅의 정치적 상황은 그렇게 안정적인 상황이 아니었다. 바벨론제국이 멸망한 이후 페르시아제국 역시 그리 안정적인 상태가 아니었기 때문이다.

포로 귀환을 명령한 고레스는 카스피해 동쪽 중앙아시아 유목민과 벌어진 자카르테스(Jaxartes) 전투에서 사망(530 BC)했으며,

그의 아들 캄비세스(Kambyses Ⅱ)도 이집트를 정복한 뒤 귀국하던 중 내부 반란으로 인해 이집트 시와(Siwa)에서 사망(522 BC)했다. 캄비세스가 죽은 이후 그의 사촌 다리우스(다리오)가 여러 반란을 진압(522년 10월-521년 8월 BC)한 뒤 겨우 왕권을 차지할 수 있었다. 다리우스는 비시툰(Bisitun)의 비문과 부조[1]에 치적을 남겼는데 엘람어, 바벨론어, 고대 페르시아어로 기록된 부조에는 8명의 반란군 왕이 진압되었다고 나온다. 이를 통해서 우리는 고레스 시절과 이후 다리우스 시절까지(538-521 BC) 최소 15년간 바벨론의 잔존 세력과 각 지역의 토착민의 반란이 지속되었으며 초기 페르시아제국의 국가 운영이 불안정한 상태에 놓여 있었음을 알 수 있다.

이처럼 불안정한 초기 페르시아 시절인 기원전 520년, 대규모의 유다인(약 4만 2,360명, 남녀 노예 7,337명)이 귀환(스 2:7)했다고 하는 것은 상상하기가 힘들다. 종교사학자 알베르츠는 기원전 520년 전후 1만 명 이상이나 귀환하지는 못했을 것이라고 추정한다.[2] 우리는 이들 포로민 귀환의 숫자와 별개로 페르시아제국의 속주 통치 정책의 하나로 소수의 사제 엘리트들을 귀환시킨 사실에 주

---

1 이란 케르만사주(州)의 비시툰산(山)에 있는 비문(碑文)이다. 다리우스 1세(Darius I)가 기원전 521-520년에 벌어진 전투 이야기를 엘람어, 페르시아어, 바벨론어(아카드 후기 문자)의 세 가지 설형문자로 기록했다.

2 라이너 알베르츠, 배희숙 옮김, 『포로시대의 이스라엘』(고양: 크리스찬다이제스트, 2006), 169-75.

목한다. 알베르츠는 이 시기에 문학적으로 호세아, 아모스, 미가, 스바냐 등의 작업과 족장사, 신명기적 문서 작업이 있었다고 주장하는데, 이것이 가능했던 것은 이들 공동체의 엘리트 그룹으로 성장한 사제 집단이 자신들의 정체성 작업을 강화하였기 때문으로 볼 수 있다.[3]

만약 이 문서를 작업한 시기가 포로기였다면, 포로기 후반이었을 것이다. 초기 포로공동체에서는 다윗 왕조의 무능을 탓할 수는 있으나 그들 자신도 다윗 왕조에 속한 백성이기에 공동체 내부에서 비판에 가담하는 것은 거의 불가능하기 때문이다. 우리나라도 1945년 해방 이후 이승만이 환국했을 때 대부분의 국민은 조선왕조를 재건하는 데 거부감이 없었으며 오직 소수의 엘리트와 지식인, 정치인만이 새로운 국가 건설을 꿈꾼 것을 떠올려보면 이를 이해할 수 있다. 귀환 초기 유다 땅에서 제국을 통치하는 주체는 바뀌었지만 일상의 혼란이 일어난 것은 아니라고 본다. 바벨론을 지지하는 친바벨론적 일부 정치 세력의 혼란 정도로 봐야 한다. 바벨론에서 페르시아제국으로의 통치 변화가 일상을 사는 백성에게는 큰 의미가 없었을 것이다. 단지 지배계급의 변화일 뿐 백성의 삶에 급진적인 변화가 없었기 때문이다. 대부분의 사람들은 지배층의 변화에 둔감하며 다윗 왕조의 복귀를 원하는 세력이 있었다면 극히 정치적 소수였을 것이다.

---

3 위의 책, 268-439.

그럼에도 귀환한 사제 집단의 이데올로기가 가장 왕성하게 전개된 시기는 귀환 초기였다. 사제 집단이 페르시아제국 속주 통치의 위임자로 돌아왔기 때문이다. 그들은 유다 땅에서 권력을 활성화하기 위한 작업이 필요했다. 페르시아제국의 등장과 함께 귀환하는 자신들이 누구인지를 알리는 작업이 필요했기 때문이다. 이들은 페르시아제국의 통치 위임자이지만 백성에게는 야훼의 대리인이 귀환한 것으로, 유다 땅의 토착민에게는 권력의 실세보다는 성전과 종교 제의를 통한 성전 정치의 구현자로 받아들여졌으며, 이것은 제국의 승인과 지원 아래 이루어졌다. 그리고 성전 건축과 권력 행사의 당위성을 위한 작업이 필요했는데 이것이 히브리 성서에 나타난 사제 이데올로기 형성의 두 번째 단계이다.

그러므로 성서에서 사제 집단의 귀환이 대규모로 이루어진 것을 역사적 실체로 받아들이기는 어렵다. 대신 소수의 엘리트 귀환으로 봐야 하며 이들은 특정 임무를 부여받고 온 것으로 보인다. 이들은 제국의 명령에 따라 성전을 건축하고 성전을 통해 세금을 징수하는 역할을 했다. 그러기에 제국의 왕은 성전을 지원하기 위해 성전 제의 도구도 돌려보냈다.(스 1:7-11) 즉 성전을 이용하여 세금을 징수하는 담당자로 포로민 공동체의 엘리트인 사제 집단을 중용했는데, 제국의 의도와 성전 권력을 확대하고자 한 사제 집단의 목표가 상호 일치한 것으로 보인다.

1. 바벨론 포로 귀환 사제는 누구인가

사제 집단이 권력을 획득하면서 자신들을 어떻게 부르는지를 역추적하는 과정에서 히브리 성서의 계보에 대한 편집 작업이 이루어졌다고 볼 수 있다. 이러한 시각으로 포로기 귀환 사제의 모습을 그려보자. 민수기 26장에서 레위 지파의 족보로 게르손, 고핫, 므라리 가계가 나오고, '아론과 그 아들들' 제사장(출 28:1, 민 3:3, 9, 10)과 '레위 제사장'(민 3:6, 3:32, 대하 23:8, 대상 24:6, 신 17:18)이 언급되지만 사독계 제사장에 대한 언급은 없다. 사독 계열은 사무엘서, 열왕기서, 역대기, 에스겔서에서만 언급되는데, 다만 역대기의 언급은 신빙성이 떨어진다. 사독이 기브온 산당의 제사장이었고(대상 16:39), 다윗이 예루살렘을 정복하기 전 여부스 제사장으로 추정되기 때문이다.[4] 이 책에서 주장하는 포로기에 사제 집단이 형성되었다는 사실은 역사적 정황에서 유추가 가능하고, 예레미야가 바벨론에 잡혀간 제사장에게 편지를 보냈다는 언급을 통해 포로기 시절 제사장이 지도자 역할을 했음을 추정할 수 있다.(렘 29:1)[5]

포로기 시절 사제 집단이 사독 계열이라는 것은 에스겔서에서

---

4 Aelred Cody, *A History of Old Testament Priesthood* (Rome: Pontifical Biblical Institute, 1969), 89

5 라이너 알베르츠, 강성열 옮김, 『이스라엘 종교사 II』 (고양: 크리스챤 다이제스트, 2004), 16.

제단을 지키는 제사장이 "레위의 후손 중 사독의 자손"(겔 40:46)이라고 한 언급에서 알 수 있다. 또한 에스겔 44:15에는 "이스라엘 족속이 그릇 행하여 나를 떠날 때에 사독의 자손 레위 사람 제사장들은 오직 내 성소의 직분을 지켰은즉"이라는 언급이 나오는데, 후대 편집을 통해서 자신들을 사독계 제사장 혹은 사독의 자손 레위 사람 제사장으로 혼재해서 나타낸다. 이것은 후대의 성전 안정기 토착 성전 제의자가 되쓰기 편집 양식으로 귀환 초기 소수의 엘리트 사제 집단을 레위 제사장으로 호칭하면서 귀환 사제를 사독 계열로 분리하여 부른 것으로 보인다. 제사장 사독은 다윗과 솔로몬 시절의 제사장(왕상 1:8, 26)으로 등장하고 아론과 그의 셋째 아들 엘르아살의 후손(스 7:1-15)으로 나타나지만 레위의 후손이라는 내용은 없다. 그러나 역대상 6장에서 사독을 레위의 후손으로 나타내는 것으로 보아 후대에 사독 계열을 레위의 후손으로 편입한 것으로 보인다. 우리는 귀환 사제 집단을 사독 계열이라고 생각하며 그들의 이데올로기 작업은 신명기적 역사가의 작업과 일치하는 열왕기서와 에스겔서임을 짐작할 수 있다.

아론이 죽은 뒤 아론의 자손들은 제사장이 되어 성막 제의를 담당했다.(출 29:1-25) 하지만 유다가 망하고 포로기 바벨론 공동체에서 그들의 정체성은 소멸된 듯하다. 중요한 문제는 포로기 이후 귀환한 사독 계열(유다-바벨론 교포 제사장)과 예루살렘과 그 주변 마을 산당의 제의를 담당하던 레위계 제사장(토착 유다 제사장)들이 혼재해 있었다는 것이다. 귀환 사제들이 시각에서 레위계 제사장은 일종의 토착 세력이며 다신적 제의를 하는, 자신들과 대척점에 있는 사람들이었다. 그러므로 권력을 확보하기 위해 이들 토착 권력의 중심인 '산당'을 제거하는 것은 성전을 건립하는 것과 동시에 그들이 진행해야 할 중요한 과업이었다. 이로써 '지방 토착 구세력-산당-레위 제사장'에 대한 '귀환 사제 신세력-성전-사독 제사장'이라는 이데올로기 대립 구도가 만들어졌다. 그들은 제의 중앙화를 외치며 예루살렘 성전을 건립하고자 했고, 제의 정화를 주장하며 산당의 다신적 제의를 비판했다.

그러나 레위의 실질적인 모습은, 산당을 지키는 자이지만 토착 권력을 가진 세력이라고 보기는 어렵다. 특히 산당 제의는 '우상' 숭배가 아닌 전통적인 관습 혹은 민간 신앙 중심의 원시종교 특성을 지닌 제의였기에 포로기에 유일신 야훼 사상의 정체성을 확립한 엘리트 귀환 사제(페르시아제국의 막강한 후원을 받는 사독 계열 제사장)에게 지방 산당 레위인들이 대항한다는 것은 애초에 불가능한 일이었다. 민경진은, 신명기에 나타난 레위인은 제사장 직분이 일부 허용되어 지방에서 율법을 가르침에도 경제적 돌봄이 필요할 만큼 어려움을 겪고 있었다고(신 10:8, 18:5-7) 이해한다. 특히 레위인 출신 제사장과 구별되었다. 또한 민경진은 이들이 모든 레위인에게 제사장 직무를 허용했다고 보는데 P문서와 차이점을 거의 발견할 수 없다는 점에서 레위인 출신 제사장들의 시기[6]에 신

---

6 신명기에 나타난 '레위인'(신 10:8, 9, 12:12, 18, 19 등)은 '경제적으로 돌

명기를 편집했다는 주장(신 18:1)[7]은 설득력이 있다. 하지만 레위 제사장이 후대에 왜 편집을 했는지, 이유가 무엇인지는 밝히지 않고 있다.

귀환 당시 예루살렘 산당 역시 다른 지방 산당과 별 차이가 없을 정도로 열악했다.[8] 그러므로 사독 계열 귀환 제사장은 지방 산당 제의를 폐지하면서 산당 제의자에게 저항할 필요가 없었다. 고고학적으로 어떤 산당도 파괴되지 않았다는 것이 이를 입증한다.[9]

귀환 사제 집단은 유다 땅에서 새로운 권력 대행자로서 과거의 문제점이 무엇이었는지 돌이켜보았다. 이에 대한 이데올로기 집필로써 왕들의 우상숭배와 산당 제의가 다윗 왕조가 멸망하게 된

봄이 필요한 대상'(신 12, 18장, 14:27, 29, 16:11, 14, 26:11, 12, 13)이다. '레위 사람 제사장 혹은 레위 자손 제사장'(신 17:9, 18, 18:1 등)은 제사장적 업무 수행자(언약궤를 멤, 율법책 보관, 제단 업무, 축복과 저주 선포)로 나타난다. 종합하면 사독계 제사장이 성전을 장악할 때 레위인들은 '경제적으로 가난한 상태에 있었지만 제사장 업무를 수행하던 자들'로 요약할 수 있다. 이러한 모순은 귀환 초기 당시 보조 역할에 머문 레위 제사장의 모습과 제2성전을 건립한 이후 레위인 제사장들이 사독계를 물리치고 성전 권력을 장악한 모습이 혼재되어 편집되었기에 나타난 현상이다.

7 민경진, "신명기에서의 레위인," 「장신 논단」 44 (2012): 14-15.

8 '미스바'가 예루살렘으로부터 수도 기능을 넘겨받아 정치적 도시로 성장하는 과정에서 예루살렘 산당도 지방 산당으로 전락했다고 본다.

9 도널드 레드포트·윌리엄 테베, 강승일 옮김, 『유일신 신앙의 여러 모습들: 하나님은 어떻게 한 분이신가』 (서울: 한국신학연구소, 2008), 102-103.

원인이라는 도식을 창출해냈다. 그와 반대로 단순한 샤머니즘적 풍년을 기원하는 다신적 제의(렘 4:15, 겔 11:15)를 가업의 전통으로 보존한 산당은 사독 제사장들에게 반대할 수 있는 상황이 아니었으며(겔 44:10), 오히려 예루살렘 성전 운영을 위한 하부 조직 인력으로 편입되어 경제적 보호와 보상을 받았다. 이들은 성전이 완공된 이후 소수의 사독 계열이 단절됨과 동시에 제사장 직분을 차지하여 최후의 성전 승자가 되는 기회를 맞았다. 이는 우리나라가 해방 이후 이승만이 새로운 정부 조직을 만들면서 정부의 하부 조직에 친일 세력(판사, 검사, 경찰 조직)을 그대로 채용할 수밖에 없었던 현실적 상황을 주목한다면 충분히 이해할 수 있는 부분이다.[10] 새로운 조직과 인물을 새롭게 교육하고 경험을 쌓게 하는 것은 많은 시간과 조직, 자금이 필요한 일이다. 급작스러운 상황에서 기존의 조직을 활용하는 것은 역사에서 계속 반복되어왔다.[11]

귀환 초기 예루살렘 산당 포함 지방 산당의 다신적 우상숭배는 예루살렘 성전의 건립과 함께 금지되었지만 제의 담당자 레위인들은 중앙 성전(정부) 조직의 공무원으로 편입되면서 희생제물 세척, 성전의 하부 잡일 등을 하기 시작했다.(겔 44:15-31) 귀환 사제

---

10 참조. 송건호 외, 『해방전후사의 인식 1』 (서울: 한길사, 1997).

11 대표적 인물로 노덕술(일본명 마쓰우라 히로)은 해방 전 일본 경찰 공무원으로서 독립운동가에게 고문 기술자로 악명이 높았는데 해방 이후 수도 경찰청 수사과장으로 있으면서 반이승만 세력 축척과 좌익분자 검거를 주도했다.

집단은 포로기에서 '야훼의 정통성을 어떻게 지켰는가?'에 대한 해답으로 다신적 우상숭배를 금지하였다. 즉 그들이 포로로 잡혀간 원인을 성찰하며 내놓은 해답이다. 이들은 예레미야 보도를 통해 "너는 그들에게 대답하기를 여호와께서 말씀하시되 너의 조상들이 나를 버리고 다른 신들을 따라서 그들을 섬기며 그들에게 절하고 나를 버려 내 율법을 지키지 아니하였음이라"(렘 16:11)라고 서술하고, '하나님을 버리고, 우상숭배를 하고 안식일, 안식년을 범하게 하여 응징하였다.'(렘 17:27)라며, "내 종 바벨론의 왕 느부갓네살을 불러다가 이 땅[이스라엘]과 그 주민과 사방 모든 나라를 쳐서 진멸하여"(렘 25:9)라고 명시하여 포로로 끌려간 이유를 설명하였다. 즉 자신들의 잘못이 아니라 이스라엘이 우상을 숭배했기에 우리가 희생된 것이며, 다시 돌아오게 된 것은 우리가 순종하여 야훼를 모셨기 때문이라는 것이다. 그들은 야훼의 뜻에 따라 자신들의 귀환이 결정되었다고 논리를 내세운다. 다시 말해 자신들이 야훼의 정통성을 가지고 있기에 그것이 가능했다고 주장한 것이다.

사제 집단은 바벨론 포로민 공동체에서 정체성의 중심에 유일신 야훼를 두는 첫 이데올로기 작업을 이미 했고, 포로기 후반 바벨론이 멸망하고 페르시아제국이 등장하는 시기에는 정체성(identify)에서 정통성(authenticity)으로 이데올로기를 전환하여[12]

---

12 정체성은 개인 또는 집단이 자신이 누구인지에 대해 인식하고 이해하

히브리 성서를 편집했다. 자신들이 여기 유다 땅으로 귀환한 것이 야훼의 구원에 의한(사 52:10) 결정이라고 선언한 것이다.

히브리 성서에 나타난 이데올로기적 편집은 다음 본문에서 자세히 살펴볼 수 있다. 귀환을 승인한 고레스에 대해 "그[여호와]의 기름 부음을 받은 고레스"(사 45:1-3)라고 말하며 주님께서 고레스를 세웠다는 것을 명확히 한다. 또한 고레스를 통해 바벨론을 멸망시킨 것에 대해 "이는 내 생각이 너희의 생각과 다르며 내 길은 너희의 길과 다름이니라 여호와의 말씀이니라"(사 55:8)라고 언급한다. 이는 구원의 방법이 일반적 방법이 아닌 예상하지 못한 방식으로 실현되는 것을 표현하면서 자신들의 귀환이 고레스를 통한 야훼의 지시에 따라 이루어졌음을 나타내는 것이다.

아울러 페르시아제국으로부터 위임받은 권력을 위해 두 번째로 중요한 편집 작업은 유다 왕조, 다윗 왕조를 부정적으로 평가하는 것이다. 열왕기서에서는 유다 왕조, 다윗 왕조가 야훼에 의해 역사적 실체로 세워졌음에도 야훼에 대한 불순종으로 그 정통성이 사

는 것을 의미한다. 이것은 성격, 가치관, 문화적 배경, 인생 경험 등의 다양한 측면을 포함하며 개인의 정체성은 개인의 경험과 사회적 영향 등에 따라 형성되며, 이로써 다른 개인과 구별되는 독특한 특징과 특성을 갖게 한다. 반면 정통성은 '진짜, 진실, 원래의 것'이라는 개념이다. 정통성은 본질적으로 그것 자체이며, 모조품이나 복제품이 아니다. 따라서 정체성은 어떤 개인이나 집단의 고유한 특성과 특징을 의미하지만, 정통성은 무엇이 진짜인지, 무엇이 진실하고 원래의 것인지를 나타내는 것이다.

라졌음을 긴 역사서의 기록을 통해 비판한다. 야훼의 눈에 어긋남과 산당의 우상숭배라는 프레임으로 왕정을 평가하고 비판했는데, 이 비판적 편집 의도는 일차적으로 바벨론 멸망에 따른 다윗 왕조 재건의 빌미를 주지 않으면서 중앙 성전 중심 권력으로 다윗 왕조 권력을 대체하는 것이다. 그리고 지방 산당을 우상숭배의 중심지로 비판하여 와해를 시도하면서 대안으로 중앙 예루살렘 성전 제의를 백성에게 제시하였다.

사제 집단의 귀환 초기의 성서 저작/편집은 노트가 언급한 '신명기 역사가'가 실행했다. 신명기 사가가 누구인가에 대해서 폰 라트(G. von Rad)는 산헤립 직후의 지방 레위인, 니콜슨(E. W. Nicholson)은 북이스라엘의 예언자, 바인펠트(M. Weinfeld)는 지혜문학을 가진 서기관이라고 주장했다.[13] 스미스(D. L. Smith)는 포로기 시절 장로(elder)가 편집한 것이라고 주장한다. 여호수아 13-21장에 나오는 가나안 땅을 분배할 장로들과 같은 역할로 포로민 공동체가 정체성 확립을 위해 안식일과 금식 등 새로운 종교 제도를 도입하고 제사문서 및 성결법전을 형성한 것은 포로민 공동체의 지도자라 할 수 있는 '장로'(זָקֵן, 짜켄)가 주도하여 진행했다는 것이다.[14] 이렇게 다양한 주장을 살펴봤지만 필자는 이들이 주장

13 오택현, 『신명기와 신명기 역사』 (서울: 크리스천헤럴드, 2007), 45-60.

14 Daniel L. Smith, *The Religion of the Landless: The Social Context of the Babylonian Exile* (Bloomington: Meyor Stone Book, 1989), 8, 49-68.

에 동의하지 않는다. 대신 사제 집단이 히브리 성서를 저작/편집한 유일한 집단이라고 주장한다. 그 이유는 이데올로기 형성이 편집의 전제 조건이기 때문이다. 편집 과정의 연속성, 즉 오랜 기간에 걸쳐 그 논리가 지속해서 존재하기 위해서는 권력적 힘이 필요하다고 보기 때문이다. 귀환 사제 집단이 힘을 가지게 된 것은 그들이 페르시아제국의 속주 통치 위임자로 귀환했기 때문이다. 특히 힘을 상징하는 성전 권력의 두 가지 축인 '성전과 율법'은 권력 유지와 확대를 위한 사제 집단의 도구이기에 다른 집단이나 개인이 들어올 가능성이 전혀 없다.

페르시아제국은 국가 종교가 조로아스터교이며, 빛의 신 아후라 마즈다(Ahura Mazda)와 태양의 신 미트라 등 바벨론 고대 종교(바벨론 다종교와 유사)를 흡수한 다신적 종교를 가진 제국이다. 제국의 고레스가 야훼 유일신에 대한 성전 재건을 지시(대하 36:23, 스 5:13-15)하고 페르시아 왕실 가족과 제국의 존속을 위해 희생 제사와 중재 기도를 요구(스 6:10, 7:23)한 것을 두고 페르시아제국 왕실마저 야훼의 보호 아래 놓여 있다고 해석할 수도 있지만, 사실 이것은 사제 집단의 이데올로기 편집으로 봐야 하며, 정착 고레스 왕실의 번영을 위한 것으로 봐야 한다.

페르시아제국의 속주에서 준정부의 기능을 담당하는 성전(정부)은 제의를 통해 예루살렘 성전세(세금)의 일부를 페르시아제국에 공납(貢納)하는 창구기능을 하였는데, 이 점을 주목해야 한다. 귀환 초기 예루살렘 총독으로 부임한 여호야긴의 손자 스룹바벨도 “만군의 여호와께서 나를 너희에게 보내신 줄을 네가 알리라 하셨느니라”(슥 4:9)라면서 야훼가 임명한 것으로 언급되지만 그가 성전의 기초를 다지는 책임을 맡고(스 5:14-17) “바사 왕 고레스가 우리에게 명령하신 대로”(스 4:3) 일하는 페르시아제국의 관료였다는 점을 간과해서는 안 된다. 이는 그가 성전세 징수를 위해 일하는 성전 제사장과 일정한 관계를 맺고 있었음을 의미한다.

2. 페르시아 왕 고레스로부터의 정통성 확보

히브리 성서는 페르시아제국의 왕인 이방인 고레스를 긍정적으로 묘사한다. 이사야 45:1-4에서는 고레스를 ‘하나님이 택한 자’(기름 부음을 받은 자)로 묘사하는데 ‘택한 자’는 출애굽기 3:1-12에서 야훼가 모세를 택하여 부른 장면을 연상하게 한다. 또한 이사야 45:13에서는 고레스를 ‘의롭게 내 백성을 풀어주는 자’로 묘사한다. 이는 다니엘 6:28에서 다니엘이 바벨론에서 고통받다가 바사 고레스 왕의 시대에 형통했다는 서술과 일치한다.

고레스를 ‘기름 부음을 받고 야훼의 선택을 받은 자’로 묘사하는 것은 단순히 그를 유다 포로민을 석방한 왕으로 찬양하는 긍정적 평가의 의미만 있는 것이 아니다. 이런 표현을 해체해보면, 페르시아제국의 통치자 고레스가 단순히 이방 제국의 왕이 아니라 하나님의 명령을 받아 바벨론을 멸망시킨 왕이라는 메시지를 유다 땅 토착민들에게 전달하는 것으로 볼 수 있다. 또한 귀환 사제 집단이 야훼의 대리인이므로 '야훼의 지시→고레스 전달→사제 집단 이행'이라는 이데올로기 표현이 성립되는 것이다. 다시 말해 사제 집단으로 하여금 유다 땅으로 가도록 명령한 주체는 고레스가 아니라 야훼이다. 고레스는 단지 명령의 전달자이며 그 명령은 야훼의 뜻에 따른 것이다. 예수아와 그의 형제 제사장들과 스알디엘의 아들 스룹바벨과 그의 형제들이 제단을 만들어 각 성읍에 흩어진 귀향민들이 다 같이 모여 번제를 드리는 모습(스 3:2-7)은 시내산 광야에서 야훼의 지시로 모세가 아론과 그의 아들들을 제사장으로 임명하고 처음 드린 번제를 재현하는 것이고, 유다와 예루살렘이 고레스가 아니라 다시 야훼의 통치를 받는 것이며, 그 일을 위해서는 성전 재건이 중요하고 자신들이 신의 대행자로 신정 정치, 즉 야훼 국가의 위임자로 내정받았음을 드러내는 것이다. 이 신정 정치의 첫 출발이 페르시아제국을 건설한 고레스(하나님이 택한 자)에 의한 것이다.

고레스 원통(Cyrus Cylinder)과 에스라 1장 본문을 비교하면서 사제 집단의 이데올로기 편집 모습을 살펴보자.

[표4] 고레스 원통과 에스라서 비교

고레스 원통(20-34행)[15]	에스라 1:1-4
나는 세계의 왕·위대한 왕·강력한 왕·바빌의 왕·슈메르와 아카드의 왕·사방의 왕 쿠라쉬이다. 위대한 왕·안샨의 왕 캄부지아의 아들이며, 위대한 왕·안샨의 왕 쿠라쉬의 아들의 아들이며, 위대한 왕·안샨의 왕 쉬쉬피이쉬의 후손으로 영속적인 왕족이다. 나의 지배는 벨과 나부께서 사랑하시고, 나의 관리는 그들의 마음을 기쁘게 했다. 내가 **평화로운 방식으로 바벨론에 입성**했을 때, 나는 축하와 행복 속에서 왕궁을 내 처소로 삼았다. 위대한 **주인 마르둑**은 바벨론을 사랑하는 이의 관대한 마음을 내게로 돌려 그의 운명을 맡겼고, 나는 매일 그를 숭배하는 데 주의를 기울였다. …바벨론에서 얏슈르와 슈쉬, 아가데, 에쉬누낙, 잠반, 메투르누, 데리, 머나먼 구티의 땅까지, 디그랏쉬 너머의 신전 도시들은 오랫동안 성소가 버려져 있었다. 나는 그곳에 **살던 신상들을 돌려보내고**, 그들이 그곳을 영원한 집으로 살도록 했다. 나는 **모든 그들의 주민들을 모아서 그들을 그들의 거주지로 돌려보냈다.** 더군다나 나는 위대한 주인 **마르둑의 명령에 따라**, 신들의 주인을 화나게 한 나부나이드가 바벨론으로 끌고 온 슈메르와 악카드의 신들을 그들의 거주지, 마음을 기쁘게 하는 집에 안정시켰다.	1. 바사 왕 고레스 원년에 여호와께서 예레미야의 입을 통하여 하신 말씀을 이루게 하시려고 바사 왕 고레스의 마음을 감동시키시매 그가 온 나라에 공포도 하고 조서도 내려 이르되 2. 바사 왕 고레스는 말하노니 하늘의 하나님 **여호와께서 세상 모든 나라를 내게 주셨고 나에게 명령하사 유다 예루살렘에 성전을 건축하라** 하셨나니 3. 이스라엘의 하나님은 참 신이시라 너희 중에 그의 백성 된 자는 다 유다 예루살렘으로 올라가서 이스라엘의 하나님 여호와의 성전을 건축하라 그는 예루살렘에 계신 하나님이시라 4. 그 남아 있는 백성이 어느 곳에 머물러 살든지 그 곳 사람들이 **마땅히 은과 금과 그 밖의 물건과 짐승으로 도와 주고 그 외에도 예루살렘에 세울 하나님의 성전을 위하여 예물을 기쁘게 드릴지니라** 하였더라

15 김상근, 『군주의 거울: 키루스의 교육』(서울: 21세기북스, 2016), 307-309.

고레스 원통은 기원전 6세기에 만들어졌는데, 1879년 메소포타미아(현대 이라크)의 바벨론 유적에서 발견되었으며, 현재는 대영박물관에 소장되어 있다. 고레스 원통에서는 고레스 자신을 '왕 중 왕'으로 찬양하고 있는데, 바벨론 왕 나보니두스가 사람들에게 독재자로 비난받고 있는 상황에서 바벨론 신 마르둑이 고레스로 하여금 바벨론의 평화와 질서를 회복하기 위해 바벨론에 입성하도록 명령한 것으로 묘사하고 있다. 고레스가 바벨론 사람들에게 새로운 통치자로 환영받으며 평화롭게 입성했다고 전하면서 포로된 사람들을 본국으로 송환하고, 메소포타미아 전역과 그 밖의 지역에 걸쳐 각 지역의 종교 시설 등을 복원했다는 것이다.

이 내용이 에스라 1:1-4에서 편집 서술되고 있는데 고레스가 숭배하는 신이 마르둑 대신 야훼로 변경되어 있다. 고레스는 성전 건축을 위해 '은과 금, 그 밖의 모든 짐승을 거두어 하나님의 성전에 예물을 드리라.'고 명령한다. 이 내용은 단순한 문장이 아니라 역사적 정황을 가지고 살펴봐야 한다.[16] 단지 고레스의 선의가 아니라 숨은 목적이 있는데 특히 페르시아 세금정책과 연결되어 있다. 즉 사제 집단의 성전 건설은 성전세와 제국에 바칠 세금을 위한 이중적 의미를 담고 있으며, 사제 집단의 핵심 이데올로기 '야훼-성전-성전세'의 구도 위에서 서술된 것이다.

---

16 참조. 이미 언급한 〈국민교육헌장〉의 이데올로기도 독재정권의 역사적 상황을 인식하면서 분석하는 것과 동일하다.

3. 귀환 사제 집단의 '정통성' 모습: '금의환향', 모세 출애굽의 데자뷔

앞서 언급했듯 포로기 사제 집단의 귀환은 이승만이 미국에서 귀국하는 모습[17]과 오버랩(overlap)된다. 사제 집단은 70년간 포로기 유다인 공동체에서 정체성을 확립해왔다. 이후 유다로 귀환한 3세대 사제는 엘리트로서 유다 땅의 본토인들과는 차별화된 국제적 위상을 가졌으며, 바벨론 혹은 페르시아 언어를 자유자재로 사용하는 등 생활수준에서 유다 본토인들과 차이를 나타냈다.[18] 히브리 성서에서도 포로 귀환이 아니라 마치 승자의 귀환처럼 묘사된다.(스 2장) 스룹바벨[이승만]이 페르시아 관리[미국 군정 직원]와 함께 유창한 페르시아어[영어]를 사용하면서 귀환[귀국]하는 모습은 이미 이들이 바벨론 국제도시[미국 뉴욕]에서 다양한 종교, 정치, 경제적 상황을 배운 엘리트 집단이라는 것을 보여준다. 그들은 바벨론제국이나 페르시아제국의 관리 등 상층 구조에 편입되기도 한 집단이었다.

또한 귀환 당시 돌아온 사제 집단은 페르시아제국으로부터 실질적인 통치 위임을 받은 지배 엘리트 계급의 일원으로 포로가 아

---

17 1948년 9월 28일 미국에서 비행기로 귀국하자 많은 인파가 여의도에 모여 이승만을 환영하며 독립국의 리더십과 국가 미래에 대한 염원을 전하였다.

18 1970년대 미국에 있는 재미 한국인이 국내를 방문할 때 미국 생활에 대한 그들의 우월감을 상상해보라.

닌 지배층(통치자)의 대리자로 봐야 한다. 이들이 히브리 성서를 편집하여 자신들의 귀환 모습을 전쟁에서 개선하는 모습으로 그린 것이다.(스 2:65-67) 여기에서 그들이 편집한 귀환 규모와 귀환자의 숫자가 지닌 의미를 가늠하는 것은 그들의 이데올로기 단면을 볼 수 있는 좋은 방법이다. 바벨론으로 끌려간 포로민과 귀환자에 관한 서술은 성서 본문마다 다르게 나타난다. 그 숫자는 각각 [표5], [표6]과 같다.

[표5] 바벨론 포로민 숫자

시기	본문	포로민	인원수
기원전 605년 느부갓네살 2세 1년 (렘 25:1-3) 여호야김 3/4년 (렘 25:1, 46:2, 단 1:1-6)	단 1:1-4	이스라엘 자손 중에서 왕족과 귀족 몇 사람 곧 흠이 없고 용모가 아름다우며 모든 지혜를 통찰하며 지식에 통달하며 학문에 익숙하여 왕궁에 설 만한 소년	환산 불가
기원전 597년 느부갓네살 2세 8년 (왕하 24:8-15) 여호야긴 1년 (대하 36:9-10)	왕하 24:12-14	여호야긴, 그의 어머니, 신복, 지도자들, 내시들, 모든 백성, 모든 지도자, 모든 용사 만 명, 모든 장인과 대장장이 * 남은 자: 비천한 자	약 1만 명
	왕하 24:15-16	여호야긴, 왕의 어머니, 왕의 아내들, 내시들, 권세 있는 자, 용사 7,000명, 장인과 대장장이 1,000명	약 8,000명
	렘 52:28		3,023명

기원전 586년 느부갓네살 2세 19년 (렘 32:1, 왕하 25:1-15) 시드기야 11년 (렘 39:1-15, 52:4-6)	왕하 25:10-12	시드기야, 성 중에 남아 있는 백성, 항복한 자들, 무리 중 남은 자 * 남은 자: 비천한 자	환산 불가
	왕하 25:18-19	대제사장 스라야, 부제사장 스바냐, 성전 문지기 세 사람, 군사를 거느린 내시 한 사람, 왕의 시종 다섯 사람, 백성을 징집하는 장관의 서기관 한 사람, 백성 60명	72명
	렘 39:9-10	성에 남아 있는 백성, 자기에게 항복한 자, 그 외의 남은 백성 * 남은 자: 아무 소유가 없는 빈민	환산 불가
	렘 52:8-11	시드기야	환산 불가
	렘 52:24-25	대제사장 스라야, 부제사장 스바냐, 성전 문지기 세 사람, 군사를 거느린 지휘관 한 사람, 왕의 내시 일곱 명, 군 지휘관의 서기관 하나, 평민 60명	74명
	렘 52:29		832명
기원전 582년 느부갓네살 2세 23년(렘 52:29)	렘 52:30		745명
	렘 52:28-30	28, 29, 30절 합계	총 4,600명

[표6] 바벨론 포로 귀환 숫자

<table>
<tr><th>시기</th><th>본문</th><th>회중</th><th>노비</th><th>노래하는 자</th><th>인원수</th></tr>
<tr><td rowspan="2">기원전 536년
고레스 2세 1년
(대하 36:22-23,
스 1:1-4)</td><td>스
2:64-65</td><td>4만
2,360명</td><td>7,337명</td><td>200명</td><td>4만
9,897명</td></tr>
<tr><td>느
7:66-67</td><td>4만
2,360명</td><td>7,337명</td><td>245명</td><td>4만
9,942명</td></tr>
<tr><td>기원전 458년
아닥사스다 1세 7년
(스 7:7-9)</td><td>스 8:1-20</td><td colspan="4">남자만 약 1,700명</td></tr>
<tr><td>기원전 445년
아닥사스다 1세
20년
(느 1:1, 2:1)</td><td>느 2:1-8</td><td colspan="4"></td></tr>
</table>

위 내용을 보면 귀환자 숫자는 본문마다 차이를 보인다. 끌려간 포로민의 경우 예레미야 52장을 기준으로 한다면 4,600명인데 70년이 지난 이후의 귀환자 숫자는 에스라 2:64-65와 느헤미야 7:66-67을 고려하면 대략 5만여 명으로 나타난다. 4,600명이 70년 후 5만 명으로 엄청나게 증가한 것인데 타당성을 입증하기가 어렵다. 인류 교차적 통계 자료 분석을 해보아도 커다란 오차를 보이는데 5만 명은 불가능한 수치이다.[19] 이는 포로민 전체가 아니라

19 통계학적 분석에 따르면, 70년 사이에 이러한 인구 급증은 불가능하다. 참조: *ICR News*, 2016. 1. 18.(http://www.icr.org/article/9132) 2021년 10월 20일 최종 접속.

일부분의 귀환을 가정한 것이기에 이 귀환 숫자는 저자의 문학적 표현으로 판단할 수밖에 없다.

아울러 에스라 2장에 나타난 귀환 숫자 약 5만 명에 대해 살펴보면, 지도자 11명, 평민 1만 5,604명(가계별), 평민 8,540명(지역별), 제사장 4,289명, 느디님 사람과 솔로몬 신복의 자손 392명, 레위인 341명 등을 포함하여 총 4만 2,360명과 남종과 여종 7,337명과 노래하는 이 200명으로 구성된 것을 알 수 있다.(스 2:1-64, 느 7:5-66) 이 중 눈여겨볼 숫자는 제사장이 4,289명(느 2:36-39)으로 전체의 10% 이상을 차지하는 상당한 규모라는 것이다.

5만 명의 귀환(특히 제사장 약 4,289명, 노예 7,337명)은 분명 엄청난 규모이다. 이것은 그들의 귀국 장면을 초라한 개인이나 소수의 인원이 아닌 대규모 인원의 '금의환향'으로 연출한 것이다. 노래하는 이들(약 200명)이 선두에서 풍악을 울리고, 장군의 자리에는 제사장을 필두로 각 소속 부대가 뒤를 이어 행진하는 모습, 끌려오는 노예(약 7,000명)와 막강한 군대 장비인 말(735마리)과 노새(245마리), 낙타와 나귀의 모습을 보면 마치 개선하는 군대의 모습 혹은 한 국가 군대의 이동 장면이 연상된다.

이들이 자손별로 숫자를 언급하는 것은 마치 출애굽하여 가나안에 입성하는 열두 지파의 모습처럼 보인다. 모세를 데지뷔한 초기 귀환 사제의 대표적인 이데올로기 표출이다. 이 행진의 주인공은 분명 사제 집단의 대제사장으로 행렬의 중앙에서 모세 혹은 여호수아의 모습처럼 보였을 것이다. 이러한 귀환의 모습은 시편 기자가 토로하는 포로민의 힘든 삶("바벨론 여러 강변 거기에 앉아서 시온을 기억하며 울었도다", 시 137:1)과 70년을 인내하면 고향으로 돌아오게 해주겠다는 주님의 말씀을 떠올리게 한다.(렘 29:10-14) 인고의 결과 마침내 승리했음을 잘 그리고 있다. 또한 본문은 노비 7,337명을 거느리고 귀환하는 노래하는 자 200명에 대해서 언급한다. 고대 사회의 노예제도는 사회관계 내부의 채권·채무 관계를 보여주는 것으로, 그 사회에 이미 경제적 권력이 형성되어 있었음을 나타내는 것이다.[20] 주로 생산을 위한 재료(씨앗)를 대여하고 수확하여 채무를 갚는 형식인데 어떤 자연적 현상으로 채무를 이행하지 못하면 최악의 경우 채권자의 노예가 된다.[21] 이는 유다인 포로민 공동체 내부에서 채권·채무의 관계를 맺는 고도의 경제 활동이 있었음을 의미하고 채권 관계를 통해 공동체 내부의 권력층이 이미 형성되어 있었음을 암시한다.

포로민의 귀환은 개인의 귀국이 아니라 공식적인 국가 권력의 이동을 나타낸다. 군대식 행렬을 통해 바벨론에서 하나님의 임무를 마치고 귀환하는 모습은 출애굽의 모습과 일치한다. 하나님이 모세를 통하여 애굽의 포로가 된 이들을 구원하고 약속의 땅으로 인도한 것처럼 바벨론 포로의 귀환 모습도 하나님이 언약을 이루

---

20 노예 기간(출 21:2), 여성에 대한 성적 착취(암:2-7), 육체적 체벌(출 21:20-21) 등을 언급하고 있다.

21 라이너 케슬러, 민경구 옮김, 『고대 이스라엘 사회사』(서울: CLC, 2022), 213-14.

는 출애굽의 데자뷔이다. 출(出)바벨론은 하나님의 명령에 따라 유다 땅으로 이동하는 것으로, 그들에게 유다 땅은 새로운 언약의 땅이다.[22] 이러한 이데올로기 표현은 에스라-느헤미야서를 통해 구체적이며 과장된 서술로 묘사되었다.

하나님의 명령으로 당당하게 귀환(야훼의 백성, 정통성)했음을 알리는 의도도 보이는데, 승리자로서 금의환향하는 모습은 유다 땅에 남아 있던 자들에게 누가 야훼의 정통성을 가지고 있는지를 묻는 것이며 바벨론 포로민, 더 정확히 말해 그들을 대표하는 사제 집단이 그 정통성을 지니고 있음을 알리는 것이다. 출바벨론을 기록하면서 하나님 뜻에 따라 유다 땅을 일시적으로 비운 뒤 이국에서 임무(유일신 야훼 제의 이행, 안식일 지킴, 우상숭배 철폐 등)를 잘 수행하고 귀환하는 야훼의 정통성을 가진 적통자(嫡統者)임을 보여준다.(렘 30:3) 이것은 앞으로 우상숭배에 물든 유다 땅을 야훼의 땅으로 개조하려는 의도를 내포하고 있다.

지금까지 포로민 귀환 숫자에 대한 내용을 살펴보며 텍스트를 해체했다. 이로써 정통성을 갖고 성전국가를 재건하려는 사제 집단의 이데올로기를 구체적으로 드러내 보였다.

---

22 역사적 상황에서 바벨론 사제 포로의 귀환은 개선장군이 금의환향하는 모습으로 그려지고 있다. 이들은 신권 정치의 이데올로기를 정교화 하는 과정에서 출애굽을 묘사했을 것이다.(성서 편집과정은 성서의 역사 기록과 반대로 이루어졌다고 봐야 한다.)

4. 다윗 왕조의 정통성 부정: 유다 왕에 대한 평가

1) 왜 '산당'과 함께 평가하는가? 과거와 현재에 대한 인식

포로 귀환 직후[23] 엘리트 사제 집단 예루살렘과 그 주변의 토착 유대인들에게 유일신 야훼 종교관을 주입하려는 작업으로 열왕기서라는 역사서를 편집했다. 역사서의 일반적 특징은 고대 근동의 대표적 역사서인 '바벨론 연대기'(Babylonian Chronicles)와 같이 왕의 통치 업적을 기록하는 것이다. 한 예로 기원전 522년 다리우스 1세(522-486 BC)가 왕위를 갖게 된 업적을 기린 '비시툰 승전비문'은 고대 근동 왕의 치적[24]을 기록한 전형적인 자료이다.

열왕기서는 역대 왕들에 대한 기록이라고 알려져 있지만 이데올로기적 접근으로 본 열왕기서는 두 가지 트랙으로 서술한 것으로 보인다. 하나는 '역대 왕'에 대한 평가이며, 다른 하나는 '산당'에 대한 평가이다.

첫째, 왕에 대한 평가의 특이점은 왕의 치적을 평가한 기록물이 아니라 역사서 형식을 지닌 '역대 왕에 대한 이념 평가서'라는 것이

---

23 유다인 포로 기간은, 포로민 공동체가 일시적으로 귀환한 것이 아니라 점진적으로 귀환한 것을 전제로 남유다가 멸망한 때로부터 페르시아제국의 안정기까지 디아스포라 공동체의 이데올로기 작업의 연관성 속에서 설정한바 남유다가 멸망한 후 느헤미야 시절까지로 약 150년 정도로 설정한다.

24 비시툰은 메디아 왕국 엑바타나의 서쪽 길목 절벽 60m 위에 아카드어, 고대 페르시아, 엘람어로 기록되어 있다.

다. 이는 사제 집단의 대표적 이데올로기 작품임을 명백하게 드러내는데, 왕에 대한 평가 기준을 설정한 뒤 이 틀에 적합하지 않은 왕은 부정적으로 묘사하고 있다.

열왕기서의 저자는 이런 사실(이념적 평가서)을 인식하고 있는 듯하다. 왕들에 대한 이념적 평가가 아닌 역사적 평가는 별도로 기록되어 있다고 표현한다. 역대 왕들의 행적은 "이스라엘 왕 역대지략에 기록되니라"(왕상 14:19, 15:31, 16:5, 14, 20, 27, 22:39, 왕하 1:18, 10:34, 13:8, 12, 14:15, 28, 15:11, 15, 21, 26, 31) 혹은 "유다 왕 역대지략"(왕상 14:29, 15:7, 23, 22:45, 왕하 8:23, 12:19, 14:18, 15:6, 36, 16:19, 20, 21:17, 25, 23:28, 24:5) 그리고 "솔로몬의 실록"(왕상 11:41)이라는 표현으로 적혀 있다. 여호수아서와 민수기에는 '야살의 책'(수 10:10-13), '여호와의 전쟁기'(민 21:14) 등으로 유사 역사서들을 언급하지만 실제로 존재한 책으로 보기는 어렵다. 즉 사제 집단은 그 책의 존재를 중요하게 여기지 않았으며 왕들의 치적에도 관심이 없었다.[25]

저자는 이미 '왕조의 폐망은 우상숭배에 있었다.'는 결론을 가지고 책을 집필했다. 물론 첫 번째 평가 기준에서 다윗 같은 왕이 있었는지를 제시한 것으로 보아 다윗 자체를 부정할 수는 없었다고 본다. 다윗에게는 "네 집과 네 나라가 내 앞에서 영원히 보전

---

25 느헤미야 12:23에서 "레위 자손의 족장들은 엘리아십의 아들 요하난 때까지 역대지략에 기록되었으며"라고 언급하여 제사장에 대해서도 기록했다고 서술하고 있다.

되고 네 왕위가 영원히 견고하리라"(삼하 7:16)라는 신의 복 주심을 담은 나단의 예언 전승이 있었다. 다윗 왕조에 대한 하나님의 약속을 어긴 것은 야훼가 아니라 다윗의 후손이라는 것을 나타내기 위해 그리고 다윗 왕 자체의 정통성을 쉽게 부정할 수는 없기에 왕에 대한 첫 번째 평가 기준이 다윗과 같은지로 이어진 것이다.(대상 17:1-15) 두 번째 기준은 약속을 어긴 역대 왕들이 야훼의 눈에 어떻게 비추어졌는지를 판단한 것이다. 이 관점에서 열왕기서 저작/편집 속에서 역대 왕들에 대한 평가 기준은 당연히 왕들의 치적이나 업적이 아니라 자신들의 가치관, 즉 야훼의 시각이 평가 기준이다.

둘째, 과거의 평가가 아닌 실질적인 현재와 미래를 위한 작업으로 산당을 우상숭배로 연결하여 평가한다. 먼저 열왕기서와 후대에 편집된 역대기에 나타난 왕에 관한 서술은 역사기록의 형식을 이용한다.[26] 왕에 대한 간단한 행적, 왕국의 관리와 조직에 대한 기록(왕상 4:11, 15), 몇 가지의 솔로몬 건축(왕상 7:2-8, 12:25) 그리고 군사 행동(왕상 14:24-25, 왕하 24:20-25:7) 등에 대하여 역사성을 가진 것처럼 기록한다. 하지만 각 왕에 대한 종결 부분은 거의 동일하게 우상을 숭배하고 산당 제의를 했는지를 기준으로 평가한다.

---

26 역대기에는 레위인에 대한 신분 상승이라는 관점이 두드러진다. 그래서 이 책은 성전이 완공된 이후 성전에서 신분이 상승한 레위 제사장이 편집한 것으로 보인다.

사사기와 열왕기서에서는 “여호와 보시기에 정직하게 행하여”(왕상 15:11, 왕하 18:3) 혹은 “여호와 보시기에 악을 행하여”(왕상 14:22) 등 여호와의 눈(관점)으로 왕들을 평가한다. 이 기준에 따라 평가 근거를 아울러 제시하는데 산당 제의와 관련해서는 ‘제의 정화 규정(십계명 제1계명에 의거)과 제의 단일화 규정(신 12장)’이라는 평가 기준을 제시하고 있다.

학계에서는 첫 번째 편집단계에서 왕들만을 ‘제의 단일화 규정’(신 12장)으로 평가한 것으로 보고 ‘제의 정화 규정’으로 백성들을 평가한 것은 후대에 추가된 본문으로 분류하고 있다.[27] 블룸(E. Blum)은 왕에 대한 평가와 백성에 대한 평가가 개념상으로는 서로 구별되지만 전체적인 신명기적 역사서의 구성(Komposition)에서는 서로 분리할 수 없다고 주장한다. 그러나 이데올로기의 형성이라는 면에서 두 가지의 이데올로기가 시차를 가지고 편집되었는지는 규명하지 못하고 있다.[28] 추후 이 부분에서 편집 시차가 발생한 이유를 ‘편집자의 관점이 무엇인가?’라는 질문과 연결하여 이해할 수 있을 것이다.

왕에 대한 과거의 평가와 다르게 산당의 존재는 새로운 신정국가를 건립하는 목표, 즉 예루살렘 성전(왕궁의 대체 건물)을 운영

27 이상원, “히스기야 산당 제거(왕하 18:4)와 여로보암의 죄(왕상 12:26-32),” 「성경원문연구」 42, 제39호 (2016): 43.

28 E. Blum, *Das exillische deuteronomistische Geschichtswerk* (Frankfurt am Main: Pterer Lang, 2011), 269-95.

하는 데 방해가 되었다.[29] 왜냐하면 중앙 성전을 통한 성전세 징수에 방해가 되기 때문이다. 성서에 따르면 산당의 주상, 아세라 목상, 느후스단(놋뱀) 등 다신적 모습(왕하 18:4)은 야훼의 눈에 옳지 않아 야훼가 멸망시킨 것으로 그려진다. 그러나 이것은 철저히 이데올로기적인 모습으로 이해할 수 있다. 왜냐하면 솔로몬 시절 기브온의 산당에 올라가 '일천 번제를 드렸다.'(왕상 3:4)는 언급에서 알 수 있듯이 당시 산당은 국가 행사의 중요한 제의를 담당했고, 고고학적으로 다윗 왕조 시절부터 페르시아제국 이후에도 산당이 민간 신앙 속에서 지속적으로 존재했기 때문이다.

'산당'(בָּמָה, 바마흐)은 티아낙에서 발견된 기원전 10세기 추정 테라코타(헌물대, 獻物台)인데 맨 밑층에는 한 여신과 사자가 새겨져 있고, 그 위층에는 두 개의 스핑크스가 있으며, 그 위층에는 열왕기상 8:6-7에 나타나는 '그룹'(케루빔, cherubim)으로 추정되는 형상이 있다. 산당의 역사는 오래전부터 시작됐는데 므낫세의 영토에서 황소의 신당이 발견되었으며, 단(Dan)에서 제사 의례와 관련한 각종 기구가 발견되었다. 또한 북(北)'텔 엘 파라'(Tell el-Far'ah)에서 기원전 10-9세기경 것으로 추정되는 여자 형상과 신상이 다량 발견되었고, 이 형상들은 지금까지 가장 오래된 아세라 형상으로 알려져 있다. 기원전 8-7세기로 추정되는 예루살렘의 시신을

29 제1공화국 시절 이승만 정부에서 '친일청산' 문제가 제일 시급하고 중요한 문제였다는 것을 생각해보면 된다.

놓는 장의자에는 이집트 여신 하토르의 가발 모양이 조각되어 있는데 이것은 암소의 여신 쿠드슈가 쓰던 것으로 가나안 여신 아세라와 동일시되는 여신으로 여겨진다.

쿤틸렛 아즈루드(Kuntilet 'Ajrud)에서 발견된 기원전 8세기 추정 석재 용기에는 히브리어로 "아드나흐(Adnah)의 아들 오바다야의 소유물임. 야훼께서 그를 축복하시길…"이라고 기록되어 있고, 저장 용기 그림에는 사마리아 야훼와 아세라 축복문이 기록되어 있어 아세라가 야훼의 부인임을 나타내고 있다. 또한 기원전 7세기 후반의 것으로 추정되는 은으로 만든 두 개의 작은 두루마리가 발견되었는데, 이 두루마리에는 민수기 6:24-26의 제사장 축복문이 기록되어 있다. 그 외에도 북이스라엘과 남유다에서 모두 마술이나 미신적인 행위와 관련된 수많은 고고학적 자료가 발견되었다.

지방 산당 민간 신앙의 실제 모습은 히브리 성서의 언급과 별도로 첫째, 민간 생활 종교는 제사장들의 통제나 국가의 지원 영역 밖에 있는 비제도적 종교이며, 둘째, 탈권위주의적이기에 배타적이지 않고 포용적이며 취약 계층과 여성들에게 개방적이었고, 셋째, 공공의 제의보다는 개인의 신앙과 가정과 공동체의 삶에 관심을 두었으며, 넷째, 권력을 지닌 제사장들의 이념과 관련이 없었다.[30]

이러한 상황을 근거로 하면 예루살렘 사제 집단의 산당 제거 행

30 레드포드·데비, 『유일신 신앙의 여러 모습들』, 36-50.

위는 실천적 행위라고 보기보다는 예루살렘 성전을 건축하기 위한 이데올로기와 프로파간다(propaganda)적 작업이라고 볼 수 있다. 즉 성서에서 '산당 폐지'를 언급한 것은 산당의 레위 제사장과 '야훼 제의' 간의 정통성 대립 문제 때문이 아니라, 성전세를 징수하기 위해 예루살렘 성전 제의를 강화하는 데 목적을 두었기 때문이다. 실제로 산당은 예루살렘 성전세 징수에 별 영향을 끼치지 않는 민간 신앙으로 지속되었다.

정리하자면, 이러한 성서의 편집은 이데올로기적 성격의 표현 양식으로 이해할 수 있는데 사제 집단이 귀환한 뒤 성전 건립을 위해 유일신 야훼 신앙의 정체성에 대한 이데올로기를 추가로 형성한 것으로 볼 수 있다.[31]

알리슨 조셉(Alison L. Joseph)이 신명기적 역사의 왕들을 분석한 선과 악 분류 기준(Good and Evil King)[32]을 보면 첫 번째 기준이 '야훼의 눈에 정당한가?'이다. 그리고 선조 다윗과 같은지 여부를 동일선상에서 생각하고 왕들을 일차적으로 평가한다. 두 번째 기준[33]은 '산당에서 제의를 계속했는가?'와 '산당을 제거하지 않았는가?'의 여부에 따라 다음과 같이 평가했다.[34]

---

31 위의 책, 75-85.

32 Alison L. Joseph, "Who Is like David? Was David like David? Good Kings in the Book of Kings," *Catholic Biblical Quarterly* (2015): 20-41.

33 위의 글, 29.

34 위의 글, 30.

[표7] 알리슨 조셉의 네 가지 평가 기준

이름(기원전, 재위 기간)	다윗	야훼 눈	산당 제의 금지	산당 제거
르호보암(931-913, 18년)	×	×		
아비야(913-911, 2년)	×	×		
아사(911-870, 41년)	○	○	×	×
여호사밧(873-848, 25년)	○	○	×	×
여호람(848-841, 7년)	×	×		
아하시야(841, 1년)	×	×		
아달랴(841-835, 6년)	×	×		
요아스(835-796, 39년)	○	○	×	×
아마샤(796-767, 29년)	○	○	×	×
웃시야(791-739, 52년) 또는 아자리야	○	○	×	×
요담(750-731, 19년)	○	○	×	×
아하스(731-715, 16년)	×	×		
히스기야(715-686, 29년)	○	○	○	○
므낫세(697-642, 55년)	×	×		
아몬(642-640, 2년)	×	×		
요시야(640-609, 31년)	○	○	○	○
여호아하스(609, 3개월)	×	×		
여호야김(609-597, 12년)	×	×		
여호야긴(597, 100일)	×	×		
시드기야(597-586, 11년)	×	×		

알리슨 조셉이 분석한 자료는 매우 유용하다. 위의 자료를 종합하면 일차적으로 다윗이나 야훼의 눈에 선하지 않은 열두 왕에 대해서는 산당 제거를 굳이 언급할 필요가 없었고, 다윗 같은 왕 중 여섯 왕은 산당 제의를 정화하지 않거나 폐지하지 않아 비판받았음을 알 수 있다. 오직 히스기야(725-697 BC), 요시야(639-609 BC) 두 왕만이 산당 제거까지 실현한, 모든 조건을 충족한 왕으로 긍정 평가를 받는다. 사실 이들 왕에 대한 평가는 사제 집단의 이데올로기적 의미가 내포된 표현이다.

사제 집단이 왕에 대한 평가를 통해 이스라엘의 폐망 원인을 찾았기에 이 두 명의 왕에게는 폐망의 원인이 없다는 뜻으로 받아들여진다. 두 왕의 활동 시기를 눈여겨보면 히스기야는 북이스라엘이 멸망(722 BC)하기 직전에 남유다에서 활동했고, 요시야는 남유다가 최종적으로 멸망하기 직전에 그곳에서 활동했음을 알 수 있다. 북이스라엘의 왕들이 여로보암의 죄(우상숭배)로 폐망할 때 남유다는 멸망하지 않았는데 히스기야가 산당을 제거하고 이방 신의 목상을 제거했기 때문이다.(왕하 18:3-5) 반면 이후 요시야 때에는 '언약책'(율법책)을 발견하고 그에 따라 산당을 폐기했지만(왕하 23:4-7) 그 후대의 왕들이 요시야의 개혁을 지속하지 않아서 결국 남유다가 멸망하게 되었다. 따라서 북이스라엘이 멸망했음에도 남유다가 멸망하지 않은 이유는 히스기야의 개혁이 있었기 때문이고, 이후 남유다가 결국 멸망한 이유는 요시야의 개혁이 지속되지 않았기 때문이라는 점을 알 수 있다.

성서학계는 요시야 개혁을 역사적 실체로 받아들이는 경향이 있다. 그러나 배희숙은 다윗 왕조의 존재를 부인하지만 요시야 개혁의 역사성만큼은 강하게 긍정하면서 그 근거로 핀켈슈타인과 실버만(N. A. Silberman)의 연구를 인용한다.[35] 마찬가지로 이은우도 같은 자료를 근거로 요시야 개혁의 역사성을 인정한다.[36] 하지만 정작 핀켈슈타인과 실버만은 연구에서 "고고학은 요시야의 구체적인 업적을 보여주는 증거 확보에는 성공하지 못했다." 라고 말한다. 다만 후기 왕조시대의 유다 관리들과 고관 귀족들의 인장 자국이 역사성을 인정할 수 있는 유일한 증거이지만, 그 인장과 요시야의 개혁이 관련이 있다는 개연성은 존재하지 않는다. 이전 시대와 다르게 기원전 7세기에 발견된 유다의 인장에 상징적 문양이 줄어든 것은 요시야 개혁보다 유다의 문자 보급과 관련된 것으로 보인다. 오히려 다른 증거인 젖가슴을 떠받친 작은 여자 입상(아세라 여신으로 확인)은 기원전 7세기 후반 유다의 주요 유적지에 있는 민간주택 터에서 대량으로 발견되었는데, 이러한 증거들은 요시야가 주도한 종교정책을 입증하는 것이 아니라 오히려 요시야 개혁의 존재를 의심하게 하는 증거가 될 수 있으며, 만약 개혁이 있었다면 성공하지 못했을 가능성을 반증하는

---

35 배희숙, "요시야의 개혁에 대한 재고찰," 「한국기독교신학논총」 73 (2011): 75-96.

36 이은우, "천체숭배 이방 제의에 대한 요시야의 개혁과 그 본문의 역사," 「장신논단」 46 (2014): 13-33.

것이다.[37]

다만 이들은 이 연구에서 브엘세바 계곡 근처 사막에서 발굴한 몇 개의 히브리어 패각을 근거로 요시야가 영토를 확장했을 가능성을 추정하고 있지만[38] 유다 왕국이 광범위하게 새 영토를 합병했다는 가설을 뒷받침할 수는 없다고 본다. 사해에서 남쪽으로 대략 32킬로미터 떨어진 하세바에서 축대성곽 유적이 발견되었는데 이 중 깨진 에돔의 종교의식용 그릇 여러 개를 기원전 7세기 토기로 판단하여 요시야 개혁과 관계가 있는 것으로 추정하지만,[39] 이것은 최대주의자들(성서의 역사성을 매우 긍정적으로 평가하는 학자들)이 활용하는 논란의 대상이며 므깃도에서 요시야 시대의 건축물로 볼 수 있는 증거는 하나도 발견되지 않았다. 요컨대 유다의 유물과 이집트의 유물이 므깃도에서 하나도 나오지 않았으며 그들이 인용한 핀켈슈타인과 실버만의 연구에 나타난 고고학적인 근거는 요시야의 개혁과 유다 왕국의 북진정책, 새 영토 합병 가설

---

37 이스라엘 핑컬스타인·닐 애셔 실버먼, 오성환 옮김, 『성경: 고고학인가 전설인가』(서울: 한들출판사, 2000), 335-36. 원제는 I. Finkelstein and N. A. Silberman, *The Bible Unearthed. Archaeology's New Vision of Ancient Israel and the Origin of Its Sacred Texts* (New York: The Free Press, 2001).

38 열왕기하 23:19에서 나타난 사마리아 산당 제거, 역대하 34:6에서 나타난 므낫세와 에브라임과 시므온과 납달리 성읍의 산당을 제거한 장소는 북이스라엘 지역이다.

39 핑컬스타인·실버먼, 『성경』, 401.

을 증명하지는 못한다.[40]

이데올로기적 관점에서도 오히려 요시야의 개혁보다는 '언약책'이 발견된 것에 무게 중심을 둔다. '율법책'의 발견(왕하 23:2)은 에스라의 율법책 낭독과 상관관계 속에 있는 문학적 편집이므로 사라진 언약책은 율법이 없는 시기를 상징하며, 포로기 70년간 유다 땅이 공백 상태에 놓여 있었음을 상징한다고 본다. 그러므로 언약책의 '재'발견은 계명과 법도와 율례의 재시행을 의미한다. 에스라가 율법책을 낭독하면서 일상의 정상화를 알린 것이다. 결국 귀환 사제 집단의 소명은 야훼의 명령인 율법을 시행하는 것이다. 그리고 언약책은 남유다의 멸망과 함께 다시 사라져버린 것이 아니라 오히려 포로기 사제 집단이 그것을 가지고 바벨론으로 간 것으로 이해해야 한다. 사제들이 귀환하면서 그 율법책이 다시 예루살렘으로 오게 된 것이다. 예루살렘 성벽을 완공하고 기념행사가 열린 뒤 "백성이 일제히 수문 앞 광장에 모여 학사 에스라에게 여호와께서 이스라엘에게 명령하신 모세의 율법책을 가져오기를 청하매"(느 8:1) 모든 백성은 여호와를 송축하고 경배했다.(느 8:6) 이에 느헤미야와 에스라, 레위 사람들은 그날을 여호와의 성일(거룩한 날)로 선포했다.(느 8:9) 이러한 언급에서 알 수 있듯이 귀환 사제들은 야훼의 율법 시행을, 그들의 싱진과 함께 영원히 있을 것임을 의미하는 이데올로기로서 서술하고 있다.

---

40 위의 책, 405-406.

느헤미야 시절 요시야의 율법책을 성벽 앞에서 낭독한 것은 율법책에 근거한 '계명, 율법, 규례'를 다시 시행한다는 선포이다. 다시 말해 신정 정치, 즉 신정국가를 공식 선포한 것이다. 신정국가는 '예루살렘 성전'과 '율법책'의 두 기둥으로 운영된다. 열왕기서의 역대 왕들은 배교 행위를 했지만 요시야만이 율법책을 통해 남유다를 개혁했다. 이제 귀환 사제 집단이 그 율법책으로 다시 개혁함으로 신정 정치 프로그램을 작동시킬 것이다.

귀환 사제 집단에 의해 재건된 새로운 예루살렘 성전과 성벽은 예루살렘 신정국가의 모습을 담은 것이다. 예루살렘 성벽 앞에서 에스라, 느헤미야, 레위인(중앙 예루살렘 성전 권력의 하부조직인 지방 산당의 레위 제사장) 등 신정국가의 요인(要人)들이 수많은 백성들 앞에서 율법책을 낭독한 것은 왕정 시대의 종식과 동시에 새로운 신정국가를 선포한 것이다.(느 8:1) 지방 성소인 산당을 부정하고, 이를 우상숭배로 규정하는 신명기 사가의 전형적인 모습 이면에는 포로기 귀환 사제 집단의 신정 정치 통치 이데올로기가 담겨 있다. 즉 신명기 사가의 역사서로 불리는 열왕기서는 사제 집단의 이데올로기 표출에 따른 결과물이지 단순 역사서나 신앙의 목적만을 위해 편집된 것이 아니다. 따라서 그들이 왕정을 비판한 것은 사제 엘리트 권력 그룹의 신정 정치를 위한 것이다. 왕정 복귀 혹은 재건을 거부하고 다윗의 정통성이 성전으로 승계되는 과정을 그린 것이다.

"유일신 야훼가 오직 우리 하나님이다."라는 고백이 고대 근동의 종교와 차별화되어 유일한 민족 야훼 종교로 정립되고 유지된 근간에는 예루살렘 성전국가(성전정치)가 있었다. 이러한 편집 이데올로기 작업은 사제 집단이 가나안 지역의 권력 소외지역에서 페르시아제국의 속주 권력으로 등장했기에 가능한 일이었다. 페르시아제국의 비호가 없었다면 성전권력의 태동은 불가능하고 유대교가 생기지 않을 수도 있었다.

2) 여호야긴 본문(왕하 25:27-30)의 편집 의도

귀환 초기 사제 집단의 이데올로기 형성이 포로기에서 형성된 정체성과 정통성이라는 주제를 가진다는 점에서 열왕기서의 마지막에 나오는 여호야긴에 대한 서술도 이런 목적으로 추가 편집된 것으로 보인다. 열왕기하 25:27-30에는 여호야긴이 포로로 끌려온 지 37년이 흐른 뒤 바벨론 왕 에윌므로닥[41]이 그를 석방했으며, 그를 다른 왕들의 지위보다 높이고 먹을 것과 쓸 것을 끊임없이 베풀었다는 내용이 담겨 있다.

골데웨이(R. Koldewey)가 발굴하고 마틴(W. J. Martin)이 분석한 바벨론 문서 28122, 28178, 28186[42]에는 야후(유다) 땅의 왕 야우킨

---

41 기원전 562년 '마르둑의 숭배자'라는 이름으로 즉위한 것으로 추정되고, 여호야긴은 기원전 561년 석방된 것으로 추정된다.

42 바벨론 행정 및 법률 문서로 특히 유다 왕 여호야긴이 바벨론에서 유배 생활을 할 때의 기록을 포함하고 있다. 이 문서들은 바벨론의 점토판 기록으로서 유배 생활을 하던 유다 왕족과 관련된 중요한 정보를 제공하고 있다.

(여호와킨, Jehoiachin, 여호야긴의 바벨론식 이름)의 존재와 그가 일정한 양의 음식을 받았다는 기록이 존재하여 성서의 기록과 일치하는 부분이 나온다.[43] 이에 대해 기존 역사비평학자들은 여호야긴에 대한 서술이 신명기 역사서에 추가 편집된 것이라고 주장하는데, 4절이라는 짧은 구절에도 불구하고 이를 첨부한 이유에 대해 다양한 의견을 제시하고 있다.

노트는 신명기 역사서를 포로기 시절 한 역사가가 썼다고 주장했지만, 여호야긴 부분을 포함한 일부분은 후대 첨가로 이해했다.[44] 몽고메리(J. A. Montgomery)와 게함(H. S. Gehman) 그리고 그레이(J. Gray)는 예루살렘 함락과 그 이후 내용을 담은 예레미야 39-43장과 비교하는데 '여호야긴 첨가 부분'이 예레미야 본문보다 이후 시점이기에 포로기 역사학자나 편집자의 작품 이후에 첨가된 본문으로 이해한다.[45] 그러나 넬슨(R. D. Nelson)은 포로기 이전 신명기 역사서의 1차 저술이 있었다고 주장하면서 예레미야 39-43장의 불연속성을 전제로 열왕기하 25장 전체가 포로기 이전에 쓰인 신명기 역사서에 추가된 포로기 편집자의 활동이라고

---

43 J. B. Prichard, *Ancient Near Eastern Texts: Relating to the Old Testament* (Princeton: Princeton University Press, 1992), 308.

44 Martin Noth, *The Deuteronomistic History* (Sheffield: Sheffield Academy Press, 1981), 98.

45 J. A. Montgomery, *The Books of Kings*, ed. H. S. Gehman (Edinburgh, 1951), 564-67; John Gray, *I & II Kings: A Commentary* (Philadelphia: Westminster, 1970), 768-69.

주장한다.[46]

편집 시기뿐 아니라 본문을 첨가한 목적에 대해서도 견해가 나뉜다. 폰 라트와 올브라이트는 여호야긴이 에윌므로닥의 호의를 받은 것을 부각하면서 '왕권 회복을 기대'하는 희망의 본문으로 이해한다.[47] 즉 여호야긴이 감옥에서 풀려나 국빈 대접을 받게 된 것은 포로민들로 하여금 고국으로 돌아갈 날을 기대하게 하며, 이를 반영하여 신명기 사가가 포로에서 돌아갈 희망을 드러냈다는 것이다. 여호야긴이 왕의 정통성을 지니고 있으므로 여호야긴의 석방이 곧 포로민들의 귀환 희망을 상징한다는 것이다.

그러나 열왕기서의 전체적 내용이 다윗 왕조를 비판적으로 바라보는 점, 여호야긴에 대해서도 "여호야긴이 그의 아버지의 모든 행위를 따라서 여호와께서 보시기에 악을 행하였더라"(왕하 24:9)라고 언급한 점 등을 고려하면 여호야긴을 통해 희망을 찾는 해석은 설득력을 얻기 어렵다. 넬슨은 여호야긴 본문 이후 추가로 나온 보도가 없기에 다윗 왕의 후손인 그가 단순히 이방 왕의 호의를 받은 것뿐이지 그것이 특별한 희망을 의미하지는 않는다고 봤다.[48] 그러므로 여호야긴 부분은 저작/편집에 이데올로기가 반영

46 R. D. Nelson, *The Double Redaction of the Deuteronomistic History* (Sheffield: JSOT Press, 1982), 89.

47 G. von Rad, *Studies in Deuteronomy* (London: SCM Press, 1963), 90; W. F. Albright, "King Jehoiachin in Exile," *The Biblical Archaeologist* 5 (1942): 52.

48 R. D. Nelson, *1, 2 Kings* (Philadelphia: John Knox Press, 1987), 266.

되었다는 점에서 우상숭배와 산당 제의를 한 다윗 왕조를 부정하는 포로기 이후 귀환 사제의 작업으로 이해되어야 한다. 그들은 바벨론 정부로부터 여호야긴을 다른 왕보다 더욱 대우받게 그림으로써 생명을 연장하고자 하는 '비굴한 모습'으로 설정하였다. 왕권의 정통성이 최종적으로 단절되었다고 이해하는 것이 더욱 정확한 해석일 것이다. 다시 한번 말하지만, 포로기 귀환 사제 집단이 히브리 성서에서 왕의 평가 기준을 제시함으로 자신들의 이데올로기를 반영하고 성전을 통한 신정 정치를 구현하고자 한 그 목적을 간과해서는 안 된다.

한 번 더 강조하지만 여호야긴에 대한 추가 편집을 통해 유다 왕조의 정통성은 소멸되었다. "모든 왕의 지위보다 높고"(28절), "일평생 항상 왕의 앞에서 양식을 먹고"(29절), "쓸 것은 날마다 왕에게서 받는"(30절) 여호야긴의 모습에서 희망을 찾을 수는 없다. 다윗 왕조 재건이라는 관점은 히브리 성서를 통한 사제 집단의 이데올로기 단계 어디에서도 찾을 수 없으며 사제 집단이 목표한 성전 재건과 그것을 통한 신정국가의 구현이라는 큰 틀과 일치하지 않는다. 이제 유다 왕의 연속성이 끊긴 유다 땅에 귀환한 사제 집단은 다윗 왕조를 대체하는 성전 정치를 구현하며 왕궁을 대체하는 예루살렘 성전을 재건한다. 또한 그들은 지속적인 히브리 성서의 저작/편집을 통해 성전 존재의 당위성을 드러내는 이데올로기 작업을 이어간다.

5. 대안적 정통성: '성전과 율법'

1) 페르시아의 속주정책: 예루살렘 성전 권력이 등장하게 된 배경

히브리 성서에서는 고레스의 승인(스 1:2)과 지원(스 6:4)으로 다리오 왕 때 성전이 완공되고(스 6:15), 성벽 역시 아닥사스다의 승인과 지원(느 2:4-8)으로 완공되었다고 언급한다. 페르시아제국의 승인과 지원이 없었다면 성전과 성벽의 완공은 적어도 지연되었을 것이며 불가능할 수도 있었다. 이와 관련하여 성서에는 언급되지 않지만, 역사적 정황을 참고하여 페르시아제국의 속주정책을 이해하면서 성서 본문을 바라보아야 한다. 먼저 페르시아 속주정책과 성전 건립이 어떤 관계인지 명확하게 정립하는 것이 필요하다. 페르시아제국 시절 시작된 예루살렘 제2성전은 유대교의 본질적 출발점이며 현대 기독교로 확장이 이루어지는 시작점이기 때문이다.

바벨론제국의 느부갓네살은 예루살렘 궁전과 성전을 파괴했고(왕하 25:9), 유다를 멸망시킨 뒤 예루살렘 다윗 왕조의 정치적·종교적 지위를 제거하고, 그들의 거점을 미스바로 옮겨 유다인 중 바벨론제국에 협조하는 그달리야(Gedaliah)를 총독으로 임명(렘 40:7)했다. 예레미야와 제자 바룩(Baruch)과 추종자들은 미스바로 옮겨와(렘 40:6) 제국의 통치에 협조했으며(렘 40-42상)[49] 바벨론

[49] 예레미야 40장은 예레미야가 바벨론 왕의 지휘관 느부사라단에게 잡혀 미스바로 이동한 것을 기록하고 있다. 41장에서는 느부사라단이 떠나면서 예레미야에게 자유를 준 뒤 미스바에 남은 유다인들이 예

의 속지(屬地) 정책으로 예루살렘은 정치적·경제적 위치가 소멸되었다.

예루살렘 다윗 왕조 상층부의 붕괴에도 예루살렘 및 주변에 거주하던 토착민의 생활은 지속되었다.[50] 이러한 상황에서 귀환한 사제들은 예루살렘에 입성하여 예루살렘의 정치적 위상을 복원하였다. 이것은 70년 전 사라진 다윗 왕조를 재건한 것이 아니라 속주에서의 새로운 성전 중심의 통치를 의미하는 것이었다.

성전을 통한 세수(稅收)는 기본적으로 바벨론제국 내부의 성전세와 일치했다. 기본적인 농작물과 상업 유통을 통한 세수와 함께 바벨론제국 종교 제의의 중심에는 풍년을 기원하는 각종 신전세(神殿稅)가 있었다.[51] 고대 근동의 신전은 이러한 특권적 성전세를 징수함으로써 정치 세력으로서 왕권과 대등한 위치를 차지했다. 기원전 11세기와 9세기 사이 근동 지역의 침략, 기근, 혼란의 시기에 왕실과 귀족의 토지 대부분은 신전에서 관리하였으며 토지와 가축을 가진 농민과 소지주 또한 신전의 보호를 받은 것으로 추정된다.[52] 이러한 역할로 인해 고대 이집트를 비롯한 아시리아,

---

레미야 중심으로 모여들고 있음을 보여주고, 42장에서는 예레미야가 제국의 지배를 따르기를 권고하는 내용이 나온다.

50 알베르츠, 『포로시대의 이스라엘』, 135-36.

51 이러한 농업 생산에 대한 제의가 포로민 사제 집단의 제의에도 영향을 미쳐 생산 수확에 따른 칠칠절, 초막절 등의 제의로 확장된다.

52 조르주 루, 김유기 옮김, 『메소포타미아의 역사 2』 (서울: 한국문화사, 2013), 231.

바벨론 신전은 국가 권력을 대신하여 세금을 징수하는 시스템을 갖게 된다. 신전은 자체적으로 토지를 소유하기도 했는데 소작인과 임대 농민이 경작한 소출의 일부가 신전 성직자와 행정 담당자의 수입이 되고 이것이 세습 유산으로 남겨지고 있었다. 신전 업무는 신전 재산의 증가로 복잡다단해지면서 전문 행정관, 회계사, 서기를 두어 관리하였으며 이 행정구조가 제국 전체의 왕의 통치 구조 그리고 지방 총독, 속국의 왕국에서도 유사한 구조로 연결되었다.

바벨론을 멸망시킨 페르시아제국도 바벨론 왕정의 신전 시스템을 그대로 유지했다.[53] 이란 남동쪽 고원에서 막강한 군사력과 경제력으로 바벨론을 멸망시킨 페르시아제국은 제국 내의 상업 발전과 국제 교류를 기반으로 성장했다. 메소포타미아 경작지를 중심으로 한 농업 중심의 바벨론 경제체제와는 근본적인 상이점이 있었지만 종교 시스템은 서로 동일했다.

바벨론제국 신전이 농업 생산을 주축으로 생산물 증대 등 풍요를 기원하는 보수적·폐쇄적 체제를 유지한 것에 비해 페르시아제국은 상업 기반의 교역과 무역을 중심으로 한 능동적·개방적·활동적인 체제로서 국가 성장을 이끌었다. 즉 정착된 농업에 의한 생

53 참조. Caroline Waerzeggers, "Babylonian Kingship in the Persian Period: Performance and Reception," in *Exile and Return: The Babylonian Context*, eds. J. Stökl and C. Waezeggers (Berlin: Walter de Gruyter GmbH & Co. KG, 2015).

산력 향상보다는 상업적 경제 교류를 기반으로 성장한 것이다.[54] 바로 이 점이 페르시아제국의 종교 제의가 각 지역의 문화와 종교를 인정하는 유연성을 가지게 된 배경이다. 이를 바탕으로 페르시아제국은 바벨론의 신전 제의와 각 지역의 신전 제의를 포용했다. 페르시아제국이 문화적으로 발전하면서 나타난 자연스러운 결과로 볼 수 있다.

이들은 지역에서 교역을 통해 세수를 확장했는데 지역에 총독(satraphy, 사트라피, 고대 페르시아어 xšaθrapāvan에서 유래한 단어)을 파견하고, 신전 중심으로 준정부적 기능을 하게 만들어 세금을 확보했다. 또한 교역을 활성화하기 위해 도로와 역참제를 정비했다. 이뿐 아니라 지역에 총독이 파견되었음에도 피지배 민족의 종교를 허용하는 관용정책을 시행했다. 바벨론 성전의 성직자들은 동물, 물고기, 직물, 조류 등 왕실에 바친 다양한 세금 목록을 관리하면서 제국의 간섭을 받았다.[55] 한편 페르시아 정부는 먼 지역

---

54 참조. Pierre Briant, *From Cyrus to Alexander: A History of the Persian Empire* (Winona Lake, Ind: Eisenbrauns, 2002).

55 Christopher Tuplin, "The Administration of the Achaemenid Empire," in *Coinage and Administration in the Athenian and Persian Empires: The Ninth Oxford Symposium on Coinage and Monetary History*, ed. Ian Carradice (Oxford: BAR, 1987), 150; David Vanderhooft, "New Evidence Pertaining to the Transition from Neo-Babylonian to Achaemenid Administration in Palestine," *Yahwism After the Exile-Perspectives on Israelite Religion in the Persian Period: Papers Read at the First Meeting of the European Association for Biblical Studies,*

에서도 세금을 원활하게 징수할 수 있었는데, 화폐의 사용이 가장 큰 이유였다. 이 화폐는 예루살렘 유대인에 대한 성전세와 십일조 징수에도 사용되었다.(신 15:25)[56]

샤퍼(J. Schaper)는 페르시아가 '왕의 가슴'(guppu ša šarri)이란 제도로 성전 수입을 관리했으며, '레쉬 사리 벨 피크티'(rēš šarri bēl piqitti)라 불리는 감독관(commissioner)이 성전 행정을 관장하면서 성전세를 통제하고 수입을 정확하게 분배하는 역할을 했다고 보았다.[57] 페르시아제국이 바벨론을 멸망시키고 바벨론 성전으로부터 매년 1,000달란트(30톤)의 은(속주 중 가장 많은 양) 화폐를 받았다는 것을 짐작하면 예루살렘 성전의 세금 규모는 그다지 크지 않았을 것이다.[58] 그럼에도 페르시아제국은 동일한 성전세 시스템을 채용하고 화폐를 사용하여 제국을 운영해나갔다.[59]

그러므로 속주의 성전세는 일차적으로 제국의 세금이며 예루살

Utrecht, eds. Rainer Albertz and Bob Becking (Leiden: Brill, 2003), 219–35.

56 출애굽기 30:13 "무릇 계수 중에 드는 자마다 성소의 세겔로 반 세겔을 낼지니."

57 Joachim Schaper, *Priester und Leviten im achäenidischen Juda: Studien zur Kult und Sozialgeschichte Israels in persischer Zeit* (Tübingen: Mohr Siebeck, 2000), 138–39.

58 루, 『메소포타미아의 역사 2』, 244.

59 Waerzeggers, "Babylonian Kingship in the Persian Period: Performance and Reception," 185.

렘 성전은 제국의 세금 징수 창구 역할을 담당했음을 의미한다.[60] 제2성전의 재건축은 단순히 성전 제의적 목적을 넘어서 제국의 통치를 위한 세금 징수의 수단으로 활용되었다. 이러한 목적을 원활하게 진행하기 위해 현지 협력자로 바벨론 신전 제의와 시스템을 학습한 골라 엘리트 사제 집단이 제국의 위임자로 등장한 것은 너무나도 자연스러운 일이었다.

다리우스 왕은 성전을 재건하라는 칙령과 관련하여 "하늘의 하나님께 향기로운 제물을 드려 왕과 왕자들의 생명을 위하여 기도하게 하라"(스 6:10)라고 명령했다. 이는 당시 세금 징수에 대한 표현 양식으로 이해할 수 있다. 예물(성전세)을 드려 왕과 왕자들의 생명을 지키라고 명령한 것은 제국에 세금을 잘 납부하라는 의미이다. 또한 성전을 재건하는 과정에서 페르시아 왕 고레스가 구체적으로 성전의 규모를 지시하고 바벨론의 재산을 성전 짓는 데 기증하는 것(스 6:3-5)은 종교적 행위가 아닌 바로 페르시아제국, 자신의 왕권 강화를 위한 정치적 행위임을 동시에 나타내는 것이다.

샤퍼도 예루살렘 성전이 세금으로 거둬들인 귀중품들을 페르시아로 보내기 위한 주물공장 역할을 담당했을 것으로 보는데, 열왕기상 7:46과 역대하 4:17에 나타난 '아마다의 주조소'가 예루살렘 성전에서 각종 놋 제품을 녹여 화폐의 기능을 하도록 만들

60 Tuplin, "The Administration of the Achaemenid Empire," 149-53.

어 페르시아제국으로 편하게 운송하려던 것이라고 주장한다.[61] 토레이(C. Torrey)도 스가랴 11:13의 토기(주물)장이(יוֹצֵר, 요체르)를 주물공장에서 일하는 사람으로 이해하면서 이들이 페르시아제국의 성전에서 정기적인 세금이나 봉헌물(votive offering)로 거둬들인 각종 금속을 검사하여 주물 작업하는 제련사(assayer)[62]라고 주장한다.

예루살렘 성전은 제국의 국고 정책의 도구로 활용되었으며 제국은 성전에 세금을 관리하는 요체르를 두었고, 이들은 성전에서 왕의 대리인인 감독관(royal commissioner)에 종속되었다. 이후 동전이 만들어진 뒤에는 성전의 주물 업무를 담당하는 수장으로서 역할을 했다는 것이다.[63] 정리하자면, 페르시아제국은 성전에 '레쉬 사리 벨 피크티'라 불리는 감독관과 요체르라 불리는 제련사를 두어서 각 성전의 세금 업무를 관장하도록 한 것으로 보인다.

이 밖에도 성전세의 종류로 왕에게 바치는 조공세(מִנְדָּה, 민다), 토지세/통행세(בְּלוֹ, 벨로), 인두세/관세(הֲלָךְ, 할락)가 있다. 이 세 단어는 에스라-느헤미야서에서 아람어로 쓰여 있는데, 종교세

---

61 Joachim Schaper, "The Jerusalem Temple as an Instrument of the Achaemenid Fiscal Administration," *Vetus Testamentum* 45 (1995): 534.

62 C. C. Torrey, "The Foundry of the Second Temple of Jerusalem," *Journal of Biblical Literature* (1936): 255-60.

63 Schaper, "The Jerusalem Temple as an Instrument of the Achaemenid Fiscal Administration," 534.

(תְּרוּמָה, 테루마)는 앞선 세 가지와 달리 히브리어로 쓰여 있다는 차이점이 있다.[64] 아람어로 쓰인 앞선 세 가지 항목은 총독의 관리하에 성전을 통해 중앙 정부로 보내지는 제국 세금(imperial taxes)이라고 한다면, 히브리어로 쓰인 테루마는 성전세로서 예루살렘 성전을 유지하고 그곳에서 일하는 제사장과 레위인 등을 위한 급료로 사용되었다.[65]

결론적으로 페르시아는 속주정책을 통해 바벨론제국 시절보다 더 진보된 국제 교류와 통상 그리고 상업적인 시스템을 작동시켰다. 더불어 화폐를 사용함으로써 예루살렘 성전의 성전세도 수익이 증가했음을 짐작할 수 있다.

---

64 테루마는 히브리 성서에서 총 63구절, 76회 사용되었다. 출애굽기 17회[25:2(2회), 29:27, 28(3회), 30:13, 14, 15, 35:5(2회), 21, 24(2회), 36:3, 6], 레위기 6회(7:14, 32, 34, 10:14, 15, 22:12), 민수기 18회[5:9, 6:20, 15:19, 20(2회), 21, 18:8, 11, 19, 24, 26, 27, 28(2회), 29, 31:29, 41, 52], 신명기 3회(12:6, 11, 17), 사무엘하 1회(1:21), 역대하 3회(31:10, 12, 14), 에스라 1회(8:25), 느헤미야 4회(10:38, 40, 12:44, 13:5), 잠언 1회(29:4), 이사야 1회(40:20), 에스겔 19회[20:40, 44:30(2회, 거제 제물, 너희의 모든 예물), 45:1(예물), 6(구별한), 7(2회/드린, 곧 드린), 13(예물), 16(예물), 48:8(예물), 9(예물), 10(거룩한 땅), 12(예물), 18(예물), 20(2회/예물, 구별하여 드릴 땅), 21(3회/구별할 땅, 구별할 땅, 구별할 땅)], 말라기 1회(3:8)이다. 특별히 테루마가 출애굽기, 민수기, 에스겔에서 많이 사용되고 있음에 주목하자.

65 Schaper, "The Jerusalem Temple as an Instrument of the Achaemenid Fiscal Administration," 537-39.

2) 사제 집단이 그리는 제2예루살렘 성전의 원형, 성막

히브리 성서에서 이데올로기의 정점과 그 중심축은 에스라-느헤미야서의 성전 건축에 담겨 있다. 성서 안의 이데올로기는 9경[오경+전기 예언서 4권(여호수아, 사사기, 사무엘서, 열왕기서)]의 전기 예언서에 집중되어 있으며, 성전이 건립된 이후 오경의 율법이 지속적으로 추가 편집되어 최종 완성되었을 것이다. 이러한 일련의 과정에서 사제 집단의 이데올로기가 점진적이며 정교하게 형성되었다.

먼저 에스라에 나타난 제2성전의 건설과정을 유추해보자. 고레스 칙령에는 "성전의 높이 육십 규빗으로, 너비도 육십 규빗으로"(스 6:3)라고 나타난바 성전의 크기는 솔로몬 성전의 규모 정도로 추정할 수 있다. 에스겔 40장에서 48장에는 제2성전의 모습과 구조물, 성전 내부의 세부 사항, 제사 절차 등이 자세히 설명되었으나 이것은 환상을 통해 언급된 것으로 제2예루살렘 성전의 실체적 모습인지는 확인할 수 없다.

그러나 제국의 승인하에 건설되는 성전은 단순히 제국의 의도만이 아니라 사제 집단의 권력과 이데올로기의 역사성과 정당성이라는 문제가 담보되어 있다. 그러므로 이데올로기의 발전과정 측면에서 성전에 대한 묘사를 살펴보아야 한다. 사제들은 성서 본문을 편집함으로 그들의 이데올로기를 성막에서 솔로몬 성전으로 그리고 마침내 제2성전으로 이어지게 그려냈다. 성막에서 성전으로 이어지는 일련의 과정이 곧 이데올로기의 발전과정으로서, 사제들은 야훼가 이스라엘의 하나님으로 표현되는 이데올로기의 구체화 과정을 되쏘기 방식으로 서술하고 있다. 다시 말해 사제 집단은 제2성전 건설의 시급함을 주장하면서 성전은 하나님 야훼가 머무는 곳으로 야훼는 족장, 사사 시절, 다윗 왕의 때까지 성막에 거주했고, 이후 솔로몬 왕이 예루살렘에 성전을 만들어 야훼를 모셨으므로 귀환 사제 또한 당연히 예루살렘 성전을 재건해야 한다는 이데올로기적 논리를 전개한 것이다. 주목할 것은 성전을 건축하는 이유가 단지 솔로몬 성전의 존재 때문이 아니라는 점이다. 성서에서는 솔로몬 성전의 규모보다 솔로몬의 제의를 강조하고 있고, 오히려 자신들의 '뿌리 찾기'로서 성막에서 정통성을 찾고자 했다.

히브리 성서에서 언급된 성막은 포로기 사제 집단이 귀환한 뒤 예루살렘 성전 건설의 당위성을 찾고자 편집한 것으로 볼 수 있다. 솔로몬 시절의 성전을 이전하는 것에서 더 나아가 사제 집단 이데올로기의 시작, 즉 사제 집단이 모세에서 출발했다는 성전의 뿌리를 찾고자 모세 시절의 성막에 대해 서술 편집한 것이다. 성막의 구성과 제작에 대해서는 출애굽기 25장부터 40장까지 아주 자세하게 설명하고 있다. 출애굽기에 나타난 성막은 이동식으로, 야훼가 이집트에서 그들을 인도하여 광야를 지날 때 이 성막에서 백성과 소통하고 모든 족속을 모아 진영 중심에 세웠다. 또한 성막의 세부 사항까지 야훼가 모세를 통해 규정하도록 명령했다. 출애굽기에서는 성막을 위한 예물(25장), 각 제의 도구에 대한 모습(25

장), 성막의 모습(26장)을 아주 자세히 묘사하면서 번제단(27장), 제사장이 입는 옷(28장), 제사장 직분에 대한 위임(29장), 분향단(29장), 안식일 계명(31장) 등을 편집함으로써 사제 집단의 이데올로기를 강화한다. 제사장의 역할(제2예루살렘 성전의 사제의 역할)을 강조하고 안식일 준수를 상세하게 기록함으로써 귀환 사제 집단이 제2성전을 중심으로 이루고자 하는 의도를 분명하게 드러낸다.

그 성막은 유목인이 이동하면서 조립이 가능한 성막으로 히브리 성서에 약 가로 45.6m(100규빗), 폭 22.8m(50규빗)로 나온다. 이는 310평 규모로 텐트 형식의 성막이다.(출 27:1-8) 성서에 따르면 이 성막은 출애굽에서 가나안 정복 시기까지 이스라엘과 함께 하나님이 거주한 장소로서 모세가 시내산에서 건설하도록 한 것이다. 그 구조는 기둥 60개로 지탱하는데, 뜰(마당)에 제단과 물두멍이 있으며, 성막 안은 휘장으로 성소와 지성소를 구별하여 성소에는 진설병상, 금동대와 분향단을 두고, 지성소에는 언약궤가 놓여 있다.

출애굽기의 보도에서 주목해야 하는 부분은 출애굽기 20-23장의 '계약법전'으로 모세가 받은 하나님의 계명과 율법 다음에 성막을 언급하면서 율법과 성막을 연결한다는 것이다. 더 나아가 출애굽기 23장에서 안식일을 언급하고, 28장에서 하나님이 제사장을 선택했다고 언급(출 28:1-2)하면서 '안식일 → 성막 → 제사장'의 구도를 제시하는데 모세로부터 성막에서 제사장이 제의를 담당하게 된 당위성을 서술한 것이다.(출 29:1-9)

이처럼 이동식 성막을 자세하게 설명하는 것에 비해 왕조 초기 솔로몬 성전 건축에 대해서는 간결하게 서술한다. “그는 내 이름을 위하여 집을 건축할 것이요 나는 그의 나라 왕위를 영원히 견고하게 하리라.”(삼하 7:13) 즉 성전 건설이 하나님의 뜻과 명령에 따른 것으로 기술한다. 역대하에서도 솔로몬 즉위 4년에 “이제 여호와께서 말씀하신 대로 이루셨도다 내가 여호와께서 말씀하신 대로 내 아버지 다윗을 대신하여 일어나 이스라엘 왕위에 앉고 이스라엘의 하나님 여호와의 이름을 위하여 전을 건축하고 내가 또 그 곳에 여호와께서 이스라엘 자손과 더불어 세우신 언약을 넣은 궤를 두었노라”(대하 6:10-11)라고 말하면서 성전 건설이 하나님의 명령에 따른 것이었다고 서술한다.

솔로몬 성전은 길이 약 27m(60규빗), 폭 9m(약 20규빗), 높이 13.5m(30규빗)로 전체적 모습은 약 73평에 높이 3-4층 정도의 건축물로 추정된다.(왕상 6:2) 그러나 솔로몬 성전에 대한 언급은 열왕기서에서 간단히 언급한 것 이외에는 찾아보기 힘들며 여러 논란이 있다. 특히 고고학적 발견을 했다는 이스라엘 정부의 발표는 정치적 입장일 뿐 신뢰성에 의문이 든다.[66] 또한 성서에서는 왕정 시절인 기원전 10세기 무렵에 성전이 건립되었다고 언급하는데 역사

66 1990년 예루살렘 동쪽 ‘오브라 살롬’의 단 성벽이 성전의 석조 단과 일치하고 성전과 관련된 고대 토기와 동전 등 유물이 발견되었다. 2011년에는 예루살렘 성벽에서 궁전과 관련된 석조 구조물, 귀중품과 조각상이 발견되었다.

적으로 이런 규모의 성전이 가능한 것인지도 의문이다. 포로기 이전까지 예루살렘에서 드린 제의는 지방 산당의 다신적 제의 성격이 강했으며, 솔로몬도 산당 제의를 거행했다는 성서의 언급(왕상 3:4)이 있으며, 열왕기서에서 역대 왕들의 우상숭배와 산당 문제가 제기되지만 솔로몬 성전의 사제가 누구인지, 그들이 야훼를 섬기는 제사장인지, 왜 산당 제의에 대해 경고를 안 하는지 등의 언급이 없는 것으로 보아 솔로몬 성전의 강조점을 찾을 수 없기 때문이다.

이런 시각에서 귀환 사제 집단은 열왕기서에 나타난 왕조 시절 우상 비판과 솔로몬 성전의 역할에 대해 고려하지 않고 있다. 그러므로 열왕기상 6장의 솔로몬 성전은 포로기 이후의 제2성전의 건축과 관련된 언급으로 봐야 한다. 또한 역대기에서는 다윗과 솔로몬 왕에 대해 긍정적인 평가를 내리는데, 다윗이 제사장과 레위 사람을 통해 언약궤를 가져와(대상 13:2) 다윗성에 안치하고(대상 15장), 성전 건축을 준비한 것(대상 22-27장)과 솔로몬이 성전을 건축하고 봉헌(대하 1-7장)한 것은 제2예루살렘 성전의 완공 이후 레위 제사장이 최후의 승자로 부상한 뒤 그들의 역할을 나타내면서 편집한 것이다.

이것은 초기 귀환 사제의 성전에 대한 이데올로기 관점과는 다르다. 사제들은 성전 건축의 당위성을 위한 이데올로기의 창출로 성막을 띄웠다. 그것은 야훼가 포로기 골라 성막에 머물렀다는 의미와 같다. 에스라의 바벨론 포로기 귀환 이후 제2성전의 재건

묘사, 느헤미야의 예루살렘 벽 재건설, 에스겔의 환상을 통한 예루살렘 성전 모습(겔 40-45장) 그리고 학개·스가랴·말라기의 예언을 통한 제2성전 재건설 언급 등은 골라 성막에 머문 야훼의 명령에 따른 서술이다. 유일신 야훼가 성전 건설을 명령했다는 것은 당연히 유다 토착민들의 노역 희생이 뒤따른다는 것을 의미한다. 귀환 초기 재정적 어려움과 유다 내부의 정치적 혼란, 페르시아제국의 왕권이 안정화되지 않은 상태에서 제2성전의 건축은 쉽게 진행되지 않았고 이방인의 방해도 지속되었다. 그래서 사제 집단에게는 뿌리 찾기 이데올로기, 즉 유다 땅의 토착민에게 '너희도 출애굽의 후손이다.'라는 이데올로기가 필요했다. 이집트 노역을 해방시킨 것도 야훼이며, 이후 그들과 함께 성막(성전)에 머물고 있는 분도 야훼라는 점을 강조해야 했다. 그렇기에 히브리 성서는 성전 건설에 대한 당위성을 지속해서 언급하는 것이다.

야훼가 머물던 성막이 성전으로 옮겨지면서 하나님이 머무시는 지성소의 언약궤가 없어진 것에 대해서는 예레미야 3:16에 '다시는 언약궤를 생각도 기억도 하지 말며, 찾지도 말라.'는 보도를 추가하면서 '명령한 대로'의 성전과 율법이 성막과 언약궤를 대체하게 된다. 제2성전의 완공은 새로운 언약궤(율법)를 통해 야훼를 모시는 작업이다. 그러나 귀환 사제들이 유다 땅의 사회·경제적인 시스템으로는 하루아침에 예루살렘 성전을 완공할 수는 없었다. 미스바의 중심 기능이 예루살렘으로 이동했지만 신정 정치를 위한 예루살렘 성전과 도시의 재건에는 많은 시간과 노력 특히 백성을 설득할 이데올로기 확장이라는 노력이 필요했다.

그러므로 초기 귀환 사제 집단은 열왕기서를 편집하면서 솔로몬 성전과 그 성전 제의 담당자이던 왕정 시절 제사장에 대해 언급하지 않는다.[67] 그들은 출애굽기의 성막에 관해 서술함으로 각종 제의와 안식일 계명 그리고 제사장의 역할 등을 야훼가 지시한 것으로 언급함으로써 이동하는 성막의 야훼와 예루살렘을 떠나 포로기 공동체에 머문 야훼를 일치시켰다. 즉 솔로몬 성전을 생략한 채 성막의 위치를 높게 상정하고 출애굽을 서술한 것이다. 자신들의 정통성이 성막에서 출발했다는 이데올로기를 창출한 것이다. 신정 정치의 중심인 제2예루살렘 성전은 다윗 왕조와 솔로몬 성전을 계승한 것이 아니라, 골라에서 성막의 전통을 계승한 사제 집단이 그 중심이 된다는 것이다. 열왕기서에서는 솔로몬 성전이 파괴된 것에 대해 역대 왕으로부터 어떻게 관리되었는지, 왜 우상숭배를 하게 되었는지, 다윗 왕조 시절의 제사장은 당시에 무엇을 했는지에 대해 책임을 생략하면서 솔로몬 성전의 모습을 그리지 않고 있다. 대신 초기 귀환 사제들은 제2성전 건축의 의미를 정당화하고자 출애굽 이야기를 창작하여 모세의 시내산 광야의 성막을 원형으로 삼고 있다. '성막-솔로몬 성전-제2성전'으로 이어지는 시대적 연결이 아니라, '성막-포로기 공동체 성막-제2성전'의 관계라는 이데올로

67 역대기에서는 레위 제사장이 성전 완공 이후 최후의 승자로 나타난다.

기를 강하게 담아내며 제2성전의 권위를 나타낸 것이다.

그러나 제2성전 완공 이후 레위 제사장들은 성전 권력의 최후 승자로 등극한 뒤 역대기를 편집하여 자신의 정통성을 드러내고 있다. 다윗에서 솔로몬으로 왕위가 계승(대상 13-29장)되고 모든 이스라엘 천부장과 백부장과 재판관과 고위 관료인 방백(대하 1:2)에게 전한 레위 사람의 역할이 나온다.(대하 23-27장) 이처럼 군대와 재판관, 왕궁 관리까지 모두 이들에 의해 구성되고 레위 제사장의 역할을 길게 나열하는 서술은 최종 권력자가 된 레위 제사장의 편집으로 볼 수 있다. 그들은 역대하 1-8장의 서술을 통해 솔로몬 성전을 자세하게 묘사하는데, 귀환한 사독 계열이 성막을 자신의 원형으로 삼고 성전 건설에 주력한 것과 비교해서 성전 완공 이후 최후 승자로 등극한 레위 제사장에게는 더 이상 성전 건설의 당위성이 필요 없었기 때문이다. 그들이 성전과 성전세를 강조하는 것은 지금의 성전이 솔로몬 성전의 전통을 이어받았고 이로써 다윗 왕조의 전통을 연결시키는 모습이다. 솔로몬 성전의 제사장들이 바로 레위 제사장(대하 5:5) 자신이었음을 강조함으로써 사독 귀환 사제의 성막 전통을 변형하여 제2성전이 솔로몬 성전의 전통[68]을 이어받았음을 편집 서술하고 있다. 이처럼 역대기의 솔로

68 이 부분은 레위 제사장의 '뿌리 찾기' 과정에서 자신들이 토착 제사장 출신이기에 솔로몬 시절부터 산당을 지킨 토착민이라는 전통을 강조한 것이다. 이는 '성막-포로기 야훼' 전통의 사독 계열과의 단절을 의미한다.

몬 성전 서술은 성전/성벽이 완공된 이후 레위 제사장의 위상이 변화함에 따라 열왕기서의 서술과 차별화를 이루게 되었다.

[표8] 성전의 전통성 관련 이데올로기 편집

건축물	크기(L×W×H), 단위:규빗	성서 인용	이데올로기 편집	편집 목적/의도
제2성전	60×60	스 6:3	기원전 5세기	기준
성막	100×50(성막 뜰) 30×9×10(성막)	출 27:9-18 출 26:15-30	귀환 초기	제2성전 건축 전 건축의 타당성을 위한 원천으로 보세의 성막을 원형으로 그림
제1성전	60×20×30	왕상 6:2 대하 3:3	성전/성벽 완공 이후 안정기	제2성전 완공 이후 레위 사제가 서술함. 솔로몬 성전을 레위 제사장의 제의 역할의 원형 성전으로 강조함

3) 느헤미야서에 '율법책'이 재등장한 의미

귀환 사제 집단은 성막과 언약궤를 대체할 대안으로 새로운 성전과 새로운 율법책을 제시하고 있다.[69] 예레미야 30-33장에서

69 이 율법책을 바벨론에서 가져온 것으로 해석하면 '원신명기법전'에 가까운 것으로 보이나 이 부분을 성전 완공 이후의 후대 편집이라는 의미에서 보면 토라라고 이해할 수도 있다. 참조. 크리스티아나 반하우튼, 이영미 옮김, 『너희도 이방인이었느니: 구약법에 나타난 이방

이스라엘과 유다에 대한 야훼의 구원의 말씀이 예레미야에게 임한 것으로 나타난다. "이스라엘 집과 유다 집에 새 언약을 맺으리라"(렘 31:31), "애굽 땅에서 인도하여 내던 날에 맺은 것과 같지 아니할 것은"(렘 31:32), "이스라엘 집과 맺을 언약은 이러하니 곧 내가 나의 법을 그들의 속에 두며 그들의 마음에 기록하여"(렘 31:33) 등의 구절을 통해 새로운 율법이 시작되었음을 서술하고 있다. 느헤미야는 성벽 앞 모든 백성 앞에서 율법책을 낭독한다.(느 8:1-3) 이 새로운 율법책이 신정국가의 '헌법'으로 위치하게 됨을 주목해야 한다. 율법(תּוֹרָה, 토라)은 사제 집단의 권력 승계를 위한 내부 교육용으로 그 중요성이 지속되어 왔지만 성전 성벽이 완공된 뒤에는 국가 통치의 근간으로 자리를 잡아 그 의미가 확장되었다. 이제 백성은 토라 앞에서 권리가 아닌 의무를 지켜야 한다. 율법의 기록이 포로기 공동체 생활지침인 십계명에서 시작되어 이제 확실한 명문화(明文化)를 통해 완성되었고, 이로써 성전 권력이 공고히 되었다.

율법책은 귀환 사제의 정통성을 뒷받침해주는 근거인 동시에 통치의 근거였다. 그들은 히브리 성서 중 가장 왕성한 편집 작업을 통해 율법의 중요성을 선언했다. 출애굽기 20-23장에서 계약법, 열왕기하 23장 요시야의 율법책 발견, 예레미야 31:31-34의 이집트 땅에서 맺은 것과 다른 새로운 언약이 나타난다. 그리고 느헤미야

인』(오산: 한신대학교 출판부, 2008), 135-41.

8장에서 율법책을 낭독하면서 이러한 율법을 통해 신정국가 통치를 선언하고 있다. 이 언약은 다시 깨지지 않는 것으로서 이스라엘 전체의 율법으로 자리 잡음을 암시하는 되쏘기 방식으로 서술된 것이다. 이것은 성전세의 변화와 같은 궤도 안에 있다. 율법책에 대한 편집은 열왕기하 23장(유월절 언급)→느헤미야 8장(초막절 언급)→출애굽기 23장(3대 절기 무교절, 맥추절, 수장절 언급) 순으로 편집되었다고 본다. 성서에서 율법 서술에 이어 제의와 헌금을 언급하는 것은 사제 집단의 목표가 무엇인지를 분명히 나타내는 것이다.

[표9] 율법책과 성전세의 변화

성서 본문	내용	성전세	편집 시기
렘 31:31-34	새로운 율법	기준	귀환 초기
왕하 23장	요시야 율법책 발견	유월절	귀환 초기 2
느 8장	율법책 낭독	초막절	성벽 완공 전
출 23:15-16	계약법전	맥추절, 수장절	성벽 완공 전 사독계 원 편집
신 14:22-27	신명기법전	십일조	성벽 완공 후 레위계 추가 편집 레위인(27절)

신명기 14장의 십일조 규정(신 14:22-27)에서 레위인에 대한 언급은 성벽이 완성된 이후 성전의 최종 승자인 레위 제사장이 자신의 혈통에 관해 편집한 것으로 보이는데 성전 건립 전후 레위인 제사장들의 위상이 어떻게 변화하는지도 주목하는 것이 필요하다.

6. 정통성의 난제: 귀환 직후의 유다 땅 소유 문제

구약성서에 나타난 땅에 관한 기본 연구는 통시적으로 접근하고 있다. 특히 오경은 야훼가 이스라엘 백성에게 가나안 땅을 준 것을 구원 행위의 하나이며 야훼 신앙의 특권이라는 시각에서 서술한다. 폰 라트는 구약성서에 나타난 야훼와 족장 사이의 땅에 관한 관심을 설명하고, 땅이 갖는 신학적 의미를 설명한 바 있다.[70] 즉 아브라함에게 주어진 땅에 대한 약속은 야훼의 약속(창 15장)이지만 만약 야훼의 명을 어기면 기존 땅의 원주민이 추방되듯 이스라엘 민족도 그 땅에서 추방될 수 있다는(레 18:28) 것이다. 김지은도 같은 관점을 가지고 바벨론 유다인 포로 귀환은 유다 지역의 재회복, 즉 구원의 차원이며, 야훼 신앙을 지켜 그 땅의 소산을 회복하고 유다 땅에 하나님의 영광을 다시 일으켜야 한다고(겔 43:1-5, 44:4) 해석하고 있다.[71]

이러한 성서해석의 한계를 넘어 '땅 문제'에 관한 서술은 포로기 귀환 초기 사제 집단과 성전 완공 이후의 사제 집단의 이데올로기 차이(시대 환경의 변화) 속에서 글쓰기(편집)가 있었으며 이를 해체

---

70 G. von Rad, "The Promised Land and Yahweh's Land in the Hexteuchm," in *The Problem of the Hexateuch and Other Essays* (Great Britain: Oliver and Boys Ltd., 1966), 79.

71 김지은, "유다 땅 소유와 야웨 신앙과의 관계," 「구약논단」 16 (2004): 159.

하여 기존의 신학적 연구와는 다른 성서 편집자의 목적이 있었다고 해석할 수 있다.

1) '땅의 소유권' 분쟁

이 책은 구약성서 전반에 걸친 글쓰기 작업이 사제 집단에 의한 것이며, 그들의 이데올로기가 선행적이었다는 점에서 출발한다. 또한 귀환 초기 유다 땅의 토지에 대한 소유 문제 역시 귀환 사제의 편집 작업이기에 사제 집단의 유다 땅에 대한 시각은 페르시아 제국의 속주 통치 위임을 받고 귀국한 사제 집단의 현실, 곧 자신들의 통치 및 정당성 문제와 연결되어 있다.

(1) 위임 통치의 정당성

포로 귀환 사제 집단은 자신들의 통치에 대해 다윗 왕조를 부정하고 자신들이 야훼의 위임자로서 정통성을 가지고 있다는 상황을 전제로 열왕기서, 에스라-느헤미야서, 신명기를 편집했다. 그 기저에는 기존 유다 땅에 남아 있던 토착민에 대한 새로운 통치 이념, 곧 성전과 함께하는 성전국가에 대한 구상이 있다. 일차적으로 페르시아제국의 속주 위임 통치를 받은 귀환 사제 집단은 페르시아 중앙정부의 세금을 충실하게 징수하는 것이 중요했다. 그러나 별도로 귀환 사제 집단은 자신들이 포로지에서 지켜온 유일신 야훼주의 제의를 성전 건설을 통해 시행하고자 한 목적이 있었기에 기존의 세금과 함께 성전세를 징수하였다. 이것은 토착민 입장에서 볼 때 바벨론제국과는 다른 과중한 세금 체계이며 이중과세에 대한 저항이 생기는 심각한 문제였다. 따라서 땅에 대한 성전세[72] 징수는 상당히 정교한 이데올로기 작업이 필요했을 것으로 추정된다.

이에 따라 귀환 사제 집단은 자신들이 포로로 끌려간 것과 다시 유다 땅으로 돌아오게 된 것을 페르시아제국의 명령이 아니라 야훼의 명령에 따른 것으로 강조하는 성서 편집 작업을 했다. 아울러 페르시아 고레스 왕의 귀국을 허락한다는 칙령 역시 야훼에 의한 것으로(스 1:1-4) 변경했다. 고레스마저도 야훼의 기름 부음을 받은 선택된 자(사 45:1-4)로 서술하면서 야훼의 명령에 따라 고레스가 포로를 석방(사 45:13)시켰다고 편집한다. 페르시아제국의 고레스 명령이 바로 '야훼의 명령'이었음을 나타내는 가장 큰 이유는 사제 집단 자신의 귀환이 야훼의 '정통성'을 가지고 있다는 것을 내포하기 위해서였다. 사제 집단이 열왕기서를 통해 산당과 우상숭배를 비판하는 이유는 다윗 왕조를 비판함으로써 자신들의 귀국이 다윗 왕조 재건이 아님을 나타냄과 동시에 백성이 우상숭배를 했기

72 참조. 출애굽기 23:14-16에 무교절, 맥추절과 수장절이 나오는데 "너는 매년 세 번 내게 절기를 지킬지니라"(14절), "무교절의 절기를 지키라"(15절), "맥추절을 지키라 이는 네가 수고하여 밭에 뿌린 것의 첫 열매를 거둠이라 수장절을 지키라 이는 네가 수고하여 이룬 것은 연말에 밭에서부터 거두어 저장함이라"(16절)라고 언급하여 유월절(무교절)과 함께 농산물 수확에 따른 절기를 세분화하고 있다. 하지만 이는 유월절과 유월절의 연장인 무교절의 세금과 더불어 맥추절과 수장절에 계절세를 매김으로써 성전세 징수를 강화하고자 한 것이다.

에 나라가 망했다는 이중적 의도를 가지고 편집한 것이며, 이들 산당과 우상숭배가 없는 새로운 성전, 즉 신정국가를 통해 유일신 야훼 제의만 하는 성전을 중심으로 한 페르시아 속주의 위임 통치를 강조하기 위해서였다. 성전을 중심(대하 36:23, 스 1:2-3)으로 한 위임 통치가 그들이 추구한 페르시아 속주 위임 정치의 목표였다. 포로공동체에서 자신들이 정립한 유일신 야훼의 명령에 따른 귀국은 "여호와께서 고레스 왕의 마음을 감동시키시매 그가 온 나라에 공포도 하고 조서도 내려 이르되"라고 언급하면서 나타난다. 이처럼 야훼는 고레스로 하여금 귀국을 허락하게 하고 성전 건축 명령을 전하게 하셨다.(대하 36:22-23) 성서 편집을 통해 포로공동체의 귀국에는 야훼 통치의 정통성이 있음을 드러낸 것이다.

무엇보다 성전 건축은 귀환 사제에게 가장 시급한 과제였으며 이것은 사제 집단의 권력을 정당화하기 위해 가장 중요한 사항이었다. 따라서 성전 건설 및 성전 유지를 위한 성전세 고안과 도입은 필수적이었고, 당연히 토착민을 설득하는 작업이 필요했다. 유다 땅과 토착민에 대한 성서 편집을 통해 그 모습을 찾아볼 수 있다.

유다 땅에 대한 히브리 민족의 당위성을 나타내는 지파 영토의 총합(수 13-19상, 겔 47:13-48:29)[73]과 같은 본문은 북이스라엘의 사마리아 성전과의 기득권 다툼 속에서 행한 시술이다. 따라서 귀환

---

73 로버트 쿠트, 우택주 옮김, 『신명기 역사』 (파주: 한울엠플러스, 2022), 167.

사제 집단이 언급하는 땅과 토착민은 예루살렘 지역의 주변이라는 범위 안에 있다. 그러므로 성서가 가리키는 시대의 영토에 대한 분배 이야기는 제2성전 이후의 시대, 사마리아 성전과의 본격적인 경쟁 구도 속에서 훨씬 후대에 이루어진 편집 서술이라는 점에서 초기 귀환 사제의 땅에 대한 시각(땅은 하나님의 소유)과 분리해서 봐야 한다.[74] 포로기 이후 사제 집단은 땅 소유에 대한 이데올로기 작업을 하면서 땅에 대한 본원적 소유가 누구인지를 규명하고, '토지의 원소유자는 야훼이다.'라고 선포한다. 그러나 그 본문들은 정통성을 가진 사제 집단이 자신들이 야훼의 대행자(위임자)로서 토지세(성전세)를 걷는 게 정당하다고 이데올로기적 편집을 한 것으로 봐야 한다.

(2) 성전 건설을 위한 이데올로기 작업: 유다 땅은 누구의 것인가

포로지 귀환 사제의 모습과 성전과 성벽의 건설에 관한 내용은 에스라-느헤미야서에 잘 나타나 있다. 에스라-느헤미야서에 등장하는 귀환 사제 집단은 유다 땅에서 개혁의 주체로 자신들이 골라에서 야훼의 명령을 지킨, 야훼의 적장자로서 정통성을 가지고 있기에 그 정통성에 기반하여 귀환하는 모습을 그리고 있다. 그 귀환은 대규모이며 웅장하게 그려지고 있는데, 귀환 사제 집단의 정당

74 조셉 블렌킨소프, 소형근 옮김, 『유대교의 기원: 에스라와 느헤미야를 중심으로』(서울: 대한기독교서회, 2014), 71.

성을 나타내고자 하는 이데올로기화 작업이기 때문이다. 정통성을 가지고 금의환향한 사제 집단은 예루살렘 성전을 건설(스 3:8-6:15)하려고 했지만, 역설적으로 성전 건설의 가장 큰 장애물은 성전세에 대한 본토(예루살렘 근방) 토착민의 저항(느 5:15)이었다.[75]

그래서 귀환 사제들은 글쓰기(편집)를 통해 성전 건축을 위해 토지에 부과하는 성전세가 정당함을 드러낼 필요가 있었다. 먼저 이들은 '이 땅이 누구 것인가?'라는 본질적 질문을 던지면서 결국 '이것은 다 야훼의 것'이라는 결론으로 땅에 대한 이데올로기 작업을 진행했다. "땅과 거기에 충만한 것과 세계와 그 가운데에 사는 자들은 다 여호와의 것이로다"(시 24:1)라는 본문은 땅의 소유권에 대해 명백하게 선언한 것이다. 또한 그것의 이면에는 자신들이 야훼의 적통 위임자이기에 이 땅에 대해 권리를 가지고 있음을 암시하는 것이다. 둘째, 야훼께서 주신 땅의 원소유자가 누구인지 질문을 던진다. 비록 그들이 포로로 끌려가 있었지만 유다 땅에 대한 소유권은 지속적으로 포로민이 가지고 있었다는 것이다. 야훼의 적통자로서 야훼에 뜻에 따라 포로지로 이동(렘 29:4-7)했고, 따라서 잠시 자리를 비웠다가 유다 땅으로 되돌아왔기에 땅의 원소유권을 가지고 있다는 논리이다.

---

75 참조. 이데올로기라는 면에서 성서의 글쓰기 작업은 권력을 가진 자(사제 집단)의 기록이라는 시각을 고려해야 하며 성서에서 이들의 정책에 반대하는 모습을 찾기는 쉽지 않다. 그러나 성서의 글을 면밀하게 해체하면 역시 파악이 가능하다. 블렌킨소프, 『유대교의 기원』, 68.

[표10] 에스겔 11장에 나타난 유다 땅에 대한 토착민과 사제 집단의 시각

본문	내용	비고
14절	**여호와의 말씀**이 내게 임하여	명령의 주체
15절	**예루살렘 주민이** 네 형제 곧 네 형제와 친척과 온 이스라엘 족속을 향하여 **이르기를** 너희는 여호와에게서 멀리 떠나라 이 땅은 우리에게 주어 기업이 되게 하신 것이라	토착민의 주장
16절	주 여호와의 말씀에 내가 비록 그들을 멀리 이방인 가운데로 쫓아내어 여러 나라에 흩었으나 그들이 도달한 나라들에서 **내가 잠깐 그들에게 성소가 되리라 하셨다**	대답으로 야훼가 포로민 공동체에 머물다
17절	너는 또 말하기를 주 여호와의 말씀에 내가 너희를 만민 가운데에서 모으며 너희를 흩은 **여러 나라 가운데에서 모아 내고 이스라엘 땅을 너희에게 주리라** 하셨다 하라	**포로민에게 땅의 소유권이 있음을 서술**

최종적으로 사제 집단은 포로 기간 70년의 공백(렘 25:11)에 대하여 이를 땅의 휴면기로 규정하면서 땅이 윤택하기 위해서는 쉬어야 한다는 개념(대하 36:21)을 만들어냈다. 다시 모든 땅이 야훼를 위해 경작되면 당연히 생산하는 수확물 중 일부는 야훼에게 돌려야 한다는 개념을 추가로 형성했다.

(3) 유다 땅에 남아 있던 토착민: '비천한 자'

땅에 대한 소유권이 포로지에서 돌아온 자신들에게 있다고 하는 진술을 볼 때, 그 당시 포로로 끌려가지 않은 자들에 대한 사제 집단의 시각을 볼 수 있다. 귀환 사제 집단은 해방군이 아닌 점령

군과 같은 이데올로기를 드러냈는데, 구약성서는 포로 기간 유다 땅에 엄연히 존재한 유다인 토착민의 존재나 권리를 전혀 받아들이지 않는다. 바벨론 포로 기간의 유다 땅에 대해 주인 없는 공백이나 빈 땅의 상태로 서술한 것은 토착민이 그 땅에 대해 어떤 권리도 가지고 있지 않다는 것이다.[76] 열왕기하 25:21과 평행 본문인 예레미야 52:27에서는 남유다의 모든 사람을 가리키는 '유다'라는 포괄적인 용어를 사용한다. '유다가 사로잡혀 본국에서 떠났다.'는 것은 그 토지의 모든 사람(소유주)이 단순하게 끌려간 것이 아니며, 유다 땅이 아무도 없는 빈 땅으로 남았다는 것을 의미한다. 빈 유다 땅의 원주인이 잠시 자리를 비워 주인이 없는 상태임을 드러내는 것이다. 더 나아가 "땅이 안식을 누릴 것이라… 땅이 황무할 동안에는 쉬게 되리라"(레 26:34-35)라고 언급하며 땅이 그냥 비워진 상태가 아니라 땅을 비워놓은 것도 야훼의 뜻이라면서, 황무한 땅을 건강한 땅으로 되게끔 하는 안식의 의도를 드러낸다. "토지가 황폐하여 땅이 안식년을 누림 같이 안식하여 칠십 년을 지냈으니"(대하 36:21)라고 함으로써 이 땅의 소유가 현재 소유한 토착민이 아닌 자신의 것이라고 재차 확인한다.

포로 기간 유다 땅에 남아 있던 토착민에 대해서는 "비천한 자"(왕하 24:14, 25:12), "아무 소유가 없는 빈민"(렘 39:9), "가난한

---

76 Rober P. Carroll, "The Myth of Empty Land," in *Ideological Criticism of Biblical Texts* (Atlanta: Scholars, 1992), 79-93.

백성"(렘 52:16) 등으로 격하시키고 상대적으로 자신들은 야훼의 적통자이기에 "거룩한 자손"(스 9:2), "밤나무와 상수리나무가 베임을 당하여도 그루터기가 남아 있는 것 같이"(사 6:13), "거룩한 씨"의 그루터기 혹은 지계석, 땅문서로 묘사하면서 토지에 대한 기득권을 지속해서 주장한다.[77] 또한 사제 집단은 자신들이 그 땅의 소유자라는 의미로 귀환자의 명단을 자손의 이름(지역 이름)으로 언급하며 그들이 성읍의 자손임을 적시했다.(느 7:4-61) 에스겔의 환상을 통한 땅에 대한 지파의 분배(겔 47:13-39) 그리고 가나안에 입성하는 지파들에게 땅 분배(수 13-21장) 등으로 반복하여 이데올로기를 강화하는데, 이는 토착민이 토지 소유권을 주장하면서 강하게 저항하고 있음을 암시하는 것이다.[78]

2) 토착민의 저항(느 5:1-15)

(1) 토착민의 저항

유다 토착민들은 사제 집단이 토지 소유권을 주장하는 것에 대해 쉽게 수긍할 수 없었다. 다름 아닌 생존의 문제였기 때문이다. 이뿐 아니라 그들 또한 유다의 자손으로 야훼 제의를 하던 자(느 5:5)이기에 이런 이중적 토지 세금을 쉽게 인정할 수 없었다.

---

77 블렌킨소프, 『유대교의 기원』, 66-67.

78 김지은, "페르시아 시대 이스라엘 사회-종교 변화에 관한 연구," 「구약논단」 13 (2002): 68.

이러한 민중(유다 토착민)의 저항을 구약성서에서 찾아보기란 어려운 일이다. 구약성서의 대부분을 사제 집단 권력이 편집했다고 볼 수 있기 때문이다. 그러나 느헤미야 5:4-15에서는 그것을 어느 정도 유추할 수 있다.

✣ 느헤미야 5:4-5

"우리는 밭과 포도원으로 돈을 빚내서 왕에게 세금을 바쳤도다… 우리의 밭과 포도원이 이미 남의 것이 되었으나."(느 5:4-5) 기존 바벨론의 세금에다가 페르시아제국 속주의 세금까지 더해져 세금의 과중함을 잘 보여주는 본문이다. 이 과도한 세금의 주체는 귀족(חֹר, 호르)과 민장/통치자(סֶגֶן, 쎄겐)로 페르시아제국 속주를 위임받은 주체세력이다.(느 5:7) 느헤미야가 성전 건설을 독려하기 위해 파견되었음을 감안하면 귀족은 성전 관련자이며 민장은 사제 집단 권력자를 말하는 것이다. 느헤미야가 직접 그들을 꾸짖고 있는 것이다. 주목할 부분은 5절의 "우리의 자녀도 그들(אָח, 형제)의 자녀와 같거늘"이라는 표현이다. 이 부분은 사제 집단이 토착민을 '비천한 자'로 언급한 이데올로기 서술과 완전히 배치되는 구절이다. 토착민들은 자신을 귀환자들과 다름없는 형제로 여기며 평등주의적 사고를 나타내고 있다.

[표11] 사제 집단과 토착민의 관점 차이

관점	귀환자	토착민
사제 집단	거룩한 자손(스 9:2)	비천한 자(왕하 24:14)
토착민	같은 형제 히브리인(느 5:5)	

✣ 느헤미야 5:15

"양식과 포도주와 또 은 사십 세겔을 그들에게서 빼앗았고 또한 그들의 종자들도 백성을 압제하였으나."(느 5:15) 은 40세겔을 빼앗았다는 것은 토지에 대한 세금으로 보는 것이 타당하다. 앞서 살펴본 "이 흉년에"(3절), "밭과 포도원으로 돈을 빚내서"(4절)라는 단어들은 세금이 토지와 관련되어 있음을 나타낸다. 페르시아제국에서 이미 화폐가 도입[79]되어 사용된 점으로 보아 백성에게 일정한 곡물이 아닌 화폐 단위로 토지세(성전세)를 매겼을 가능성이 높다. 1세겔[80]이 대략 현재의 노동자 3-15일치 품삯이라고 하면 40

79 Martain Hengel, *Judaism and Hellenism: Studies in Their Encounter in Palestine during the Early Hellenistic Period* (Eugene, OR: Wipf & Stock, 2003), 104.

80 참조. T. Hockenhull, *Symbols of Power: Ten Coins That Changed the World* (London: British Museum Press, 2016), 12-23. 함무라비 법전(1800 BC)은 비숙련 노동의 가치를 연간 10세겔로 규정하고 있으며, 이후 페르시아제국(539-333 BC)의 기록에 따르면 비숙련 노동에 대한 가치는 월 최소 2세겔에서 10세겔까지 다양하다. 세겔은 무게를 세는 단위로 1세겔은 11.4g이다.

세겔은 엄청난 착취 수준이다. 당시 농경지에 대한 세금 징수가 정확히 어떠했는지 알 수는 없지만 성서의 기록을 보면 토착민이 충분히 분노를 일으킬 만한 수탈 수준으로 여겨진다.

(2) 저항에 대한 유화책: 고엘 제도

고엘(גָּאַל, 무르다, 되찾다)은 '형제가 토지를 판 경우 가까운 친척이 다시 그 토지를 돌려받게 할 수 있다.'는 의미이다.(레 25:23-28) 즉 과거 땅 주인의 친척이 새로운 주인에게 땅을 인수하겠다고 하면 새로운 주인은 그 친척에게 땅을 내주어야 한다는 것이다. 이것은 당시 고대 사회에서도 받아들이기 어려운 제도로 보인다. 그러나 이 제도를 성서에 언급(레 25:47-55, 민 5:8, 35:19)한 사제 집단의 의도는 다른 곳에 있다. 토착민이 소유한 땅이 야훼로부터 상속권을 받은 자들에게 속한다는 것은 강제성을 띤 규정이라고 할 수 있다. 포로로 끌려간 유다인에게 그 소유권이 있으며 공백 70년 뒤 귀환 시에도 그 땅의 소유권이 자신들에게 있다고 하는 주장을, 그 땅을 소유하고 있는 토착민이 쉽게 받아들일 수 없었는데, 그렇기에 토착민의 땅에 대한 '무상몰수', 즉 땅은 야훼 소유이며 소유권은 이전되었으니 토착민에게는 임차인처럼 기존 토지의 경작을 허락하고 대신 일정한 성전세(야훼에게 내는 세금)를 내라는 노식은 토착민의 강한 저항을 불러일으켰다. 이에 따라 성전 주변의 땅에 대한 무상몰수가 불가능해지자 일부 주요 땅에 대한 '유상소유'의 개념으로 고엘 제도가 만들어진 것임을 유추할 수 있다. 이는 토착민의 저항에 대한 유화정책으로 '토지 무르기', 즉 성전 주변 토지에 대해 일정한 보상을 하는 조치가 취해진 것이다. 예레미야 32:8의 "기업의 상속권이 네게 있고 무를 권리가 네게 있으니 너를 위하여 사라"라는 구절과 레위기 25:23-24의 토지 무르기 규정을 주목하면 성전 주변의 핵심 땅은 성전을 위한 땅으로 최소한의 보상 장치로 마련된 것임을 알 수 있다. 그들은 토지 소유가 여전히 야훼에게 있다는 전제하에서 성전 주변 땅에 대한 보상으로 땅을 사들이며 그 소유를 변경하는 작업을 했다. 즉 원래 주인이 요구하면 돌려주어야 한다는 땅 무르기에 보상이라는 차선책을 마련하여 진행한 것이다. 이것은 토착민의 저항이 지속되자 돈을 지급하는 유상인수의 모습을 띤 것으로 이해할 수 있다.(레 25:23-28)

7. 정통성에 대한 함의

바벨론 포로 귀환 사제 집단은 단순히 예루살렘으로 귀환한 것이 아니라 분명한 목적을 가지고 준비된 귀환을 했다. 이 점에 주목하면 포로공동체의 리더로서가 아니라 제국에 임명된 권력 대행자로서의 귀환이라는 것을 알 수 있다. 그러나 동시에 이들은 포로기 이전 부패한 다윗 왕조의 정통성을 복원하는 것이 아니라 새로운 야훼 성전국가 건설을 내세우며 귀환을 정당화했다.

이제 유다 땅 백성은 다윗 왕조의 백성이 아닌 야훼의 백성으로서 그 정체성을 전환해야 했다. 이를 이루는 것이 사제 집단의 신학적 사명이었다. 성전 건설은 이 신학적 문제를 푸는 구체적 작업이었기에 성전국가에 대한 꿈을 품은 것은 당연했다. 귀환 초기 사제 집단은 성전의 완성/성벽의 완성을 이루기 위해 개혁조치를 취하면서 모세의 출애굽을 원형으로 하고 그 제의로서 유월절과 초막절 제의를 했다. 이러한 점에서 성전세를 집중적으로 과세한다기보다는 제의의 순수성을 간직했다고 볼 수 있다. 그들은 산당과 다윗 왕조의 우상숭배를 비판했지만, 이데올로기 프로파간다(선전)적 의미로서 오히려 순수함이 더욱 드러난다. 이들은 산당 제의를 해온 레위인을 중앙 성전의 하위직 업무에 종사토록 하여 예루살렘을 새롭게 재건하는 데 성공했다. 이 근간에는 야훼 신앙의 본질을 지킨 정통성과 순수성이 있었다. 그러나 성전이 완공된 이후 권력이 지속되며 부패하고 남용되는 모습을 보인다. 성전 세력에 의해 가난에 빠진 백성의 빚을 탕감하는 느헤미야의 정책과 성전 주변 세력인 귀족과 민장을 꾸짖는 모습(느 5:6-8)에서 이를 엿볼 수 있다. 일부 권력을 남용하는 자가 있었음에도 사제 집단은 스스로 '정통성'이 무엇인지를 물으며 그 순수성을 온전히 간직하고 있었다.

제 4 장

두 성전과 권력 투쟁

1. 히브리 성서의 성전과 성벽의 완공 의미

파괴된 예루살렘 성전을 재건설하는 과정에서 성전 건축을 둘러싸고 외부의 간섭(사마리아의 간섭)이 있었다. 이 장에서는 최근 연구를 바탕으로 성서에서는 구체적으로 언급하지 않는 사마리아 성전과 사마리아인의 존재에 대해 살피고, 사제 집단의 권력 투쟁을 논한다. 성서 본문을 분석하여 두 성전 간의 권력 투쟁과 그 근본 원인으로 성전 권력 확대와 성전세 징수 확보가 있었음을 살필 것이다.

예루살렘 제2성전의 건축은 돌아온 사제 집단의 숙원사업이었다. 이들은 골라 유다인으로서 바벨론 사회의 문화에 흡수되지 않고 정체성을 확립하기 위하여 유일신 야훼 사상을 중심으로 공동체를 지키고자 노력했고, 바벨론제국이 멸망한 뒤 페르시아제국의 속주정책에 따라 통치 위임자로 귀환하게 되었다. 이러한 환경 변화에도 사제 집단 엘리트는 당당했다. 이미 포로기 공동체에서 바벨론제국과 차별화된 생존 및 발전에 대한 자기들만의 독특하고 효과적인 방법을 체득했기 때문이다. 그들은 야훼주의 정체성으로 무장하여 귀환했다. 즉 야훼 제의를 순수하게 지킨 정통성을 가진 자로서 유다 땅에서 새로운 사제 권력을 갖고 신정국가를 운영하고자 하는 꿈을 가지고 돌아온 것이다. 그들에게 유다 땅은 정신적 고향이면서 통치를 위한 새로운 환경이었다. 그래서 유다 땅으로의 귀환을 철저히 야훼의 지시에 따른 것으로 여기며 유다 땅의 백성에게 야훼 제의를 강화하면서 권력 획득을 정당화했다.

그들은 성전 건립 작업을 신속하게 진행하고자 했다. 하지만 에스라 6장의 성전 공사와 느헤미야 6장의 성벽 공사 기록을 살펴보면 성전/성벽 완공이 쉽지 않았음을 알 수 있다. 성전/성벽 완성은 최종적으로 예루살렘 중심의 성전국가 운영을 의미했으며, 페르시아제국의 통치 시스템과도 어긋나지 않았다. 그들은 성전 권력을 안정적으로 유지하고 확장하기 위해 성전세 징수를 아주 중요하게 여겼는데, 당시 국가 세금을 내고 있던 토착민들은 이를 납득할 수 없었다. 그러므로 유다 땅에서 성전세를 의무화하기 위한 사안은 당연히 난항을 겪을 수밖에 없었다.

알베르츠는 페르시아의 후원으로 기원전 515년 성전이 완성된 후 느헤미야의 지휘 아래 예루살렘 성벽을 재건할 것을 승낙했고(458 BC), 에스라에게(아마도 398 BC) 특권을 보증해주었는데, 성전 제의를 위해 국고로부터 막대한 재정을 지원했고, 모든 제의 담당자의 세금을 면제해주었으며, 지방의 법관과 재판관에게 율법의 권한을 부여했다고(스 7:20-26) 언급한다.[1] 이것이 특혜이든 그들이 추구한 것이든 성전의 존재는 비록 제국의 속주에 속해 있었음에도 위임 통치 등 막강한 힘을 지녔으며, 권력 유지의 기반으로서 작동했다.

성전/성벽 건설이 순탄치 않았던 것은 외부의 대적(사마리아인, 사마리아 성전)에게 그 원인이 있다는 점을 주목해야 한다. 사마리아 성전의 존재는 이미 그곳에 독립된 자신만의 성전 권력이 존재했음을 의미한다. 그들은 동일한 야훼 제의자임에도 불구하고 예루살렘 성전과 경쟁 관계[2]에 놓일 수밖에 없었다. 귀환 사제들은 차별성을 강조하기 위해 사마리아 성전 제의자뿐 아니라 사마리아 전체에 대해 강도 높은 이데올로기 비판을 한다. 자신들만이 야훼에 대한 적통성과 야훼 제의를 가장 잘 지킨 순수성을 가진 자, 즉 야훼를 지키는 순수 혈통임을 강조하여 사마리아 성전과 차별화를 시도하는 이데올로기를 창출한 것이다.

이와 관련하여 에스라-느헤미야서에서 언급된 성전과 성벽 건설의 완공이 어떤 의미가 있는지를 살펴보고자 한다.

---

1 라이너 알베르츠, 배희숙 옮김, 『포로시대의 이스라엘』 (고양: 크리스챤다이제스트, 2006), 180.

2 참조. 성전세의 내용이 동일하다고 추정할 수 있다. 예루살렘 성전이 새로 건축되는 등 예루살렘 주변의 경제적 환경을 고려하면 성전세가 더욱 정교해졌을 수 있는데 이로써 사마리아 성전의 성전세와 차이가 발생했을 수도 있다.

1) 성전과 성벽 완공의 페르시아제국 상황(515-430 BC)

(1) 강대국 간 평화의 시대로 전환

예루살렘 성전과 성벽 완공 전후의 역사적 정황을 보기 위해 당시 예루살렘 속주의 중앙정부인 페르시아제국의 기원전 515-430년의 시대적 흐름을 먼저 살펴보고자 한다. 페르시아는 고레스 2세(Cyrus the Great, 재위 539-530 BC)가 기원전 539년에 바벨론을 정복한 이후에도 제국의 영토를 확장하면서 서쪽으로는 아나톨리아 소아시아를 넘어 그리스까지, 남쪽으로는 레반트 지역을 통과하여 이집트까지 세력을 확장하려 했다. 페르시아제국은 농업 생산을 기초로 한 바벨론제국과는 달리 교역을 중시했다. 해상으로 에게해와 멀리는 지중해까지 무역을 확대하려고 했다. 이로써 에게해 중심의 해상 세력인 아테네와 충돌이 불가피해졌다.

제국의 초기 모습은 불안정했다. 제국을 세운 고레스도 카스피해 동쪽 중앙아시아 유목민과 벌어진 자카르테스 전투에서 사망했다.(530 BC) 그의 아들 캄비세스(Cambyses, 재위 529-522 BC)도 이집트 정복(525 BC) 후 귀환하던 중 시와(Siwa)에서 사망했다.[3] 페르시아제국은 다리우스 1세(Darius Ⅰ, 재위 522-486 BC) 때가 되어서야 내부 반란을 진압하면서 드디어 안정을 찾기 시작했다. 제국이 안정되자 다리우스는 제국의 서쪽 방향 에게해와 지중해 지역

---

[3] 참조. 기원전 525년 이집트를 점령하고 직접 통치하다가 기원전 404년 아미자스디 전투에서 패함으로써 이집트 통치가 종식된다.

으로 세력을 확대하기 시작했다.

당시 그리스 반도는 도시국가인 아테네와 스파르타를 중심으로 양분하여 대립하고 있었다. 스파르타 중심의 펠레폰네소스 동맹(536 BC)과 아테네 중심의 델로스 동맹(477 BC)으로 나뉘어 있었으며, 스파르타는 육군 중심으로, 아테네는 해군 중심으로 발전하여 서로 균형을 이루었다. 그러나 페르시아제국이 아나톨리아 서쪽 해안 지역과 근방 섬에 대한 지배력을 확대하면서 아테네와 긴장관계를 형성할 수밖에 없었다. 다리우스 1세 때 아테네를 직접 공격(1차 페르시아전쟁)했으나 마라톤 전투(490 BC)에서 패배하여 퇴각했고, 그의 아들 아하수에로(Xerxes, 재위 485-465 BC)가 다시 대규모 군사(정규 육군 20만, 해군 800척)를 동원하여 아테네까지 점령했으나(2차 페르시아전쟁), 살라미스 해전에서 패하면서 다시 퇴각했다.(480 BC) 뒤를 이은 아하수에로의 셋째 아들 아닥사스다 1세(Artaxerxes Ⅰ, 재위 465-423 BC) 시절도 내부 상황이 좋지 않아 박트리아 지역 반란(463 BC)과 이집트 점령지 반란이 있었다. 이 시절 페르시아 메가비조스(Megabyzos) 장군이 이집트 반란군을 제압(456/455 BC)하지만, 그 자신도 제국에 반란을 일으키면서 (449-447 BC) 페르시아제국은 혼란스러워졌다.[4] 이후 반란은 진압되었고 아테네 페리클레스와 페르시아 아닥사스다 1세는 '아테네-

---

4 A. T. Olmstead, *History of the Persian Empire* (Chicago: The University of Chicago Press, 1948), 332.

페르시아 강화조약'(칼리아스 강화, 448 BC)[5]을 체결함으로써 페르시아제국은 아테네와 평화의 시대를 맞이했다. 이에 따라 이집트 통치를 더욱 공고히 할 수 있었고 이집트와 아나톨리아 중간 지대인 예루살렘을 포함한 레반트 지역의 긴장 역시 사라졌다.

이 시점에 아닥사스다 1세가 예루살렘에 느헤미야를 파견하여 예루살렘 성벽을 재건(445 BC)했다. 느헤미야가 파견된 시점은 아테네와 평화의 시대를 보내는 시기였다. 당시 아테네는 페리클레스 황금시대(Pericles' Golden Age, 460-430 BC)를 보내고 있었는데 이 기간 진행된 파르테논 신전 건축(447-432 BC)을 주목해야 한다.[6]

(2) 예루살렘 도성과 성벽은 불탔는가

느헤미야 1:3에서는 "예루살렘 성은 허물어지고 성문들은 불탔다"라고 보도한다. 앞서 살핀 당시 역사적 정황을 따른다면, 이 보도를 전적으로 신뢰할 수 있는가? 이 표현의 역사적 진위성 여부

---

5 페르시아와 아테네 사이에서 벌어진 페르시아전쟁을 종결하기 위한 목적으로 체결되었다. 그 내용은 페르시아가 이집트와 키프로스와 에게해에서 항해하는 것을 인정하고, 아테네가 소아시아 남쪽, 서쪽 해안 지역과 섬에 대해 영향력을 갖는다는 것을 인정한다는 조약이다.

6 참조. 신전은 제의뿐 아니라 국가의 재무, 금고를 담당했으며 델로스동맹(기원전 447년에 아테네를 중심으로 이오니아, 아이올리스, 에게해 여러 섬이 페르시아제국으로부터 보호받기 위해 아테네에 일정한 동맹군 자금을 지원)의 금고 역할을 했다.

와는 별개로 먼저 이 표현의 의도가 무엇인지 검토하고자 한다. 그 이유는 이 표현이 페르시아제국의 어느 시기에 이루어진 것인지가 의문이기 때문이다. 대부분 허물어진 예루살렘성을 재건하려는 이유로 방어 목적을 든다. 민경진은 기원전 5세기 예루살렘 성벽을 재건하려는 목적이 그리스 세력에 대한 레반트 지역의 방어 목적이라고 이해했다.[7] 케슬러(Rainer Kessler)는 메가비조스 반란의 영향으로 예루살렘 성벽이 건설되었다고 주장한다.[8] 소형근도 메가비조스의 반란으로 성벽이 건설되었다고 주장하는데, 이는 제국의 속주를 더욱 견고히 하고자 이집트 접경지역인 유다 지방에 페르시아 관리인 느헤미야를 파송하여 성벽을 건설했다는 주장과 유사하다.[9] 그러나 성벽의 붕괴가 시기적으로 페르시아 시절, 군사적 이유 때문이라는 이들의 주장에는 근거가 없다. 느헤미야서에 그러한 묘사가 없을뿐더러 예루살렘 성벽 완공과 관련된 역사적 증거도 없다.[10] 오히려 역사적 정황으로 볼 때 예루살렘은 기원전 13세기부터 기원전 4세기 후반 알렉산더가 이집트를 정복할

---

7 민경진, "페르시아제국 시대의 유대 역사 재구성: 기원전 458년에서 430년까지 에스라-느헤미야서를 중심으로," 「구약논단」 14 (2008): 131.

8 라이너 케슬러, 민경구 옮김, 『고대 이스라엘 사회사』 (서울: CLC, 2022), 251.

9 소형근, "에스라-느헤미야서 연구의 난제들과 그 해법들," 「구약논단」 74 (2019): 356.

10 J. 맥스웰 밀러·존 H. 헤이스, 박문재 옮김, 『고대 이스라엘 역사』 (서울: 크리스챤다이제스트, 1996), 588.

때까지 군사적 요충지가 아니었다. 경제적으로도 생산성이 높지 않고, 생산품도 매력적이지 않았기에 이 지역을 둘러싸고 제국 간의 대규모 전투가 일어나지 않은 것이다.[11]

또한 중요한 근거로서 성서의 저작/편집 주체인 사제 집단이 군사적 기록을 장황하게 기록할 필요가 있었는지 의문이다. 이뿐 아니라 예루살렘 성벽을 52일 만에 완공했다는 보도는 이 성벽이 예루살렘 도시를 에워싼 성벽일 가능성을 더욱 희박하게 한다.(느 6:15) 브라이트는 "예루살렘 성은 허물어지고 성문들은 불탔다"라는 구절을 근거로, 아닥사스다 시절 예루살렘 백성이 과도한 세금 때문에 반란을 일으키고 성벽을 건설했다고 주장할 뿐 아니라(스 4:12-16) 사마리아인들이 아닥사스다에게 해당 반란을 고발하면서 성벽 건설을 방해했다고 주장한다. 그러나 실제로 예루살렘 백성이 과도한 세금을 부담했는지 그 근거가 미약할 뿐 아니라 그들과 동일한 조건의 세금을 부담한 사마리아인이 그들이 일으킨 반란을 고발했다는 점 역시 납득하기가 어렵다.[12] 오히려 성서에서는 아닥사스다 시절 성전이 완공된 뒤 예루살렘 성전 주변 세력인 유

11 참조. 람세스 시절 히타이트의 카데시 전투의 경우 시리아 카데시 오론테스에서 있었고(1274 BC), 느부갓네살의 갈그미스 전투(The Battle of Carchemish)는 유프라테스강 상류 지점에서 있었다.(605 BC) 갈그미스 전투 전에 이집트 왕 느고와 요시야 사이에 벌어진 전투가 므깃도 전투이다.(대하 35:20-27, 609 BC)

12 존 브라이트, 박문재 옮김, 『이스라엘 역사』(서울: 크리스챤다이제스트, 1983), 519.

대인 귀족과 민장(공직자)들이 고리대금업을 하여 백성 일부를 노예로 삼았으며(느 5:7-8) 이 문제를 페르시아에서 파견된 느헤미야가 해결했다고 증언(느 5:1-18)한다. 그러므로 페르시아제국의 과도한 세금 때문에 일어난 반란(성벽 건설)을 사마리아인이 방해했다는 것은 적절하지 않다.

그렇다면 "예루살렘 성은 허물어지고 성문들은 불탔다"라는 표현은 무엇을 의미하는가? 당시 예루살렘 귀환 사제가 지닌 이데올로기로 예루살렘을 바라본 것은 아닐까? 즉 다윗 왕조의 폐망과 함께 성전이 사라졌음을 표현하는 환유적 표현(metonymic approach)으로 볼 수 있다. 당시 귀환 사제 집단에게는 성전의 건설과 예루살렘 재건이 시급했다. 그들 앞에는 바벨론에 의해 폐허가 된 예루살렘이 있었다. 끌려간 포로기 사제 집단은 예루살렘 폐망의 모습을 바라보면서 "황폐하여 사람도 없고"(렘 33:10), "왕궁과 백성의 집을 불사르며 성벽을 헐었고"(렘 39:8)라고 묘사한다. 즉 이러한 표현들은 성전까지도 사라졌음을 강조하는 문학적 표현이다.

그러므로 귀환한 사제 집단이 서술한 '예루살렘 파괴'는 페르시아제국 시절의 반란 혹은 군사적 충돌, 예루살렘 내부의 폭동 등으로 벌어진 사건이 아니다. 따라서 사제 집단이 표현한 예루살렘 성전 재건은 페르시아제국 속주정책의 일환인 중앙정부의 세금 징수와 관련하여 이해해야 한다. 그들이 서술한 성벽 재건은 환유적 표현이며 그들이 말한 성막의 최종 울타리인 장막을 완성하는

것이다. 성전의 내외부 모든 것이 갖추어지기에 52일은 너무나 짧은 기간이기 때문이다.[13]

2) 성전의 완공과 성벽 완공의 관련성

(1) 성전, 성벽의 완공 목적

성전과 성벽이 완공된 시기는 역사적으로 정확하지 않다. 에스라-느헤미야서가 인물이나 역사적 사건에 대해 정확하게 기록하지 않은 이유는 그들의 서술 의도가 역사적 인물에 대한 관심이나 역사적 사건의 시대를 연구하는 것이 아니기 때문이다. 제2성전 완공 시기에 대해 허술하게 기록한 것이 대표적인 예이다. 성서의 보도에 따르면, 고레스 원년(539 BC)에 세스바살이 성전 기물을 가지고 성전 재건 사업을 위임받았으며(스 5:13-15) 기원전 520년 다리우스 1세 때 제2성전이 재건되기 시작했고(스 5:13-17), 기원전 515년 다리우스 1세 6년에 성전이 완공(스 6:15)되었다. 그러나 "바사왕 고레스와 다리오와 아닥사스다의 조서를 따라 성전을 건축하며 일을 끝내되"(스 6:14)라는 구절에서 '아닥사스다'는 다리우스의 손자인데, 손자가 건설에 대한 조서를 내리고 그 조부 다리우스 때 완성되었다는 것은 시간상으로 최소 50년 이상의 시간 차이를 거꾸로 돌려놓은 모순된 서술이다.

---

13 김영호, "포로기 사제 집단의 이데올로기 형성과 종교권력 구축 과정 연구" (박사학위 논문, 한신대학교, 2023), 105.

[표12] 성전 완공 연도

페르시아 왕	성서 본문	시기(BC)	내용
다리우스 6년	스 6:15	515	성전 완공
아닥사스다 왕	스 6:14	464	성전 공사 지시
	스 4:7-10	464-457	성전 건설 방해
	스 7:1	458	에스라의 예루살렘 방문
다리우스 2세 6년	스 6:15	417	성전 완공

아닥사스다는 에스라서에 네 번 등장한다.(스 4:7, 11, 7:7, 8:1) 느헤미야서에서 느헤미야를 예루살렘 총독으로 파견하는 장면(느 2:1-10) 등 아닥사스다를 여러 번 언급하는 것은 단순한 저자의 표기 오류이기보다는 저자가 역사적 사건의 배경 인물로 아닥사스다를 의도적으로 등장시킨 것으로 이해해야 한다. 내용상 에스라 4:6-7까지 유대인의 성전 건설에 대한 사마리아 사람의 고발이 있었기에, 페르시아 왕의 나열 순서가 '다리오(5절)-아하수에로(6절)-아닥사스다(7절)'로 나타난 것은 역사적 순서에 부합한다. 다리오 다음의 순서로는 아하수에로(재위 485-465 BC)이며, 다음 왕은 아닥사스다(재위 464-424 BC)로 연결되어 역사에 나타난 왕의 순서와 일치하기 때문이다.(스 4:7-10) 따라서 이 서술 기준으로 보면 에스라 6:15에 나타난 다리우스 왕은 페르시아제국의 7대 왕 다리우스 2세(재위 423-405 BC)이며 그 재위 6년 때인 기원전 417년에 성전이 완공되었을 가능성도 있다.[14] 왜냐하면 성전 건립의 목

적이 페르시아제국의 세금을 위한 것인데 이것이 예루살렘에서 즉시 이루어지지 않았을 가능성이 있기 때문이다.[15]

제국의 세금 수금 정책은, 이미 사마리아 성전을 통한 세금 징수 시스템으로서 예루살렘 지역까지 포함되었으며, 예루살렘은 사마리아로부터 정치적 간섭을 받았기 때문에 초기 제국의 입장에서 예루살렘을 따로 분리하여 세금을 징수할 필요가 없었다. 이것이 바로 사마리아인들이 아닥사스다 왕에게 예루살렘이 독립적 성전 기능을 하게 되면 "조공과 관세와 통행세를 바치지 아니하리니 결국 왕들에게 손해가 되리이다"(스 4:13)라고 한 이유이다.

(2) 아닥사스다-에스라-느헤미야

페르시아제국의 초기 혼란 상태에서 변두리 속주 예루살렘 성

---

14 참조. Diana Vikander Edelman, *The Origins of the 'Second' Temple : Persian Imperial Policy and the Rebuilding of Jerusalem* (London: Equinox, 2005), 7-8. 성전 건설에 대한 지배적인 견해가 있는데, 이에 대한 중요한 도전이 에델만에 의해 제기된 바 있다. 에델만은 아닥사스다의 통치시기에 성전이 건설되었다고 주장하면서, 학개와 스가랴 1-8장의 연대기적 틀을 이데올로기적 첨가로 평가한다. 또한 이러한 작업은 예레미야의 70년 포로생활에 대한 예언과 일치시키기 위해 추가된 것으로 이해한다.

15 Christopher Tuplin, "The Administration of the Achaemenid Empire," in *Coinage and Administration in the Athenian and Persian Empires: The Ninth Oxford Symposium on Coinage and Monetary History*, ed. Ian Carradice (Oxford: BAR, 1987), 149-53.

전을 건설하는 일은 시급한 사안이 아니었다. 혼란을 쉽게 안정화할 수 없던 터라 속주에서 강력한 제국 시스템을 작동시키지 못한 것이다. 다리우스 1세와 그의 아들 아하수에로는 2차에 걸친 페르시아전쟁에서 연달아 패했다. 이후 아닥사스다 시절이 되어서야 아테네와 평화조약을 체결하면서 내부 속주에 대해 지배력을 강화하기 시작했다. 그들은 속주정책을 강화하면서 예루살렘을 직접 관리하는 시스템으로 전환하고, 성전을 통해 세금을 직접 징수하게 되었다. 예루살렘이 사마리아의 통제 간섭을 벗어나 페르시아제국으로부터 직접 위임을 받은 것이다. 예루살렘이 사마리아보다 늦게 독립된 속주로서 위임 통치를 받은 이유는 일차적으로 경제적 실효성이 떨어졌기 때문이다. 예루살렘은 산악지대라 경제적 생산성이 낮은 반면 사마리아 지역은 평야와 수자원을 어느 정도 풍족하게 활용할 수 있었기에 농업 생산성에서 경쟁력이 있었다. 그러나 페르시아는 그리스와의 평화의 시대를 맞이한 뒤 내부 관리를 강화하면서 속주의 세금을 증가시켰다. 예루살렘을 경제적·정치적·종교적으로 사마리아 속주에서 분리하기로 결정한 것이다.(스 6:14) 이런 관점에서 보면 사마리아 성전은 예루살렘 성전보다 먼저 완공이 되었으며, 이 사마리아 성전 세력이 이후 예루살렘 성전 공사를 방해한 것으로 이해할 수 있다.[16]

---

16 김영호, "포로기 사제 집단의 이데올로기 형성과 종교권력 구축 과정 연구," 126.

아닥사스다는 학자 겸 제사장 에스라를 예루살렘에 파견하여 '레위인과 함께 예루살렘으로 올라가고 성전 제의를 돕고 재판관이 되어 가르치고 통치하라.'(스 7:11-28)고 지시했다. 이 시기가 아닥사스다 시절(스 7:1, 11, 12, 21, 8:1)로 언급되고 기원전 458년 귀환한 에스라가 느헤미야와 동시대 사람이라는 점(느 8:9)[17] 등을 보아 에스라-느헤미야서의 주요 등장인물은 '아닥사스다-에스라-느헤미야'이며 아닥사스다를 중심으로 이루어졌음을 알 수 있다.

정리하자면 페르시아제국은 전쟁으로 과도하게 지출된 중앙정부의 자금난을 해결하기 위해 내부 통치를 강화하고 속주의 세금 징수를 강화했다. 속주 변방에까지 세금을 직접 징수하기 위하여 예루살렘에도 사마리아로부터 독립적인 성전을 완공했으며, 성벽 건설 또한 군사적 목적이 아닌 제국의 세금 징수를 강화하는 목적으로 수행되었다.

3) 성전/성벽 완공에 나타난 이데올로기 비교

에스라-느헤미야서에 나타난 성전과 성벽 완공의 이데올로기적 서술은 동일한 형식을 보여준다. 즉 '공사의 시작→방해 세력→완공→제의와 개혁 조치'의 형식으로 나타난다. 이러한 이데올로기를 해체 분석하면 저자인 사세 집단의 의도를 피악할 수 있다.

17 민경진, "페르시아제국 시대의 유대 역사 재구성," 116-17.

[표13] 성전과 성벽 건설 서술 비교

	에스라서 (성전 건축 전후 과정)		느헤미야서 (성벽 건축 전후 과정)	
완공 전	고레스 칙령	1:1-3 예루살렘 성전 건축과 귀환 명령	아닥사스다 왕의 승인	2:5-9 느헤미야의 요청 승인
	시도	3:8-13	성벽 중수	3:1-32
	건축 방해 1	4:3 **유다와 베냐민의 대적**의 공조 거절("너희는 우리와 상관이 없느니라") 4:4-6 그 땅 백성의 방해 4:8-10 고발(방해)자들 명단 4:11-16 고발 내용-성읍과 성곽 완공되면 조공과 관세와 통행세를 바치지 않아 왕에게 손해가 됨 4:23-24 공사 중단	건축 방해 1	4:7-11 **산발랏과 도비야와 아라비아 사람들과 암몬 사람들과 아스돗 사람들의 방해**
	건축 방해 2	5:2 재시도 5:3 재시도에 대한 고발-유브라데 강 건너편 총독 닷드내와 스달보스내와 그들의 동관인 유브라데 강 건너편 아바삭 사람의 문의	건축 방해 2	6:1-14 **산발랏과 도비야와 아라비아 사람 게셈과** 그 나머지 우리의 원수들의 음모

완공과 그 이후	건축 명령	6:1-12 다리오의 조서: 성전 건축과 협조 명령 -건축 명령: 2-4절 -방해금지 명령: 6-7, 13절 -협조 명령: 8-11절	공사 완료	**6:15-19** **공사 끝**
	건축 완공	**6:14-15 다리오 왕 제6년 건축 완공**	지도자 세움	7:2 하나니와 하나냐
	봉헌식	6:16-18 -속죄제: 17절 -**모세의 책 기록대로**: 18절	일곱째 달 절기 준수	8:1 **대규모 군중 동원** 8:3 **율법책 낭독**
	제의	6:19 **-유월절 지킴**	제의	8:13 절기 순수 **(초막절)** 9-10장 율법책 낭독, 제사장과 레위인, 십일조
	아닥사스다의 지원	7:11-26 **제사장과 레위인과 함께** -조공과 관세와 통행세 면제: 24절 -하나님의 명령 불순종 경고: 26절	성벽 봉헌식	12:27-43

(1) 성전/성벽 건축의 방해 세력

성전 건설의 방해 세력은 유다와 베냐민의 대적자(צָר, 짜르)로 언급되는데, 에스라 4:1-4에 "우리도 너희와 함께 건축하게 하라 우리도 너희 같이 너희 하나님을 찾노라 앗수르 왕 에살핫돈이 우리를 이리로 오게 한 날부터 우리가 하나님께 제사를 드리노라"(2

절)라는 표현으로 봐서 이들도 동일한 야훼 제의자임을 알 수 있다. 곧 이들은 야훼를 섬기는 사마리아 성전 제의자와 관련이 있는데 열두 지파 중 유다와 베냐민(1절)의 상대적 대척에 있는 나머지 열 지파 곧 북이스라엘 지파(왕상 12:20-24)를 의미한다. 포로 귀환 사제 집단이 남유다의 후손 사제 집단인 것과 달리 대적자는 북이스라엘 사마리아인 혹은 사마리아 사제 집단이다. 이들이 비록 같은 민족이며 동일한 야훼 종교 신봉자들이지만 다른 성전을 가진 경쟁자의 관계이기에 '짜르'라는 표현을 사용한 것이다. 만약 단순한 적이라면 이처럼 성전 건설을 돕겠다고 제안할 이유가 없다. 그러나 스룹바벨과 예수아(귀환 사제 집단)는 그 제안을 거절했고, 거절 사유는 본문에 나타나 있지 않다. 단지 그들의 방해로 인해 다리오 시절까지 공사가 중단되었다고 언급한다.(4-5절) 이처럼 같은 야훼주의자이자 사마리아인의 제안을 거절한 것은 그들이 단순히 '대적자', '성전 건설 방해' 세력이 아니라 당시 예루살렘이 사마리아의 영향을 받았고 사마리아 성전이 예루살렘 성전 완공 이전에 존재했다는 것을 추정하도록 한다. 또한 사마리아는 예루살렘 성전 공사를 통해 페르시아제국 속주에서 예루살렘에 대한 정치적·종교적인 간섭을 지속하려는 의도를 지니고 있었음을 알 수 있다.

그 제안을 받아들인다면 예루살렘 성전은 실질적으로 사마리아 종교 제의자와 사마리아 성전에 예속될 우려가 있었다. 그래서 그들의 참여 제안을 거부했을 것이다.[18] 아울러 "앗수르 왕 에살핫돈이 우리를 이리로 오게 한 날부터 우리가 하나님께 제사를 드리노라"(스 4:2)라는 언급을 통해 거부 사유를 추정할 수 있다. 사마리아인은 이미 '종교적 혼합을 통한 혼혈인'(왕하 17:24-41), 즉 순수 혈통이 아니라서 예루살렘 성전 제의에 참여할 수 없다는 것이었다.

한편 느헤미야 6장에서는 성벽 방해 세력으로 호발(사마리아) 사람 산발랏, 암몬 사람 도비야, 아라비아 사람 게셈 등 특정 이름이 거론된다. 여기서 산발랏은 사마리아 야훼주의자이며 제사장이다. 도비야는 암몬에 많은 재산을 가진 예루살렘 야훼주의자로, 이들은 군대의 지휘자급인 것을 알 수 있다.(느 4:1-3)[19] 그러나 그들이 군대를 동원하여 방해했다는 언급은 없는 것으로 보아 이들을 구체적 성벽 건설의 방해자로 볼 수 없다. 그렇다면 왜 이들을 구체적으로 나열했을까? 그것은 성전의 내부 기능이 완전하게 작동하지 않았음을 환유적 방식을 통해 서술한 것으로 볼 수 있다. 성전 완공 이후 예루살렘 성전은 페르시아 세금을 직접 징수하여 중앙정부에 송금하는 기능을 했지만, 성전 제사장에게는 어떤 구체적 이득이 없었다. 정리하자면 성벽 건설의 방해는 성전 내부 시

---

18 참조. 성전 신축을 둘러싼 사마리아와의 경쟁 때문에 귀환 사제 집단은 사마리아인을 이방인으로 취급한다. 김영호, "포로기 사제 집단의 이데올로기 형성과 종교권력 구축 과정 연구," 130-32.

19 Lester. L. Grabbe, *Judaism from Cyrus to Hadrian* (Minneapolis: Fortress, 1992), 192-98. 그라베는 암몬 땅에 토지를 소유한 예루살렘 사람이라고 주장한다.

스템이 완벽하게 작동하지 않았음을 암시한다. 이를 예루살렘 성전 내부의 권력자들과 연관 지어 살펴보아야 한다.

산발랏은 사마리아 총독 가문의 제사장으로 예루살렘 제사장 엘리아십의 손자 요야다와 사돈 관계에 있었다.(느 13:28) 이들은 유다와 사마리아의 정치적 안정을 위한 관계를 맺고 있었다.[20] 성전의 내부 부패 세력인 도비야는 예루살렘 성전의 큰 방 하나를 차지하고 제사장 엘리아십과 부정한 거래 관계를 유지했다.(느 13:4-9) 이를 보아 성벽 건설의 방해 세력은 내부 인물이며 그 중심에는 엘리아십이 있었음을 알 수 있다.

엘리아십(느 3:1)은 사독 계열의 마지막 대제사장으로, 포로로 끌려간 사독계 제사장 여호사닥(대상 6:15)의 증손자이며 귀환 사제 여호사닥의 아들 여호수아(יְהוֹשֻׁעַ, 예호슈아)의 손자이다.(학 1:1, 느 12:10)[21] 엘리아십은 귀환 사제 사독계의 마지막 대제사장임에도 산발랏과 도비야의 부정에 결탁되어 있었다. 이를 척결하기는 어

20 이윤경, "느헤미야, 산발랏, 도비야의 관계를 통해서 본 느헤미야 개혁," 「한국기독교신학논총」 86 (2013): 7.

21 학개 1:1에 "스룹바벨과 여호사닥의 아들 대제사장 여호수아"가 같이 언급되며 느헤미야 12:1에서 "스룹바벨과 예수아"가 같이 돌아온 것으로 보아 여호사닥과 예수아는 동일 인물임을 알 수 있다. 예수아의 손자 엘리아십이 중요한 대제사장임을 나타내는 것(느 12:22)과 예수아의 아들 요아김과 느헤미야, 에스라가 함께 활동한 것(느 12:26)을 보아 '예수아'는 '여호수아'라는 이름의 후기 형태로 이해할 수 있다. 참조. Francis Brown, S. R. Driver, and Charles Briggs, *The Brown-Driver-Briggs Hebrew and English Lexicon* (Peabody, MA: Hendrickson, 1994).

려웠지만(느 6:1-14) 결국 느헤미야가 해결(느 13:4-9)함으로써 엘리아십이 제거되었음을 추정할 수 있다. 이로써 사독계 제사장의 전통이 완전히 끊김과 동시에 레위 제사장이 새로운 권력을 획득하게 되었다. "레위 사람을 불러 모아"(느 13:11), "그들이 제사장 직분을 더럽히고 제사장의 직분과 레위 사람에 대한 언약을 어겼사오니"(느 13:29)라는 언급을 통해 토속 제사장인 레위 제사장이 성전 권력의 최후 계승자임을 알 수 있다. 즉 후대 레위계 제사장은 느헤미야서에서 성벽의 완공이라는 환유적 서술 방식을 통해 실질적인 성전 권력을 획득했음을 드러내고, 진정한 성전 시스템을 확립했음을 나타내고 있다.

그러므로 두 완공에 대한 방해 세력을 언급하는 데에서 차이가 나는 것은 에스라-느헤미야서가 성전 권력의 최종 승자인 레위 제사장의 편집이라는 입장에서 볼 때 이해할 수 있다. 성전의 완공은 사마리아로부터 독립된 예루살렘의 정치적 위상을 나타내는 것이고, 이것은 귀환 사제 집단인 사독계 제사장을 중심으로 한 페르시아제국의 속주의 세금 징수와 관련된 일이기에 간단하게 서술되고 있다. 한편 성벽의 완공은 느헤미야를 파견함으로써 내부 성전 시스템을 방해하는 부패한 사독계 대제사장을 제거하고 레위계 제사장이 속주 통치 최종 위임자로서 자체 성전세를 징수할 수 있는 권한을 갖게 된 것을 의미한다. 느헤미야 8-10장에서 레위 제사장의 이네올로기는 '성벽 완공-제의의 확대-성전세-레위 제사장의 몫'의 흐름으로 편집되고 있다.

(2) 제의에 나타난 레위 제사장과 성전세

성전과 성벽이 완공된 이후 제의에 등장하는 레위인은 누구인가? 이들은 포로 귀환 사제 집단(사독 계열 제사장)이 돌아오기 전부터 유다 지역 산당을 지키던 토착 제사장이었고, 사독계에 의해 성전의 중하위직으로 등용되었으며(스 8:15-20), 성전의 최후 종교 권력자가 된 '레위 제사장'[22]이다. 따라서 성전의 완공 봉헌식은 귀환 사제인 사독계 제사장을 중심으로 제의를 했기에 모세의 책에 기록된 대로 진행했다고만 간단하게 서술한 것이다.(스 6:18) 그러나 성벽 완공에 대한 서술은 성전 권력을 최종적으로 획득한 레위 제사장의 위상을 나타내고, 제국의 세금 징수와 더불어 자체적으로 성전세를 징수하는 것을 강조하기 위해 더욱 자세하게 서술한 것이다. 이들은 성벽을 완공한 후 모든 성읍의 백성을 대규모로 동원하여 성벽 앞에서 예배를 드리고 에스라를 통해 진정한 성전 국가가 되었음을 선포하였다. 성벽 앞에서 율법책을 낭독한 뒤 온 백성은 기뻐서 회개하고 율법을 지킬 것을 서약한다.(느 8:1-10:29)

제의에 대한 차이도 있다. 성전을 완공한 이후에는 모세의 책에 따라 유월절 제의를 지내지만 성벽을 완공한 이후에는 초막절 제의를 추가하여 언급한다. 이것은 단지 모세와 출애굽을 소환한 것뿐 아니라 성전세의 확대를 알리는 서막으로 해석된다. 귀환 초

---

22 우택주, "레위인의 사회적 기원과 제사장 역할의 재평가," 「한국기독교신학논총」 58 (2008): 35-57.

기 사제 집단이 예루살렘에서 유월절을 지킨다고 서술한 것은 모세와 출애굽의 의미를 소환하는 되쓰기 작업이다. "사로잡혔던 자의 자손이 첫째 달 십사일에 유월절을 지키되 제사장들과 레위 사람들이 일제히 몸을 정결하게 하여… 유월절 양을 잡으니 사로잡혔다가 돌아온 이스라엘 자손과 자기 땅에 사는 이방 사람의 더러운 것으로부터 스스로를 구별한 모든 이스라엘 사람들에게 속하여 이스라엘의 하나님 여호와를 찾는 자들이 다 먹고"(스 6:19-21)라는 구절에서 볼 수 있듯이 귀환 사제 집단은 유월절 제의를 다시 시작했다. 사무엘 이후 역대 왕들이 지키지 않은 유월절(왕하 23:22, 대하 35:18)을 다시 지키기 시작한 것이다. 포로기 이후 포로 사제의 귀환 시점까지 유월절 절기는 없었으며 성전이 완공된 시점에 이르러 다시 만들어졌다. 이는 사제 집단이 야훼로부터 선택받은 정통성을 드러내기 위해 모세의 출애굽 데자뷔를 투사한 것이며, 유월절 기념 제의를 드림으로 야훼께 출애굽을 이끌어주심에 감사드리고 유월절 성전세를 걷고자 한 것으로 이해할 수 있다.

그러나 성벽 완공 제의에서는 성전이 완공된 이후 레위 제사장이 실질 권력으로서 안정화된 모습이 나타난다. 페르시아제국의 세금과 별도로 유월절 기념을 확장하여 자신들을 위해 성전세를 징수하고자 초막절 절기를 끌어들인다. 이는 성전세 징수가 정상적으로 작동하는 것을 의미한다. 이는 느헤미야 8:13-18의 초막절에 관한 언급에서도 잘 나타낸다. 초막절("애굽 땅에서 인도하여 내던 때에 초막에 거주하게 한 줄을 너희 대대로 알게 함이라", 레 23:43)

을 언급한 뒤 그 연장선상에서 느헤미야 10:32에서 성전세 세금(3분의 1 세겔), 느헤미야 10:34-39에서 레위와 레위 제사장의 몫을 언급하고(국가 공무원 월급), 십일조(성전세, 국가 세금)까지 추가 언급함으로써 성전국가 유지를 위한 성전세의 체계를 드러낸 것이다. 그러므로 초막절을 언급한 것은 단순 모세기념세(유월절, 무교절, 초막절)를 넘어 확장된 성전세(계절 토지세)인 맥추절, 수장절의 연결고리를 놓아 최종적으로는 원천소득세인 십일조로 확장시키려는 것이다. 이것은 페르시아 세금이 아닌 자체적 성전세의 시작이며 성전국가 유지의 원천이었다.[23]

(3) 성벽 완공에 나타난 '율법' 낭독 – 성전국가 '헌법' 낭독

성전이 완공된 이후 언급하던 '모세의 책'이 성벽이 완공된 이후에는 모세의 율법책인 토라로 바뀌었다. 기존의 성서 연구는 이 율법 낭독의 의미를 간과해왔다.

알트는 예루살렘 성벽을 재건축하던 때인 기원전 5세기 중반 페르시아제국 시절, 부족한 고고학적 증거에도 불구하고 그 시기 예루살렘 지역이 역사 속에서 중요한 위상 변화가 있었으며, 느헤미야 11장의 증언처럼 성벽 건축(느 6:15-7:4)으로 인해 예루살렘이 수도가 되었다고 말한 바 있다. 즉 예루살렘이 미스바를 대신하여

23 김영호, "포로기 사제 집단의 이데올로기 형성과 종교권력 구축 과정 연구," 148-57.

지역의 수도가 된 것이다.[24] 조셉 블렌킨소프(Joseph Blenkinsopp)도 포로기 이후부터 제2성전 건축이 완성된 시기까지 상당히 중요한 활동 시기였으며 느헤미야 7:13부터 8:18까지를 연속성을 지닌 일련의 사건으로 설명한다. 귀환자들이 다섯째 달에 도착했고(스 7:8-9), 일곱째 달에 공개적으로 율법을 낭독하였으며(느 8:3), 아홉째 달에 결혼 위기를 해결하기 위한 모임이 소집되었다는(스 10:9) 것이다. 이처럼 아닥사스다가 에스라에게 율법을 가르치라고 한 요청(스 7:25)이 율법의 낭독으로 실행되고, 결혼 위기 문제를 아닥사스다 조서에 따라 대응하는(스 7:26, 10:8) 등 귀환 초기 그들의 행동이 율법에 의거하여 아주 속도감 있게 전개된 것에 주목했다.[25] 프라이(P. Frei)는 율법 낭독을 에스라 시대의 페르시아 치하에서 법(토라 혹은 토라와 유사한 형태)의 공포와 관련하여 설명한다. 페르시아 다리우스 치하에서 이집트 법이 성문화되고, 페르시아의 소아시아 지역 종교 설립에 대한 개입 그리고 페르시아의 성서 자료 승인을 그 근거로 제시하면서 '제국승인' 이론을 제기한다. 에스라가 아닥사스다 왕의 조서에 따라 공포한 유다의 법(스 7장)은 오경이 축소 또는 확대된 형태였으며, 그것이 페르시아

24 A. Alt, "Judas nachbarn zur zeit Nehemias," *Palästina Jahrbuch* 27 (1931): 66-74.

25 조셉 블렌킨소프, 소형근 옮김, 『유대교의 기원: 에스라와 느헤미야를 중심으로』 (서울: 대한기독교서회, 2014), 98-99.

의 승인으로 가능했다고 주장한다.[26]

그러나 성벽이 완공된 후 에스라가 모든 백성 앞에서 율법책을 낭독한 것은 이데올로기를 담고 있다. 일차적으로 율법책은 야훼의 말씀으로서 정통성을 갖고 있지만 처음부터 그들이 이 율법책을 가지고 있지는 않았다. 모든 백성이 모여 에스라에게 율법책을 가져오라고 청했는데(느 8:1) 이는 율법책이 어디에 있었는지를 생각하게 한다. 그것은 포로지에서 관리 보관되고 있었고, 이 책은 이집트 땅에서 맺은 것과 다른 포로지에서의 새로운 언약(렘 31:31-34)으로서의 율법책이다. 요시야는 이 율법책을 다시 발견하여 개혁을 했고, 이후 예루살렘이 멸망하지만 그 율법책은 포로지로 이동되어 귀환 사제 집단의 새로운 언약이 되었다. 이 율법책을 에스라가 완공된 성벽 앞에서 낭독한 것이다. 이 책은 요시야 때 "무너진 성전을 수리하다가"(왕하 22:4-8) 발견된 바로 그 율법책이다. 낭독하는 행위는 율법의 권위를 강조하는 행위이며, 마침내 진정한 성전국가의 탄생을 알리는 선포였다. 또한 실패한 요시야 개혁을 다시 살리는 것이기도 했다. 그렇게 다윗 왕조가 아닌 새로운 성전(국가)과 함께 율법(헌법)을 선포함으로 신정국가의 탄생을

---

26 1994년에 발간한 책 *Empire and the Meaning of Religion in Northeast Asia: Manchuria 1900-1945*와 2005년에 발간한 책 *Empires and Boundaries: Rethinking Race, Class, and Gender in Colonial Settings*에서 이론을 발전시켜 다양한 지역의 제국주의와 강제적 통합에 대한 분석을 제시했다.

알렸다. 포로지에서 가져온 이 율법책은 귀환 사제의 정통성과 통치를 뒷받침해주는 근거였다. 성전의 진정한 완성은 신정국가의 구현이며 그것을 위한 핵심 축은 두 가지로서, 즉 '성전(신정국가)'과 '율법(헌법)'이었던 것이다.

[표14] 율법책 연관성

열왕기하 22장	느헤미야 8장	상징
성전 보수 중	성벽 완성 (성벽 보수 완성)	다윗 성전을 대신하는 신정국가 성전
율법책 발견	율법책 낭독	헌법 발표
개혁 실패 → 왕조 멸망	성전국가 실현	진정한 개혁 시작

4) 새로운 신정국가의 탄생

느헤미야를 파견하고 성전을 건설하는 일은 국제적·외부적 환경에 영향을 받았다. 아닥사스다가 재위 20년(445 BC)에 느헤미야를 파견한 시점은 그리스와 페르시아제국 사이에 맺어진 평화조약 직후의 일이다.[27] 페르시아와 아테네는 몇 번의 전쟁을 거친 뒤 기원전 448년 평화조약을 체결함으로써 평화의 시대를 맞이했고 지역의 긴장은 완화되었다. 이 시점에 아닥사스다가 예루살렘에 느헤미야(예루살렘 총독)를 파견하여 예루살렘 성벽의 마무리 공

27 아테네와 페르시아의 '칼리아스 강화조약'(448 BC)을 말한다.

사를 지시한 것이다.

제국의 평화 시대에 느헤미야로 하여금 성벽 건설을 완공(느 6:16-19)하도록 지시한 것은 분명 속주 통치를 강화하기 위한 일환으로 볼 수 있다. 사제 집단이 서술하는 '성벽의 완공' 역시 예루살렘 도시의 재건이라는 의미보다는 예루살렘 속주 정부의 시스템 정상화를 의미한다. 성전의 진정한 완공, 즉 성전국가 시스템의 완전한 작동을 의미하는 것이다. 이것은 성전에서 본격적으로 성전세 징수가 가능해졌고 토착민 세력과 관계가 안정되었음을 의미한다. 성전을 완성함으로써 그동안 지켜지지 않던 유월절 제의를 시작하기는 했지만, 성벽이 완성된 이후에는 그것이 초막절(느 8:13)로 확장되고 레위인에 대한 성전 관리, 십일조, 안식일 준수 등(느 13:4-13)을 통해 성전의 진정한 완공(신정국가의 원활한 내부 시스템 작동)에 따른 성전세 징수를 보여주기 때문이다.

히브리 성서에는 에스라서의 예루살렘 성전 완공보다는 느헤미야서의 성벽 완공이 더욱 강조되어 있다. 이러한 성벽 완공의 대대적 묘사로 새로운 신정국가의 탄생을 가늠해볼 수 있다.

성전 공사가 중단된 것은 정치적 방해 세력에 의해서가 아니라 귀환 당시가 대내외적 혼란기였기 때문이다. 땅을 착취하고(느 5:1-6, 16) 총독은 학정을 일삼았다.(느 5:15) 이런 불안정한 상황을 해결하기 위해 느헤미야가 파견된 것이다.

성전국가의 출발은 페르시아제국의 결정에 의한 것이며 온 유다 지역의 모든 백성에게 적용되었다. 이는 성전세를 직접 걷을 수 있는 권한에 어떤 장벽도 없었음을 의미한다. 즉 페르시아제국의 다른 속주인 사마리아 지역으로부터 정치·문화·경제적으로 완전히 독립한 것을 의미한다.[28]

성벽 건설 이후 레위 제사장과 레위 사람, 백성들은 해마다 정한 시기에 성전에 땔 나무를 바칠 순서를 정했다.(느 10:34) 이러한 서술은 성전이 완공된 이후 성전 권력을 가진 세력이 바로 레위 제사장임을 나타내는 이데올로기적 표현이다. 성벽은 권력이 최종적으로 레위 제사장 자신들에게 있음을 드러내는 것이고, 진정한 성전의 의미는 야훼가 머무는 신성한 공간이다. 그렇기에 성문(שַׁעַר, 샤아르)은 아무나 출입할 수 없는 금기의 공간이다.

느헤미야 8:1은 학사 에스라가 수문 앞 광장에서 집회를 한다고 보도하는데, 그 본문에 나타난 물의 문(שַׁעַר־הַמַּיִם, 샤아르 하마임)은 아마도 동양적 사유에서 이세와 내세를 가르는 금천(禁川)과 같은 것으로 생각해볼 수 있다. 성벽의 완공 선언과 함께 느헤미야 8-10장에 나타낸 제의에 대한 서술은 자체적 성전세 징수가 가능해짐을 선포하는 것이었다. 아울러 이것은 성전 권력이 안정화됨과 동시에 포로지 사제 귀환을 통해 토착민과의 관계도 정상화되었음을 의미한다.

결론적으로 느헤미야서에 서술된 성벽 건설은 '유일신 야훼-성전 건립-율법 회복-성전세'를 통한 제국의 위임 신정국가가 탄생

28 케슬러, 『고대 이스라엘 사회사』, 251.

함을 알리는 것이다. 에스라의 성전 완공보다 느헤미야서의 성벽 완공이 더욱 길게 서술된 이유이다. 비록 페르시아제국의 속주정책으로 성전이 완공되었지만, 성벽마저 완공함으로써 속주 내 성전국가로 발돋움한 것이다.

2. 경쟁자 사마리아 성전(그리심산 성전)

1) 그리심산 성전

사마리아 그리심산 성전이 언제부터 존재했으며, 사마리아 성전을 담당한 제사장이 누구인지, 예루살렘 성전과 동시에 존재한 사마리아 성전에 대한 히브리 성서의 언급이 전혀 없는 이유가 무엇인지를 검토하고자 한다. 20세기 후반 고고학적 발견을 통해 사마리아 성전이 예루살렘 성전 이전에 이미 있었거나 혹은 동시에 존재했으며, 성전의 규모가 크다는 것이 밝혀졌다. 이러한 점에서 성서 저자가 동일한 야훼주의 성전인 사마리아 성전의 존재를 서술하지 않은 이유가 궁금할 수밖에 없다.

그리심산의 야훼 성전이 '한 하나님' '유일신 야훼 제의'를 했다는 것은 이미 고고학적으로 증명되었다. 그런데도 예루살렘 사제집단은 자신들만이 야훼의 정체성과 정통성을 가졌다는 이데올로기를 고수했다. 한 성소, 즉 예루살렘 성전만이 정통성을 가졌다고 주장했다. 초기 귀환 사제들이 유다 땅에서 자신들이 정통성을 고수하는 근간에는 예루살렘 성전만이 야훼가 머무는 유일한 곳이라는 사상이 있다. 그들은 이데올로기 작업을 하면서 사마리아 성전의 존재 자체를 인정할 수 없었다. 이들이 귀환 초기부터 이방인에 대해 개혁 조치(이방인 이혼 요구, 결혼 금지)를 한 이유도 궁극적으로 사마리아인들에 대한 비판의식 때문이었다. 사마리아인들은 이방 민족과 혼혈이어서 야훼의 백성으로 순결하지 않다는 것이다.

'사마리아'라는 단어는 티글랏-필레세르(Tiglath-pileser)의 비문에 등장하는데 아람어로 '샤메라인'(Shamerain), 히브리어로 '쇼메림'(שׁוֹמְרִים, 지키는 자)이다. 거룩한 율법을 지키는 '준수자'(keeper)[29]이며 아시리아에 유배되지 않은 북이스라엘 원주민들(대하 30:1-27, 34:6, 렘 40:5)의 후손이고, 종교적 순수성을 유지하며 세겜에 정착한 사람의 후손일 가능성이 높다.[30] 이들의 신앙은 한 하나님, 아브람의 아들 모세와 거룩한 율법을 믿으며, 복수와 보상의 날을 믿는 것[31]으로 그리심산의 성전(신 11:26-29)에 근거를 두고 있다. 예루살렘과 사마리아(북이스라엘) 사람들은 포로기 이전에 종교적으로 동질성을 가지고 있었으며, 포로기 기간에도 사마리아는 야훼의 제의 전통을 지키고 있었다. 바벨론제국이 수도를

---

29 J. A. Montgomery, *The Samaritans, the Earliest Jewish Sect: Their History, Theology, and Literature* (Eugene: Wipf and Stock, 2006), 318-19.

30 H. G. M. Williamson, "Samaritans," in *Dictionary of Jesus and the Gospels*, ed. J. B. Green (Leicester: Inter Varsity Press, 1992), 726.

31 J. Macdonald, *The Theology of the Samaritans* (London: SCM Press, 1964), 49.

미스바로 옮긴 점이나 예루살렘에 성전이 없어진 점으로 미루어 사마리아 성전이 오히려 온 이스라엘을 대표하는 성전이었을 가능성이 높다.

유다로 귀환한 사제 집단은 엘리트 집단으로서 페르시아제국의 후원을 받으며 귀환했는데, 예루살렘 성전을 건설함으로써 경제적 우위를 가진 사마리아 성전 세력에 대항하여 자신들만이 정통성을 가졌다며 차별화를 시도했다. 곧 귀환 사제들은 남유다 땅 백성에 대한 이데올로기를 확장하여 사마리아 성전에 대항하는 또 하나의 이데올로기를 창출해야 했다. 귀환 사제 집단의 신명기 역사서가 '한 백성'을 강조한 것은 이방인과의 이분법적 대립을 설정한 다음 사마리아인을 혼합된 백성으로 여겨 이방인으로 간주(호 7:8-9)함으로써 사마리아 성전이 이방 혼합 민족에 의해 세워진 성전임을 나타내기 위한 것이었다. 즉 예루살렘 성전만이 야훼의 순수성, 정통성을 지닌 유일한 성전이며 이를 강조하기 위해 사마리아 성전의 존재를 부인하는 작업을 한 것이다.

그럼에도 히브리 성서의 저자는 사마리아 성소에 대한 중요성을 완전히 지우지는 못했다. "그리심 산에서 축복"(신 11:29), "사마리아 산들에 모여"(암 3:9), 사마리아 여인이 "우리 조상들은 이 산에서 예배했는데 당신들의 말은 예배할 곳이 예루살렘이 있다 하더이다"(요 4:20), 아합 왕이 요단 동쪽 사마리아에 있는 그리심산에 올라 "바알의 신전 안에 바알을 위하여 제단을 쌓으며"(왕상 16:32)라는 언급을 통해 사마리아 성전이 존재했음을 알 수 있으며 최근 고고학적 발견을 통해서도 사마리아 성전이 존재했음을 알 수 있다.

사마리아 성전은 그리심산(세겜의 남쪽, 해발 866m)에 있으며 예루살렘으로부터 약 50km 떨어진 곳에 있다는 점에서 예루살렘 성전과의 경쟁은 불가피했던 것으로 보인다. 1983년부터 발굴을 시작하여 2006년까지 진행된 그림신산 발굴은 헬라 시대 도시지역을 포함하여 사마리아의 성지, 후기 로마 시대의 요새 그리고 비잔틴교회 영역으로 나누어 발굴되었다. 사마리아 성지에서 페르시아 시대의 도자기와 동전이 무더기로 발견된 점을 보아 사마리아 성전이 기원전 5세기 중반 이전에 세워진 것으로 추정된다.[32] 페르시아 시대의 성지의 넓이는 96×98미터(약 2,850평)이며, 두께는 1.3미터 정도 된다. 이곳은 서쪽 벽에 문이 없는 특징을 보이는데, 아마도 그곳에 가장 거룩한 장소(Holy of Holies)가 있었을 것으로 여겨진다. 거기에는 '12개의 지석'이 놓여 있으며, 지금까지도 사마리아인들의 성스러운 장소로 여겨진다. 동쪽에는 계단과 번제의 공간으로 추정된 '재의 집'(House of Ashs)이 있다. 페르시아 시대의 동쪽 영역 구조는 처음 성전이 세워진 이후에 헬레니즘과 비잔틴 양

32 Yitzhak Magen, "The Dating of the First Phase of the Samaritan Temple on Mount Gerizim in Light of the Archaeological Evidence," in *Judah and the Judeans in the Fourth Century B.C.E.*, eds. Oded Lipschits, Gary N. Knoppers, and Rainer Albertz (Winona Lake: Eisenbrauns, 2007), 157–211.

식 건축구조로 개조되었지만 파괴되었다.

이 성전에서 바벨론 시대의 유물까지는 찾을 수 없었으나 페르시아 시대에 속한 수많은 유물과 비문이 발견되었다. 이 비문들은 아람어와 고대 히브리어로 각인되어 있는데, 그중 아람어로 "사제 비느하스, 그의 형제 사제들", "하나님 앞에서"라고 쓰인 비문과 히브리어로 "성전에서 요셉이 그의 아내와 아들들을 위해 바친 것"이라고 쓰인 비문과 성전을 가리키는 형식구에서 "거룩한 네 글자"[33]가 쓰인 비문이 발견되었다. 따라서 이 비문들을 통해 기원전 5세기 중반 그리심산에 성전이 존재했음을 알 수 있다.[34] 그라베(L. Grabbe)는 예루살렘의 제2성전 시대와 상당 부분 겹치는 시기에 야훼 신앙을 따르는 또 다른 집단이 사마리아 지역에 있었다고 주장한다.[35]

그러나 사마리아 성전이 예루살렘 성전보다 더 일찍 산당에서 확장된 성전이었는지 혹은 동시대에 완공된 성전이었는지는 확인

---

33 '거룩한 네 글자'(יהוה, YHWH) 비문 중에서 가장 잘 알려진 단락은 "이 집이 건축되어서 하늘에 높이 들리면, 내 이름을 위하여 건축되었다는 것이 너희에게 알려질 것이요, 내가 그곳에서 내 눈과 내 마음이 항상 있으리라."라는 구절이다.(비교. 삼하 7:13-14)

34 Magen, "The Dating of the First Phase of the Samaritan Temple on Mount Gerizim in Light of the Archaeological Evidence," 166-68.

35 그라베는 페르시아 시대 예루살렘과 그리심산뿐만 아니라 엘레판틴, 이두매 지역 등에서도 야훼를 섬기는 성전이 존재했음을 지적한다. L. L. Grabbe, *A History of the Jews and Judaism in the Second Temple Period 1* (London: T&T Clark, 2006), 216-18.

할 수가 없다. 하지만 느헤미야서에 언급된 성벽 완공 시절에는 이미 사마리아 성전이 존재했음을 추정할 수 있다. 에스라 6:15를 통해 예루살렘 성전이 완공된 때를 기원전 515년으로 추정할 수도 있지만, 이는 불확실하며 오히려 성벽이 완공된 시점(445 BC)을 진정한 성전 기능(신정국가)이 작동하는 시기로 여긴다면, 이 무렵에 성전이 완공되었다고 볼 가능성도 존재한다. 그 이유는 예루살렘의 경제력이 낮았고 유다 땅 토착민의 토지 소유에 대한 저항, 기득권 세력의 저항이 있었으며, 페르시아 왕의 지원(스 1:4-11, 6:8)은 페르시아의 평화의 시대에 가능했을 것이기 때문이다.

상대적으로 사마리아 성전의 경우 그 이전에 존재했을 가능성이 높다. 아시리아에게 패망(722 BC)한 이후 내부 토착민과 이방민족의 혼합과정에도 산당(혹은 벧엘의 산당)이 파괴되지 않았고, 이미 성전에 제사장이 존재했기에 페르시아제국에서 총독을 파견하는 등 사마리아 지역 제의에 어떤 혼란을 야기할 이유도 없었기 때문이다. 이런 점에서 사마리아 산당이 성전으로 증축되거나 혹은 새로운 성전이 건설되었다면 방해 조건이 없는 상태에서 신속하게 건설되었을 것으로 보인다. 경제적으로도 사마리아는 예루살렘보다 생산성이 높은 지역으로 오히려 페르시아제국의 중앙정부 세금 징수와 관련하여 기존의 바벨론 시스템을 그대로 적용해 이 지역에 집중할 수 있었다.

만약 사마리아 성전이 존재하지 않는 상태에서 예루살렘 성전이 건설된 상황이라면 예루살렘 성전 건축에 사마리아인들이 강력하게 반대할 이유가 없다. 사마리아 성전이 존재하는 상태에서 예루살렘 성전이 건설되는 것은 사마리아 성전의 세수가 줄어드는 것을 의미하므로 이를 우려한 사마리아 사람들이 예루살렘 성전 건설을 방해했을 가능성(스 6:13)이 있다. 이뿐 아니라 사마리아 성전이 예루살렘 성전에 지분을 가지고 참여하여 그들에게 영향력을 행사하려고 한 것으로 봐야 타당하다.

2) 성전 간의 대립

(1) 경쟁 관계

페르시아제국 치하에서 사마리아 총독과 예루살렘 총독에 의해 각자 성전이 관리된 상태에서 두 성전은 일종의 경쟁/대립 관계에 있었던 것으로 보인다. 한 제국의 총독이 운영하는 두 개의 속주에 두 개의 대표적 성전이 존재함에 따라 각자의 이익을 극대화하기 위해 대립했을 가능성이 있다. 히브리 성서가 언급하는 사마리아인에 대한 차별적 인식은 철저히 예루살렘 사제 집단의 이데올로기에 의한 것이다. 예루살렘 성전을 건설할 때 사마리아인의 도움(스 4:2)을 거절한 귀환 사제 집단은 이들을 성전 경쟁자로 판단하여 성전 건축의 방해자로 기록한 것으로 보인다.[36] 예

36 사마리아인들이 예루살렘 성전을 왜 반대하는지는 서술되어 있지 않으며, 오히려 역사적 정황으로 보아 유다 대제사장 엘리아십의 증손자가 산발랏의 사위가 되었다는 것(느 13:28)은 초기 이들이 경쟁이나 대립 관계에 있지 않았음을 시사한다.

루살렘 귀환 사제 집단은 역설적으로 포로기 유다 땅에 존재하지 않던 세력이기에 성전을 통한 권력 획득이 그만큼 간절했기 때문이다. 이데올로기가 강하다는 것은 자신들의 위치가 불완전했음을 의미한다.

포로 기간에도 온 이스라엘 지역 산당은 야훼 제의를 지속했으며 유다와 사마리아 각 산당은 정치적 변화 속에서 다른 정체성을 갖기 시작했다. 바벨론 포로 교포 사제(사독계)들은 실질적으로 남유다, 예루살렘이 정신적 고향이지만 그곳에서 태어나지는 않았다. 포로 기간 70년 이후 남유다의 후손이 페르시아제국의 통치 위임자로 귀환했지만 그 지역의 환경은 결코 그들에게 우호적이지 않았다. 이들은 개혁 프로그램을 계획대로 작동시키기 위해 강력한 이데올로기를 형성해야 했고 동시에 긴 인내가 필요했던 것으로 보인다. 그렇게 그들은 귀환 이후 성벽을 완성(신정국가 시스템 완성)하고 자신들의 정통성과 정체성을 확실하게 선포했다.

그러나 사마리아는 이미 국제화되어 있었다고 봐야 한다. 아시리아-바벨론의 통치 속에서 야훼 신당을 지키던 제의 제사장 입장에서는 큰 변화가 없는 산발랏 가문이 계속 사마리아 총독으로 등용된 듯하다. 이러한 상황에서 사마리아가 예루살렘 성전 세력에 적대적 태도를 보일 이유는 없었다. 왜냐하면 이미 사마리아 성전을 통해 자신들의 위상이 형성되어 있었기 때문이다. 두 성전은 상호 견제와 경쟁이 있을지언정 성서에서 언급된 것처럼 대적 관계는 아니었을 것이다. 이와 관련하여 이집트 나일강 상류에 있던 엘레판틴 섬의 야훼 신전의 사제가 보낸 편지에서 당시 상황을 짐작할 수 있다.

(2) 엘레판틴 서신(Elephantine Letter)

1908년 독일의 언어학자 자코(E. Sachau)는 2년 전 이집트 엘레판틴 섬에서 발견된 아람어 파피루스를 분석한 결과 기원전 5세기에 유다인이 이 섬에 정착해 있었으며, 야훼 성전(야후 신전)을 건설했다는 사실을 밝혀냈다.[37] 이후 많은 추가적인 문서를 찾아냈는데 기록연대는 기원전 495년부터 399년까지였고, 약 100년 동안 35통의 편지와 43건의 계약서를 쓴 것으로 확인되었다. 대체로 엘레판틴은 페르시아의 캄비세스가 이집트를 정복한 뒤 이집트가 페르시아제국 치하에 있을 때 페르시아가 남쪽 경계를 수호하기 위해 군사적 요새로 활용한 것으로 밝혀졌다. 그리고 이곳에는 자신들을 유다인이라고 부르는 사람들의 정착지가 있었으며 사령관도 유다인이었고, 예루살렘 대제사장과 일정한 협력관계 속에서 야훼를 섬기는 성전이 존재했으며, 기원전 410년경 크눔(이집트 창조신) 신전 제사장들이 야훼 신전을 파괴했고, 2년 뒤 엘레판틴 유다인 제사장이 예루살렘 제사장 요나단에게, 그 이후 예루살렘 총독에게 엘레판틴 성전의 재건을 위한 원조 편지(파피루스)를 보낸

37 참조. E. Sachau, *Arämaische Papyrus und Ostraka aus einer jüdischen Militärkolonie zu Elephantine* (Leipzig: Hinrichs, 1911).

것으로 알려졌다.[38]

엘레판틴 야훼 성전에서는 크눔 재건을 위해 유다 총독 바고니(Bagohi)와 예다니야와 동료들에게 편지를 보냈다. 편지 내용으로는 유다 대제사장 요하난도, 동료 제사장 그리고 아나니의 형제 아바스타나와 유다 귀족들에게 이미 편지를 보냈으나 답신이 없어(다리우스 14년, 407 BC) 다시 편지를 보내면서 추신으로 사마리아 총독 산발랏의 후손, 들라이야(Delaiah)와 셀레미야(Shelamiah)에게도 동시에 보내고 있다는 것이다.(다리우스 17년, 404 BC)[39] 편지를 받은 이들이 누구인지 직접적으로 확인할 수 없지만 1차, 2차 편지 수신인이 유다 대제사장과 유다 총독인 것으로 볼 때 2차 편지의 추신 인물들이 사마리아 총독 이외의 다른 인물들 분명 사마리아 성전의 제사장 직분을 가진 인물이었을 것으로 추정할 수 있다. 그룹(D. M. Groppe)은 사마리아 총독권이 산발랏 왕조(Sanballat-Dynastie)의 수종에 들어가 산발랏 1세(Sanballat I)-들라이야(Delaiah)-산발랏 2세-얏두아(Jaddua) 또는 예슈아(Jeshua)-하나냐(Hananja)-산발랏 3세로 이어진다고 주장하는데,[40] 그룹이 주장하는 산발랏 왕조는 왕조가 아니라 오히려 북이스라엘 총독과 사마리아 성전의 대제사장직을 독점하는 가문일 가능성이 더 그

38 블렌킨소프, 『유대교의 기원』, 173.

39 B. Porten and A. Yardeni, "Delaiah and Shelemiah Sons of Sanballat Governor of Samaria," in *Textbook of Aramaic Documents from Ancient Egypt* (Winona Lake: Eisenbrauns, 1993), 71.

다.[41] 그 이유는 페르시아제국 통치하에 북이스라엘 왕조 전통을 계승한 것에 대한 역사적 정황은 발견되지 않으며 사마리아 왕조가 있었다면 분명 예루살렘 지역의 유다 왕조의 복원이 동일하게 일어났을 것으로 보기 때문이다. 이 시절의 '세습'은 왕조의 세습보다는 성전 대제사장의 세습으로 보는 것이 더 타당하다.

종합적으로 엘레판틴 편지의 수신인이 예루살렘/사마리아 성전 제의 관련자에게 도움을 요청하는 모습은 신명기 사가의 역사서 서술 내용과 예루살렘 성전 외에 다른 성전이 없었다는 시각에 반(反)하는 내용이다. 그러므로 히브리 성서에서 사마리아를 부정하는 내용은 성서 편집자의 이데올로기라고 말할 수 있다. 만약 유다와 사마리아가 적대적이었다고 가정하면 유다와 사마리아에 편지를 따로 보냈을 것이다. 이윤경은 편지에서 추신을 쓴 이유가 이집트의 유다 디아스포라 공동체가 유다와 사마리아의 분리를 몰랐거나 혹은 유다와 사마리아가 그때까지 분리되지 않았음을 시사한다고 말하는데,[42] 캄비세스가 이집트를 정복하고 엘레판틴에 유대인을 데려와 일종의 수비대를 두면서 유다 지역과 교류를 지속한 점, 편지에서 분명히 두 지역의 총독을 언급하고 있는 점으

---

40 Douglas M. Gropp, "Sanballat," in *Encyclopedia of the Dead Sea Scrolls*, eds. Lawrence H. Schiffman and James C. Vanderkam (Oxford: Oxford University Press, 2000), 823-25.

41 케슬러, 『고대 이스라엘 사회사』, 307.

42 이윤경, "느헤미야, 산발랏, 도비야의 관계를 통해서 본 느헤미야 개혁," 9.

로 보아 이윤경의 추정은 무리가 있는 듯하다.[43] 그러나 이윤경은 산발랏이 아들 이름을 '들라이야와 셀레미야'로 지을 만큼 야훼주의자였으며, 느헤미야서에 반복하여 산발랏을 "우리 주위에 있는 이방 족속들"(느 5:17, 6:16), "대적"(느 4:9, 5:9, 6:16, 9:28)이라고 부르는 것은 정치적 수사이지 종교적 대립을 지칭하는 것이 아니고, 헬라제국이 등장하는 시기까지 사마리아와 유다는 정치적·종교적으로 완전히 분열되지 않았음을 추정할 수 있다는 것에 동의한다.[44] 사마리아의 성전 비석에서 야훼에 대한 비문이 나오고 성전에서 야훼 전통 제의를 한 섬, 북이스라엘 레위 제사장[45]이 유다 지역의 산당 제의자와 동일한 야훼 제의를 한 점 등을 미루어 보아 예루살렘 성전이 건설된 이후에도 이들의 종교적 관점이 적대적이었다고 할 수는 없다.

이러한 성서의 이데올로기 서술이 성벽이 완공된 이후 총독의 정치적 활동을 중심으로 그리는 것이 아니라 성전과 제사장의 모습을 중심으로 하는 것이기에 사마리아 총독 산발랏의 자손이 대제사장 가문이라고 추정하는 것이 합리적이며, 엘레판틴 편지에 나타나듯 두 성전의 관계는 긴장이 높은 투쟁 관계라기보다 일종

---

43 페르시아의 캄비세스가 점령(525 BC)한 뒤부터 404년까지 이집트를 통치했으며 이집트 27대 왕조 시절이다.

44 이윤경, "느헤미야, 산발랏, 도비야의 관계를 통해서 본 느헤미야 개혁," 9.

45 편의상 레위 제사장이라는 표현을 사용하지만 산당 제의자를 특정 레위인이라고 말하는 계보가 특별히 존재한다고 생각하지 않는다.

의 경쟁 관계였으며, 성벽이 완공된 이후 두 성전의 대립은 성전세와 관련된 경쟁으로 보이며 근본적으로 야훼 제의에 대한 종교 이념적 대립은 아니었다.

(3) 사마리아 성전에 대한 비판: 순혈주의

역사적 정황으로 본 두 성전의 대립 관계는 종교적·신학적 차이에서 나온 것이 아니다. 예루살렘 사제 집단이 일방적으로 성서 본문 전체를 편집함으로써 이분법적 이데올로기를 드러낸 것이다. 다시 말해 사마리아인을 부정적으로 평가하고, 사마리아 성전의 존재를 언급하지 않은 이유가 이스라엘 백성의 관점이 아니라 권력자의 이데올로기 때문이라는 것이다. 불행히도 이 이데올로기가 기원후 1세기 신약 시대에도 지역감정으로 남는 배경이 된다.[46] 이들은 상호 간의 전통인 오경을 공유했으나 점차 경쟁 관계를 보이는데, 예루살렘 사제 집단은 북이스라엘이 이방인들과 혼합된 종교적 혼합주의에 매몰되었다고 본격적으로 비판하면서 민족의 순수성이라는 모호한 기준을 내세운다.

열왕기하 17:24-41에서는 사마리아에 아시리아인이 이주해와 거주(24절)하고 바벨론 사람에 의해 숙곳브놋(30절) 신당이 세워지는 등 여러 민족이 혼합된(31절) 다신적 야훼 혼합종교로 변질되었고, 사마리아가 야훼의 율례와 법도와 율법과 계명을 지키지 않는

46 대표적으로 사마리아 여인에 대한 배타성을 드러낸다.(요 4:9)

다고(34절) 비판한다. 결국 야훼가 준 율례와 법도와 율법과 계명을 기준으로 자신들만이 정통성, 순수성, 정체성을 가지고 있다고 주장하는 것이다. 그러나 역사적 정황으로 보아 사마리아 성전에도 예루살렘 출신 제사장이 있었다는 것을 알 수 있으며,[47] 고고학적 증거로 사마리아 성전의 비문을 통해 그들이 정통적 야훼 제의를 했다는 것도 알 수 있다.[48]

그럼에도 이들은 사마리아인을 이방인 취급하며 그들과 결혼한 사람들에게 이혼을 요구했는데(스 10:10-14) 특히 느헤미야서에서는 이방인과의 결혼 금지(느 13:27-29)를 지속적으로 촉구한다. 또한 창세기에서 아브라함은 "이 지방 가나안 족속의 딸 중에서 내 아들을 위하여 아내를 택하지 말고"(창 24:3)라면서 사마리아 지역을 이방지역으로 규정하고 이방인과의 혼인을 금한다. 이처럼 예루살렘 성전을 유일한 정통성을 가진 성전으로 규정하고 사마리아 성전은 부정한 혼혈종교인의 성전으로 대비하는 작업이 계속되었다.

이러한 '지역주의 갈라치기' 이데올로기 편집은 신약 시대에도 사마리아에 대한 차별적 인식이 지속될 만큼 집요한 것이었다. "예수께서 이 열둘을 내보내시며 명하여 이르시되 이방인의 길로도

---

47 J. Zsengellér, *Gerizim as Israel: Northern Tradition of the Old Testament and the Early History of the Samaritans* (Utrecht: Universiteit Utrecht 1998), 155-56.

48 케슬러, 『고대 이스라엘 사회사』, 340.

가지 말고 사마리아인의 고을에도 들어가지 말고”(마 10:5)라는 말씀에서 알 수 있듯이 제2성전 시절에 형성된 사마리아에 대한 차별인식은 신약 시대에도 지속되었다.(막 6:7-13, 눅 9:2-6) “자녀의 떡을 취하여 개들에게 던짐이 마땅하지 아니하니라”라는 예수의 대답에 사마리아 여인이 “개들도 제 주인의 상에서 떨어지는 부스러기를 먹나이다”(마 15:21-28, 막 7:24-30)라고 말하며 자신이 유다 사회의 피지배자임을 시인하는 것이 자연스럽게 표현되는 것을 보면, 이 당시의 이데올로기 형성이 얼마나 강했는지를 잘 알 수 있다.

그러나 객관적·역사적 정황으로 보아 페르시아제국 시대의 사마리아는 정치·군사·종교적으로도 유다보다 더 중요한 위치에 있었음을 짐작할 수 있다. 정치·경제적 관점에서 사마리아는 갈리아 호수의 풍부한 수자원을 활용하여 농사를 지을 수 있는 평원이 있었으며 해안도시 시돈, 두로와 북쪽으로는 다마스쿠스와 교역할 수 있는 지역이었기에 예루살렘보다 훨씬 우월한 경제 활동을 한 것으로 보인다.

그러므로 아시리아와 바벨론제국은 직접 사마리아를 통치했고 예루살렘은 조공 형태로 유지했다. 북이스라엘은 200년간의 이방 제국 통치에 이어 페르시아의 통치를 받게 되는데 이는 새로운 내부 변화를 일으킬 요인이 아니었다. 페르시아 총독 관할에서도 사마리아의 귀족, 사제, 권세가 있는 집안은 대를 이어 지속되었다. 또한 사마리아 성전(혹은 산당)을 확대하여 페르시아제국의 정책에 순응하며 자신들의 정체성을 위한 야훼 제의를 행했다. 그들은 예루살렘 귀환 사제 집단이 성전을 건설하고자 할 때 자신들의 지분을 늘리기 위해 "우리도 너희와 함께 건축하게 하라 우리도 너희 같이 너희 하나님을 찾노라"(스 4:2)라고 요청했지만 스룹바벨과 예수아는 이들의 의도를 파악하고 단호히 거절한 것으로 보인다. 이 거절에서 분명한 것은 요구하는 측이 힘을 가지고 있으며 거절하는 측은 약자라는 것이다. 예루살렘 사제 집단이 귀환 초기 성전을 건축하는 데 재정적 어려움을 겪었음을 추정할 수 있다.

또 하나의 가정은 이미 성전을 가진 사마리아 권력 집단이 예루살렘 성전의 운영에 공동 참여하려는 제안이다. 이러한 제안을 거절하면 성전 건설을 방해하리라는 것도 충분히 예상할 수 있었기에 귀환 사제 집단이 이 제의를 받아들이지 않는다는 것은 쉬운 일이 아니었다. 그럼에도 그들이 지닌 엘리트 의식과 '야훼 신앙의 정통성'의 수호자라는 인식에서 이러한 거절이 가능했다.

만약 귀환 사제 집단이 이 제의를 수락하면 사마리아 성전의 제의 종사자에게 종속될 우려가 있었다. 그들은 포로지에서 이미 충분히 겪은 일을 다시 겪고 싶지 않았을 것이다. 이런 상황으로 인해 내부의 저항과 외부의 방해 때문에 성전 건설이 지연되었다고 본다. 앞서 살펴봤듯이 골라의 디아스포라 유다인은 이미 경제적으로 높은 수준에 도달하여 대부분 생활이 안정되어 있었다. 그들이 그대로 바벨론 지역에 잔류했음[49]을 고려하면 예루살렘으로 귀환한 사제 집단은 소수였을 것으로 예상된다. 페르시아제국 성립 초기 안정화되지 않은 상태에서 제국의 지원이 확고하지 않을 뿐만 아니라 내부 토착민의 저항과 사마리아 성전의 방해가 있었기에 예루살렘 성전은 포로 귀환이 본격적으로 이루어진 뒤 추가로 약 50-60년이 지난 시점인 느헤미야 시절(445 BC)에 최종 완공되었을 가능성도 있다. 기원전 445년부터 엘레판틴 서신이 작성된 기원전 405년까지는 어쩌면 두 성전이 성전세 징수 확장을 위해 경쟁한 시기일지도 모른다. 내부의 유다 토착민에 대해서만이 아니라 사마리아 성전과의 경쟁 속에서 자신만이 야훼의 정통성을 가진 성전이라는 점을 내세우는 이데올로기가 활발하게 형성된 시기로 보인다.

열왕기서에서는 이데올로기 편집을 통해 집중적으로 사마리아 성전을 비판한다. "바알의 신전 안에 바알을 위하여 제단을 쌓으며"(왕상 16:32), "바알세붑에게 물으러 가느냐"(왕하 1:3), "여로보암 집의 죄에서 떠나지 아니하고"(왕하 13:6), "그들이 여호와도 경외하고 또한 어디서부터 옮겨왔든지 그 민족의 풍속대로 자기의 신들도 섬겼더라"(왕하 17:33)라고 사마리아 성전을 우상숭배의 장소로 평가하며 사마리아인에 대해서 부정적으로 편집하고 있다.

이러한 사마리아에 대한 부정적 편집은 벧엘의 제단과 여로보암을 비판하기 위해 유다에서 온 하나님의 사람이 벧엘의 선지자로 인해서 죽음을 맞이한다는 글(왕상 13:31, 왕하 23:17-18)에서도

---

49 위의 책, 300.

찾을 수 있다. 열왕기상 13장에서 표현한 '벧엘 선지자'가 열왕기하 23장에서는 '사마리아에서 온 선지자'로 수정 편집되었는데 이는 사마리아에 대한 적대감을 지속적으로 나타내는 것이다.

열왕기하 17:24-41은 사마리아 지역에 아시리아 사람들이 이주해온 것을 언급하면서 다양한 이방 제의가 생기고 마지막 40-41절에서 이를 확증하여 "그러나 그들이 듣지 아니하고 오히려 이전 풍속대로 행하였느니라 이 여러 민족이 여호와를 경외하고 또 그 아로새긴 우상을 섬기니 그들의 자자 손손이 그들의 조상들이 행하던 대로 그들도 오늘까지 행하니라"라고 언급하면서 사마리아인들이 야훼와 이방신을 동시 숭배하여 지금에 이르렀다고 묘사한다. 또한 "교만하고 완악한 마음으로"(사 9:9), "에브라임의 죄와 사마리아의 악"(호 7:1), "바산의 암소들"(암 4:1) 등 사마리아를 부정적으로 인식하게 하는 이데올로기 작업을 통해 사마리아 성전 그리고 사마리아인 자체의 삶을 부정한다. 유다로 돌아온 귀환 사제 집단이 사마리아 성전과 경쟁 관계에 놓여 있었기에 이러한 부정적 편집을 지속한 것으로 볼 수 있다.

3. 경쟁기 '순혈주의'가 가진 함의

성전/성벽이 완공된 시점에 예루살렘 사제 집단이 내세운 이데올로기는 어떤 성전이 진정한 야훼 성전인지에 대한 문제로 접근한다. 순수한 이스라엘 백성만이 야훼 제의를 해야 한다는 점에서 예루살렘 사제들만이 정통성을 가진 집단이라는 논리인데, 성전의 완공은 유대교의 시작을 알리는 것이며 바로 이스라엘 순수 백성만이 야훼에게 선택받은 백성임을 선언하는 것이었다. 사실 페르시아제국의 속주정책이 바벨론의 정책과 동일한 수준이었다면 예루살렘 성전의 완공은 불가능했을 것이다. 이러한 점에서 예루살렘 사제들은 고레스를 '하나님의 택한 자'(사 45:1-4), '형통하게 하는 자'(단 6:28) 등으로 묘사한다.

귀환 초기 사제 집단은 '야훼를 모시던 순수한 백성'이라는 순수성에 정통성을 추가하여 순수 혈통 백성으로서 자신들의 이미지를 공고히 하고자 했다. 이러한 의도에서 에스라서와 느헤미야서에서 언급된 이방인과의 이혼 및 결혼 금지라는 개혁 조치를 언급했는데 다분히 이데올로기적인 서술이고 현실에서 실현하기 힘든 개혁 조치였을 가능성이 크다. 에스라 10:15의 "아사헬의 아들 요나단과 디과의 아들 야스야가 일어나 그 일을 반대하고 므술람과 레위 사람 삽브대가 그들을 돕더라"라는 언급을 통해 이 개혁에 저항이 있었음을 알 수 있다. 그러나 저항한 자를 처벌했다는 어떤 보도도 없다. 또한 이방 여인과 결혼하여 낳은 자식(스 10:44)에 대해, 이들 혼혈 이방인에 대해 어떤 개혁 조치를 행했는지도 언급하지 않는다. 동시대의 에스더 역시 이방인 아하수에로 왕과 결혼(아하수에로 7년, 479/478 BC 추정)하여 왕비가 되었는데(에 2:15-18) 이에 대해 어떤 비판도 없다는 점은 이방인과의 결혼 금지, 이혼 등의 개혁 조치가 신뢰성이 없는 이데올로기임을 보여준다.

그러므로 에스라, 느헤미야의 개혁 조치는 북이스라엘의 사마리아 성전과 차별화하기 위해 지역감정을 부추기는 이데올로기라는 주장으로 무게추가 기운다. 아시리아-바벨론제국의 통치를 받으면서 사마리아인들이 이미 혼혈이 되었다는 서술은 철저히 이데올로기 작업의 목적으로 보아야 한다. 또한 이방인 문제를 언급한 것은 오히려 유다 땅에 머물던 나그네가 문제가 아니라 자신들이 누구인지를 강조하기 위한 발상에서 출발하는 것으로 보인다. 자신들을 '정통성+정체성+순수성'을 가진 자들로 규정하고 그 이데올로기를 편집하는 과정에서 이방인을 평가하기 때문에 이 평가는 상황에 따라 변화의 모습을 보이는 것이다.

제 5 장

성전세와 사제 이데올로기

성전이 건설된 이후 예루살렘 성전의 사제 집단은 권력을 공고히 하고 유지하기 위해 무엇보다 성전세를 구체적이고 복잡하게 만들었다. 이러한 성전세에 대한 강조는 사제 집단의 이념적인 편집을 통하여 성서 곳곳에 배치되어 있으며, 최종적인 권력을 획득한 '레위'와의 관련성을 나타낸다.

1. 예루살렘 성전의 최종 권력 승자, 레위 제사장

예루살렘 성전이 완공된 이후 안정되면서 귀환 초기 소수이던 귀환 사제 집단(사독 계열)은 더 이상 대제사장직을 유지하지 못했다. 성전의 중하위직 업무를 담당하던 토착 제의 제사장(레위인)들이 엘리트로 신분이 상승하면서 마침내 최고 제사장직을 차지하게 되었기 때문이다. 이 장에서는 그들이 최후 승자로서 어떻게 히브리 성서를 편집했는지 추적하려고 한다.

1) 예루살렘 주변 산당 레위인

예루살렘 제2성전이 완공된 이후 대제사장의 직위를 가진 것은 소위 사독 계열 제사장이었고, 성전의 실무 중 하위 조직에 속한 업무는 레위인들이 담당했으며 이들은 예루살렘 및 인근 지방 산당 제의를 하던 토착 제사장이었다.[1] 몇몇 성서학자들은 포로기에 이스라엘 국가의 지도체제가 붕괴되면서 왕정뿐 아니라 제사장 및 관리자의 시스템마저 붕괴하여 모든 권력 체계에 공백이 발생했으며, 포로기 이후 다양한 사회 집단이 활동하면서 포로기 이전 제사장들과 레위인들 사이에 심각한 투쟁이 있었다고 보고 있다.[2]

레위에 대한 연구는 레위인들이 다윗 왕조에서 제의를 담당한 것에 관한 연구에서 시작되었는데 벨하우젠(J. Wellhausen)은 레위인에 대하여 요시야의 제의 중앙화로 직무에서 밀려난 지방 제사장들의 후손이라고 추정한다.[3] 그러나 군네벡(A. H. J. Gunneweg)은 레위인을 지방 제사장의 후손이라고 보는 것은 너무 단순하게 연결하는 것이며, 레위인들이 특별한 사회적 지위를 가지고 있었지만 제사장이 아닐 수도 있다고 말하면서 레위인들이 모세의 명령에 따라 군사적 행동을 한 이야기(출 32:25-29)를 인용한다. 다시 말해 산당의 제사장들(왕하 23:9)을 반드시 레위인이라고 볼 수 없다는 것이다. 그는 레위인을 지역 가문들로서 실로의 후손과 베델

---

1 참조. 김영호, "포로기 사제 십난의 이데올로기 형성과 종교권력 구축 과정 연구" (박사학위 논문, 한신대학교, 2023), 73-77.

2 한동구, "포로기의 제사장과 레위인의 관계," 「구약논단」 21 (2006): 10-11.

3 Julius Wellhausen, *Prolegomena to the History of Israel* (Atlanta: Scholars Press, 1994), 121-26.

의 아론 후손과 예루살렘의 사독 후손의 세 집단 간의 대립으로 이해했다.[4]

포로기 이후의 레위인에 대해 스미스(M. Smith)는 포로기를 지나면서 사제 집단 사이에 갈등이 존재했는데 유다 말기 포로로 잡혀갔던 제사장 일부가 돌아오면서 제2성전을 중심으로 갈등 관계가 심화되었다고 보고, 유다 지역(Palestine) 분파를 세 집단으로 나누어 해석한다.[5] 첫째, 지방 세력(local party)으로 이들은 바벨론 포로 시절 유다 지역에 남아 있던 사람들이다. 둘째, 바벨론 포로 이후 잡혀갔다가 예루살렘으로 되돌아온 사람들로서 오직 야훼께만 헌신하던 자들(Yahweh alone party)이다. 셋째, 성전 재건과 관련하여 경제적인 관심을 가진 집단이다. 이들은 주로 예루살렘의 제사장들이었는데 예루살렘을 중심으로 확실하게 파벌을 형성하고 있었다.

---

4 A. H. J. Gunneweg, "Leviten und Priester: Hauptlinien der Traditionsbildung und Geschichte des israelitisch-jüdischen Kultpersonals," *Forschungen zür Religion und Literatur des Alten und Neuen Testaments* 89 (1965): 98-104.

5 Morton Smith, *Palestinian Parties and Politics That Shaped the Old Testament* (New York: Columbia University Press, 1971), 82-98. 스미스는 이스라엘 전체 역사를 통전적으로 바라볼 때 두 개의 당파, 즉 '혼합주의 세력'(syncretistic party)과 '오직 야훼께만 헌신하던 당파'(Yahweh alone party)가 서로 갈등과 화해를 반복한 것으로 본다. 스미스는 이스라엘이 멸망하면서 바벨론 포로로 잡혀간 사람들과 그 땅에 남아 있던 사람들 외에 또 한 세력을 추가로 설명하고 있다. 스미스는 그 세력을 '성전 재건과 관련하여 경제적인 이익을 보려고 하던 사람들'이라고 규정한다.

심지어 이들은 다윗 계열 구성원들뿐 아니라 바벨론이 몰락한 이후 예루살렘 엘리트 계층 사이의 가문들까지도 포함하고 있었다.

쿠트(R. Coote)는 유다가 멸망한 뒤 요시야의 개혁을 지지한 친(親)레위인들은 그 땅에 남아서 친바벨론파가 되었고, 반면 사독계 제사장들은 거의 대부분 끌려갔으며, 이후 페르시아는 제국에 충성할 유다 지도층의 후손을 찾았고, 세스바살과 스룹바벨이 처음에는 총독으로 임명되었지만 다리우스가 등극하면서부터는 다윗의 후손이 사라지고 아론-사독계 제사장 가문이 비어 있는 자리를 차지하게 되었으며, 이들이 제2성전을 재건하면서 친바벨론파인 요시야 파벌 세력을 축출시켰다고 주장한다. 사독 제사장들이 페르시아에 성전세와 조공을 바치면서 지위를 자연스럽게 회복하고 또한 페르시아가 통치하는 동안 새로운 엘리트 통치자가 되어 팔레스타인의 전통적인 토지 소유와 지역 주민에 대한 후견인 지위까지도 회복하게 되었다는 것이다. 쿠트는 사독 제사장들에게는 성공을 위해 다윗 가문의 계보가 필요하지 않았다고 보았다.[6]

한동구는 레위인(지방 제사장)에 대한 성서의 친레위적(신 33:8-11 등) 서술과 반레위적 서술(왕하 23:5)을 나누면서 신명기 개혁운동을 기준으로 포로기와 포로후기 시절의 갈등 구조로 보고 내부의 제사장과 레위인의 갈등이 포로기에 첨예화되었으며 포로기에

---

6 Robert B. Coote and David Robert Ord, *In the Beginning: Creation and the Priestly History* (Minneapolis: Fortress Press, 1991), 35-36.

다양한 활동이 있었다고 주장한다.[7]

그러나 레위와 사독의 관계는 역사적 정황 속에서 다루어져야 하며 포로민 귀환 시점의 유다 땅 레위인들은 정권이나 성전 권력을 가질 만한 집단이 아니었다고 본다. 당시 예루살렘 및 지방 산당은 극히 작은 마을 단위에 있었으며, 다신적 야훼 성격의 샤머니즘 요소를 가진 소규모 산당이었다. 성전이 완공된 후 이들 산당 제의자의 후손이 성전의 권력을 장악하면서 되쏘기 편집을 통해 조상 뿌리 찾기를 하면서 자신들의 모습을 그려넣은 것이다. 작은 지방 산당의 레위인은 분깃이나 기업이 없는 자(신 14:27)이기에 페르시아제국 통치의 위임을 받은 귀환 사제 집단(사독 제사장)과 투쟁할 힘도 없었으며 그럴 이유도 없었다. 비록 사제 집단 이데올로기의 희생양으로 산당이 우상숭배의 본거지로 지목되어 폐지할 것을 주장하였지만 이는 철저히 이데올로기적 문서 작업이다. 고고학적으로 산당의 제의는 지속적으로 유지되었으며 오히려 산당의 레위 제사장과 레위인들 중 일부를 성전국가 건립을 위한 중간 혹은 하위직 관리인으로 임명하고 귀환 사제 집단의 권력 하부 구조로 흡수시킨 것으로 보는 것이 보다 정확한 추론이다.(겔 44장)

예루살렘 주변 산당의 제사장은 바벨론 시대나 페르시아제국의 정권 교체에 있어 어떤 정치적 성향도 가지고 있지 않았기에 정치권력의 변화에 민감하게 반응할 이유가 없었다. 심지어 자신들

7 한동구, "포로기의 제사장과 레위인의 관계," 10-32.

의 야훼 제의가 다신적 우상숭배로 비난받아야 하는지도 모르고 있었다. 이런 상황에서 귀환 엘리트 사제 집단은 레위인에 대해 두 가지 트랙(track)으로 접근했다. 첫째, 이데올로기적으로는 지방 산당 폐지를 위해 성서에서 그들을 부정적으로 묘사했고, 둘째, 예루살렘 성전 건축의 실무를 담당할 사람으로 레위인들을 그들의 하위 조직으로 재구성했다. 사실 지방 산당의 레위인들은 경제적으로 궁핍하여 돌봄이 필요한 대상이었다.(신 12:18) 그러한 레위인들에게는 성전의 허드렛일이라도 재정적으로 안정적인 수입원이 되었을 것이다.

이것은 에스라 8:15-20에서 잘 나타난다. 에스라는 성전을 운영할 실무자를 구성하고자 했는데 그곳에는 레위 자손이 한 사람도 없었다.(15절) 그래서 에스라는 각 지방을 향해 "하나님의 성전을 위하여 섬길 자를 데리고 오라"(17절)라고 했다. 이로 미루어 보아 레위인들이 성전 업무의 실무를 담당하는 성전 하위직급으로 대거 이동한 것을 알 수 있다. 이러한 상황을 종합해볼 때 산당 제거는 사제 집단이 만든 일종의 이데올로기 프로파간다로, 실질적으로 산당을 폐지하고자 한 것이 아니라 예루살렘 성전을 건설하기 위한 이념 작업으로 보는 것이 더 타당하다.[8]

예루살렘 성전의 신권 통치를 위한 사독계 제사장과 지방 산당

---

8 도널드 레드포드·윌리엄 데버, 강승일 옮김, 『유일신 신앙의 여러 모습들: 하나님은 어떻게 한 분이신가』 (서울: 한국신학연구소, 2008), 102-103.

레위인과의 관계는 성전 조직의 한 축을 담당하는 상호 협력적 관계 혹은 종속적 협력 관계였다. 이들은 새로운 신정국가 조직의 조력자로 재배치되었다. 그러므로 귀환 초기부터 성전이 완공된 이후에도 레위인들에게 주어진 새롭고 실질적인 역할은 예루살렘 중앙 성전 제의에 대한 정결 의식(민 19:1, 겔 36:25), 요제(민 8:11-15), 제사장 아론의 직무를 돕는 것(민 3:7)과 성전세 관리(느 13:11-13), 음악 담당(대상 23:31-33) 그리고 지방 성소의 제사장 역할과 재판관 직무(대상 23:4) 등 오늘날 국가 공무원의 모든 업무로 봐도 무방할 듯하다.

사독 사제 집단과 토착 레위인의 관계와 지위는 결정적으로 "총독 느헤미야와 제사장 겸 학사 에스라와 백성을 가르치는 레위 사람들이 모든 백성에게 이르기를 오늘은 너희 하나님 여호와의 성일이니 슬퍼하지 말며 울지 말라"(느 8:9)라는 말씀에서 알 수 있다. 이 표현은 성전국가 체제가 완성됨과 동시에 레위인이 예루살렘 신전국가의 공무원 역할을 담당하고 있음을 보여준다. 이제 유다 땅에 산당에 대한 언급은 더 이상 나타나지 않는다. 이뿐 아니라 후대에 역대기 편집을 통해 이들은 최종적으로 성전의 최고 신분으로 상승하며 아울러 성서 편집의 주체가 되었음을 알 수 있다.

역대상 23장부터 27장까지를 보면 레위 사람의 역할과 지위가 자세하게 기록되어 있는데, 이는 성전/성벽이 완공된 이후 신정국가에서 레위 사람들의 역할과 지위에 대한 것이다. 24장에서는 레위 지파의 가문들이 열거되며 그들이 아론의 자손으로 사독 계열과 동등하다고 한다. 25장에서는 성전의 찬양대로 나타나고, 26장에서는 성전 문지기와 성전 재정을 담당하는 모습으로 나타나며, 27장에서는 군부대 지휘관의 모습으로 나타난다. 이후 이들은 성전이 안정기로 접어들면서 사독 계열 레위 제사장(겔 43:19)이라는 혼합된 명칭을 사용하여 자신들이 권력의 최종 승자임을 드러낸다. 이처럼 레위인은 성전의 최종 권력자로서 모든 성전 분야에 포진하고 있었음을 알 수 있다.

레위인에 대한 이데올로기적 서술은 상황에 따라 평가가 다르게 나타난다. 한동구는 성서의 역사 기준으로 신명기 18:6-8(제사장과 지방 제사장들 사이가 동등해짐)에서 열왕기하 23:8-9(산당 비판, 레위인 비판)를 거쳐 에스겔 44장(지방 제사장 우상숭배자로 비판)으로 발전했다고 주장하나 그 이유가 무엇인지 밝히지 못하고 있다. 그는 열왕기하 23:9의 "제사장에게 주어지는 제물의 몫을 배당"했다는 레위인에 대한 부분적 승인을 신명기 9:12와 억지스럽게 연결하고 있다.[9]

신명기 개혁은 바벨론 포로 귀환 사제가 유다 땅의 정통성을 근간으로 시작한 이데올로기 작업인데, 레위인에 대한 귀환 사제 집단의 시각은 상황에 따라 변화된 모습을 보인다. 초기 귀환 사제 집단이 산당을 비판하는 부정적 모습으로부터 성전 건설과 완공으로 인해 레위인이 중앙 성소 직무를 담당하면서 긍정적인 모습으

9 한동구, "포로기의 제사장과 레위인의 관계," 14.

로 바뀌었고, 최종적으로 레위인 자신들이 성전의 권력을 장악한 이후 편집을 통해 최종적으로 긍정의 모습을 서술한다고 본다.

[표15] 레위인에 대한 되쓰기의 평가

본문	내용	이데올로기 주체
왕하 23:5, 8-9 (부정적 모습)	5. 옛적에 유다 왕들이 세워서 유다 모든 성읍과 예루살렘 주위의 산당들에서 분향하며 우상을 섬기게 한 제사장들을 폐하며 또 바알과 해와 달과 별 떼와 하늘의 모든 별에게 분향하는 자들을 폐하고 8. 또 유다 각 성읍에서 모든 제사장을 불러오고 또 제사장이 분향하던 산당을 게바에서부터 브엘세바까지 더럽게 하고 또 성문의 **산당들을 헐어 버렸으니** 이 산당들은 그 성읍의 지도자 여호수아의 대문 어귀 곧 성문 왼쪽에 있었더라 9. 산당들의 제사장들은 예루살렘 여호와의 제단에 올라가지 못하고 다만 그의 **형제 중에서 무교병을 먹을 뿐**이었더라	포로 귀환 초기 사독 계열(귀환 사제 집단)의 레위인에 대한 평가: 산당을 부정하면서 레위인에게 부정적인 모습
신 33:8-11 (긍정적 모습)	8. **레위에 대하여는** 일렀으되 주의 둠밈과 우림이 주의 경건한 자에게 있도다… 9. …주의 말씀을 준행하고 주의 언약을 지킴으로 말미암음이로다 10. 주의 법도를 야곱에게, 주의 율법을 이스라엘에게 가르치며 주 앞에 분향하고 온전한 번제를 주의 제단 위에 드리리로다 11. 여호와여 **그의 재산을 풍족하게 하시고** 그의 손의 일을 받으소서 그를 대적하여 일어나는 자와 미워하는 자의 허리를 꺾으사 다시 일어나지 못하게 하옵소서	레위 제사장(예루살렘 성전이 완공된 이후 안정기에 들어선 레위 제사장의 모습)

신명기의 레위인에 대한 편집은 성전의 최후 승자인 레위 제사장에 의한 편집으로 봐야 한다. 신명기 17:8-13에서 레위 제사장이 율법으로 재판을 하는 것은 솔로몬 왕을 대신한 신정국가 통치자의 모습이다.

[표16] 부정과 긍정의 교차: 귀환 초기 사독 계열이 레위인을 포섭하는 과정

에스겔서	성서 본문	이데올로기 표현
44:10	이스라엘 족속이 그릇 행하여 나를 떠날 때에 레위 사람도 그릇 행하여 그 우상을 따라 나를 멀리 떠났으니 그 **죄악을 담당**하리라	부정 (산당에 대해)
44:11	**그러나** 그들이 내 **성소에서 수종들어** 성전 문을 맡을 것이며 성전에서 수종들어 백성의 번제의 희생물과 다른 희생물을 잡아 **백성 앞에 서서 수종들게 되리라**	긍정 (성전 제의 공무원)
44:12-13	그들이 전에 백성을 위하여 그 우상 앞에서 수종들어 이스라엘 족속이 **죄악에 걸려 넘어지게 하였으므로** 내가 내 손을 들어 쳐서 그들이 그 **죄악을 담당**하였느니라 주 여호와의 말씀이니라 그들이 내게 가까이 나아와 제사장의 직분을 행하지 못하며 또 내 성물 곧 지성물에 가까이 오지 못하리니 그들이 자기의 수치와 그 행한 바 **가증한 일을 담당**하리라	부정 (산당 제의)
44:14	**그러나** 내가 그들을 세워 성전을 지키게 하고 성전에 모든 수종드는 일과 그 가운데에서 행하는 **모든 일을 맡기리라**	긍정 (성전 제의 공무원)

에스겔 44장에서는 에스겔의 환상을 통해 예루살렘 성전의 모습을 그릴 때 이방인과 레위 사람이 전체적으로 부정적(9-10, 13절)으로 묘사되면서 성전 업무를 맡게 되었음을 서술하고 있다. 이 부분은 레위인과 사독 계열이 투쟁적 관계에 있던 것이 아니라 지방 산당 레위인 중 일부가 예루살렘 중앙 성전으로 이동한 것을 알려주는 것이다.

2) 북이스라엘 레위인

성서학자들은 레위인들이 지방 산당 제사장이라는 점에 거의 일치된 의견을 보인다. 그럼에도 포로기 귀환 이후의 북이스라엘에 존재했을, 특히 사마리아 주변의 산당과 사마리아 성전에 대한 연구를 찾아보기가 힘들다. 북이스라엘에 존재한 산당에 대한 언급은 역설적으로 요시야의 산당 제거에서 언급된다.(왕하 23:19, 사마리아와 벧엘의 산당 제거) 또한 역대하 34:6을 통해 므낫세와 에브라임, 시므온, 납달리 지역에도 산당이 존재했음을 알 수 있다. 이것을 통해 유추해볼 수 있는 것은 바벨론 시절 남유다뿐 아니라 북이스라엘에도 야훼주의 산당 제의가 있었으며 북레위인[10]이 있

---

10 참조. 산당 제의 제사장인 레위인을 지역에 따라 구분하기 위해 북이스라엘 레위인은 '북레위인'으로 호칭하고, 남유다 산당 제의자였던 레위인들을 '남레위인'으로 구별하여 표시한다. 레위인은 지역이나 혈연적 호칭이 아닌 후대의 권력자의 이데올로기 입장에서 구별되는 호칭으로 자신들을 '레위인'으로 편집한 것으로 보인다.

었음을 알 수 있다.(왕하 17:27) 이들은 예루살렘 산당의 남레위인보다 경제적으로 풍요했을 것으로 추정된다. 아울러 바벨론제국 시절에는 이들 산당이 어떤 종교적·이념적·정치적 차이를 보이지 않았으며 '대제사장 엘리아십의 손자 요야다의 아들 하나가 호론 사람 산발랏의 사위가 되었고 이것이 제사장의 직분과 레위 사람에 대한 언약을 어겼다고 하는 것'(느 13:28-29)은 이들 간에 상호 교류가 있었음을 뜻한다. 그러므로 사독 계열이 북이스라엘 레위인을 비판하기 위한 근거로 여로보암이 벧엘과 단에 산당(왕상 12:29)을 두었으며, 아시리아-바벨론제국의 통치하에 혼혈이 되어 비판 대상이 되었다는 것은 이데올로기적(이념적) 발상이다. 실제로 사마리아 성전은 북레위인 제사장을 통해 야훼 제의를 지속적으로 거행했다.

[표17] 사마리아 레위 제사장에 대한 성전 권력의 모습

본문	내용
느 13:28-29	28. 대제사장 엘리아십의 손자 요야다의 아들 하나가 호론 사람 산발랏의 사위가 되었으므로 내가 쫓아내어 나를 떠나게 하였느니라 29. **내 하나님이여 그들이 제사장의 직분을 더럽히고 제사장의 직분과 레위 사람에 대한 언약을 어겼사**오니 그들을 기억하옵소서

사마리아 성전이 예루살렘 성전을 비판한 것은 알려진 바가 없다. 두 곳에 동시에 엘레판틴 서신(405 BC), 즉 한 편지를 보낸 정황으로 미루어 보아 극단적 대립 관계에 있었다고 보기는 힘들다. 토착 레위인들은 바벨론 시절 어떠한 문제도 없는 산당 제의 종사자였으나 페르시아제국의 등장과 귀환 엘리트 사제 집단에 의해 변화를 겪게 된다. 예루살렘으로 돌아온 사제 집단은 예루살렘이 온 이스라엘의 종교적 중심이라는 이데올로기 작업을 했고, 남유다 지방 산당의 일부 남레위인들은 예루살렘 성전 업무에 흡수되었으며, 북이스라엘은 이들의 비난 대상이 되었다.

3) 예루살렘 성전의 최후 승자: 레위 제사장

레위 제사장이 예루살렘 성전의 권력자로 최종 승자가 된 것은 바벨론 포로 귀환 초기의 엘리트 사제 집단에 흡수된 지방 산당 조직에서 시작되었다. 포로기 시절 유다 땅의 지방 산당을 지키던 사제들은 포로 귀환 사제 집단에 의해 성전 공사에 참여하면서 성전/성벽이 완공된 이후 신정국가의 중하위직 공무원과 같은 직분을 갖게 되고 시간이 흐르면서 성전의 최고 권력자인 대제사장 자리에까지 오르게 되었다. 이들은 최후의 승자로 자신들을 레위 제사장이라고 했다.[11] 즉 귀환 사제 엘리트 집단은 페르시아제국의

11 레위는 어떤 지파라는 개념보다는 산당 제의를 하던 사람을 지칭한 듯하다. 다음 논문을 참조하라. 우택주, "레위인의 사회적 기원과 제사장 역할의 재평가," 「한국기독교신학논총」 58 (2008): 35-37.

통치 위탁을 받은 사독 계열로 불렸음을 알 수 있다.

사독은 아론의 아들 엘르아살의 자손(대상 6:4-8)이며 역대기와 느헤미야서, 사무엘하에 다윗 왕이 사독을 임명(삼하 20:25)했다는 기록으로 보아 귀환 사제의 명칭이 사독 계열 제사장으로 서술된 것으로 보인다. 사독이 아비아달과 달리 끝까지 다윗에게 충성한 제사장으로서 솔로몬에게 기름 부음을 받아 다윗 왕조의 제사장 직을 유지한 정통성을 가졌다는 주장(왕상 1:32-45)은 귀환 사제의 정통성과 일치하는 부분으로 이해할 수 있다. 정통성을 가진 사독 계열이 초기 성전 권력의 최상층을 독점했으나 소수 엘리트라는 인원의 한계를 가지고 있었기 때문에 신정 정치(제의)의 원활한 집행을 위해 다수의 지방 산당 출신 레위인들을 성전의 하위 조직 공무원으로 이동시킨 것으로 보인다.

지방 산당 제의를 담당하다가 중앙 성전으로 이동한 것이 이들에게는 문제가 되지 않았다. 산당 레위 제사장(지방 산당 제의자)은 정치적 목적을 가진 엘리트가 아니었기 때문이다. 그들의 생활 역시 그리 풍족하지 않았는데 "분깃이 없으며 기업이 없고"(신 10:9, 12:12, 14:27)라고 고백하는 것에서 알 수 있다. 성전 중간 혹은 하위 직을 담당하면서 그중 일부는 엘리트화되었을 텐데 신분 상승을 통해 대제사장으로 임명되었다. 성서의 편집을 보면 이들은 결국 사독 계열(귀환 사제)과 동등한 모습으로 그려지고 있다. "사독의 자손 레위 사람 제사장"(겔 44:15)이라며 자신들이 '사독-정통성-레위 제사장'의 정통성을 이어받고 있음을 나타내는 것이다.

레위인들은 성전의 다양한 업무를 담당했다. 레위 지파의 찬양대 가문은 성전 재건 이후 기도할 때에 감사 말씀을 인도하는 찬양자였다.(대상 6:31, 느 11:17) 또한 "그들의 형제 레위 사람들은 하나님의 집 장막의 모든 일을 맡았더라"(대상 6:48) 등에서 알 수 있듯이 그들은 대부분 하위직 업무를 맡았지만 이 중 일부는 후대에 '대제사장'으로 언급되는 것을 볼 수 있다.(대상 6:49)

에스라가 바벨론에서 떠나왔다면서(스 7:8-9) 유독 그의 족보를 나열하고 사독의 후손(5대손)으로 언급(스 7:2)할 뿐 아니라 느헤미야서의 언약 인봉(印封)식에 사독이 등장(느 10:21)하는 것이나, 신명기 사가의 작품인 열왕기서에 다윗 시절 제사장(왕상 2:35)으로 사독이 임명된 것은 편집을 통해 이들을 사독 계열 제사장으로 통칭하고, 후대 성전 권력을 가진 토착 제의 제사장들이 이와 구별된 이름을 사용한 것으로 보인다. 이러한 연장선상에서 토착 제의 제사장들이 성전 권력에 진입하면서 자신들을 "사독 자손 레위 사람 제사장"이라는 긴 이름으로 표현한 것은 자신들이 사독 계열에 속했으며 사독계와 토착 레위계가 같은 혈통임을 암시하는 것으로 보인다. 그러므로 성전의 완성을 통해 사독계와 토착 레위계는 처음부터 상호 협력 보완 관계였음을 알 수 있다.

에스겔 40:46에서는 최후의 승자 레위 제사장을 "레위의 후손 중 사독의 자손으로서 여호와께 가까이 나아가 수종드는 자", 즉 레위의 자손이며 사독의 자손 제사장이라고 지칭한다. 하지만 성전이 완공된 뒤 시간이 흐름에 따라 그들은 최종 승자로서 히브리 성서를 편집하면서 레위 제사장이란 이름만 사용할 뿐 사독의 이름은 더는 사용하지 않는다. 한편 레위인(제사장이 아닌 집단)은 성전의 기능이 안정화되고 나서 십일조를 받는 역할도 담당했다. "레위 사람들이 십일조를 받을 때에는 아론의 자손 제사장 한 사람이 함께 있을 것이요 레위 사람들은 그 십일조의 십분의 일을 가져다가 우리 하나님의 전 곳간의 여러 방에 두되"(느 10:38, 대상 26:20)라는 표현처럼 그들은 제사장 직분이 아님에도 성전세에 깊이 관여하고 있었다.

레위 제사장이 최후의 승자라는 것은 레위 사제[12]들이 성서 편집이 성전과 성전 제의에 중점을 둔다는 점에서 잘 나타난다. 역대기에서 율법책을 발견하고 이에 대해 서술한 것을 보면 레위 제사장의 편집 시각과 그들의 위상이 변화되었음을 감지할 수 있다. 성전이 안정된 후 레위 제사장에게는 열왕기서에 나타난 북이스라엘 왕에 대한 평가가 더는 필요하지 않았다. 그래서 역대기에서 그것을 생략하면서 레위 제사장의 위상을 높이는 편집 작업과 더불어 성전 제의의 중요성을 드러냈다. 열왕기서에서 긍정적인 평가를 받은 요시야에 대해서는 그의 죽음을 폄하했는데, 하나님의 명령에 따른 이방 왕 느고의 제의를 거절했기에 그가 죽음을 맞이했다고 수정하여 편집한다. 그 서술 이데올로기의 중심이 성전이기에 이 기준에 충족되는 왕은 오직 다윗과 솔로몬이기 때문이다.

---

12 이 책에서 '사제'라는 표현은 성서의 편집 담당자를 의미한다.

율법책을 발견한 시점에 대해서도 수정을 한다. 열왕기하 22-23장에서는 '율법책 발견(22:8-10)→우상과 지방성소 제거(23:4-9)→유월절 준수(23:21)→요시야의 죽음(23:29)' 순서로 진행되지만, 역대하 34-35장에서는 편집을 통해 '우상과 지방성소 제거(34:3-7)→율법책 발견(34:14)→유월절 준수(35:1-6)→요시야의 죽음(35:20)' 순서로 서술한다. 우상과 지방성소가 제거된 후 율법책이 발견된 것으로 편집하였는데 이는 우연이 아니라 의도된 편집 수정이다.

열왕기서에서는 율법책 발견의 목적이 귀환 초기 이데올로기로서 유다 백성에 대한 정통성과 정체성을 세우기 위해 우상과 지방성소를 제거하는 것이었다. 한편 예루살렘 성전이 안정화된 이후의 사제 집단(레위 제사장)은 역대기에서 율법책의 발견을 성전의 활동(유월절 준수)과 연결시킨다.[13] 열왕기서에 나타난 율법책에 대한 서술을 다시 편집한 이유는 성전이 완공된 이후 성전을 안정적으로 운영하기 위해 성전세를 지속적으로 징수해야 했기 때문이다. 이것이 그들이 권력을 유지하는 데 가장 중요한 임무였다.[14] 느헤미야서에서는 성벽 공사를 완성한 뒤 율법책을 낭독하며 신정국가의 모습을 그리고(느 8장) 안식일과 십일조를 추가하여(느 9-10장) 성전세 징수의 목적을 드러낸다. 이처럼 느헤미야서와 역

---

13 김윤식, "역대하 34-35장(요시야 본문)의 수사비평적 연구: 환유를 중심으로" (박사학위 논문, 한신대학교, 2021), 96.

14 토마스 C. 뢰머, 김경식 옮김, 『신명기역사서 연구』 (서울: CLC, 2020), 87.

대기에서는 공동의 목적, 즉 '성전세 징수'를 극대화하기 위한 이데올로기 형성이 잘 나타나 있다.

또한 열왕기하에서 요시야 왕에 대해 "이스라엘 여러 왕의 시대와 유다 여러 왕의 시대에 이렇게 유월절을 지킨 일이 없었더니"(왕하 23:22)라고 서술하면서 그를 추켜세우지만, 역대하에서는 선지자 사무엘 이후로 이스라엘 유월절이 지켜지지 않은 것이 아니라 단지 요시야만큼 행한 왕이 없었다면서 평가절하(대하 35:18)하고, 더욱이 열왕기서에서 언급하지 않은 히스기야도 유월절을 지켰다고(대하 30:5) 함으로써 유월절이 지속되었음을 강조한다.

[표18] 사독 계열과 레위 계열 사제 집단의 유월절 편집 이데올로기의 모습

본문	열왕기하 23:21-22	역대하 35:1-18
이데올로기 형성	성전 완공 이전	성전 완공 이후
편집 주체	사독 계열 사제 (초기 귀환 사제)	레위 계열 사제
율법책 발견	우상과 지방 성소 제거	성전세와 레위 제사장
유월절	언약책 대로 유월절을 지키라(21절) 이유: 역대 왕이 지킨 일이 없다(22절)	구체적 제의에 대한 내용: 염소 삼만 마리와 수소 삼천 마리(7절) 유월절+무교절(17절) 제사장과 레위 사람에 의해 세의(18절) 역대 왕이 요시야만큼은 아니었다.(18절)
이데올로기 목적	율법책-우상과 산당 철폐	율법책-성전세, 레위 제사장

역대기의 율법책에 의한 제의는 느헤미야 9-10장에서 찾아볼 수 있다. 율법책을 낭독하고 율법을 지키기로 약속하며 성전세로 "세겔의 삼분의 일을 수납하여 하나님의 전을 위하여"(느 10:32) 쓰게 할 뿐 아니라 성전세-레위 제사장의 몫도 언급한다. 이를 통해 사제 집단(레위 사제)의 야훼 섬김의 이데올로기가 표출된다. 율법을 통한 제의로서 성전세를 반드시 내야 한다는 것을 명시하여 신정 정치의 경제적 근간을 유지, 확장하려는 계산인 것이다. 이러한 최종 승자 레위 사제는 모세가 율법을 써서 레위 자손 제사장에게 주고(신 31:9), 이방인에게까지도 교육(신 31:12)하는 것으로 신명기를 확대 편집함으로써 그들의 이데올로기를 확장한다. 그들의 관심사는 이제 최종 승자로서 권력을 유지하기 위해 성전세를 극대화하는 것이기에 성전세와 관련하여 '이방인 율법 교육'(신 31:12)을 서술하고 있다.

2. 안정기: 성전세의 극대화

기원전 446년 페르시아제국과 아테네는 강화조약을 맺고 평화의 시대에 접어들었다. 지정학적으로 강대국의 틈바구니에 놓여 있던 예루살렘도 통치 제국이 안정됨에 따라 자연스레 안정화되었다. 그러므로 이 시기에 성벽이 완성된 것은 단순한 우연의 일치가 아니다. 아마도 이 시기부터 성전의 시스템이 작동하면서 성전이 세금 징수를 통해 페르시아제국의 금고 역할을 본격적으로 담당하게 되었음을 의미한다. 이런 관점에서 사제 집단 이데올로기는 새로운 전환을 맞게 된다. 마지막 이데올로기 형성 단계는 페르시아 제국의 세금을 포함한 성전세 징수와 관련이 있는데, 사제 집단은 권력을 유지하고 확대하기 위해 자신들의 성전세 몫을 극대화하고자 성서 편집 작업을 더욱 정교하게 했다.

성전으로 세금이 모인 이유는 페르시아제국이 통치한 이후 페르시아 화폐가 통용[15]되면서 성전이 수금과 저장을 위한 장소로 가장 안전한 곳이었기 때문이다. 케슬러는 성전의 금융 기능이 페르시아제국 이후 헬레니즘과 하스몬 왕가 그리고 로마의 통치 속에서 지속되었고 더 나아가 금융과 재정, 유통의 총본산을 담당하게 되었다고 말한다. 또한 페르시아제국 시절 유다의 총독과 대제사장만이 성전세를 거둘 수 있는 권한을 가졌고, 헬레니즘 시대 이후 성전 대제사장은 지역의 왕 혹은 지역의 총독 위치를 대치하는 위상으로 자리를 잡았다고 서술한다.[16] 마카베오하 3:11은 셀류코스 시절 예루살렘 성전이 대제사장이 관리하는 국가 금융 창고였음을 나타내는 증거이다.

성전세 징수와 관련하여 국가 세금으로 십일조를 원천소득세의

---

15 참조. Martain Hengel, *Judaism and Hellenism: Studies in Their Encounter in Palestine during the Early Hellenistic Period* (Eugene, OR: Wipf & Stock, 2003).

16 라이너 케슬러, 민경구 옮김, 『고대 이스라엘 사회사』(서울: CLC, 2022), 330.

개념으로 전환한 작업이 권력 이데올로기 작업의 최종 모습이라고 볼 수 있다. 시대적 상황이 변하고 성전 운영 규모가 확장됨에 따라 성전세 종류가 좀 더 정교해지기 때문이다. 포로기 귀환 사제가 성전을 완공하는 궁극적인 목표로 성전 제의를 말하고, 그 중심에 안식일을 두지만, "안식일마다 이 떡을 여호와 앞에 항상 진설할지니 이는 이스라엘 자손을 위한 것이요 영원한 언약이니라 이 떡은 아론과 그의 자손에게 돌리고"(레 24:8-9)에서 나타나듯 안식일 제의에 제사장 몫을 규정하고 있다. 이것은 당연히 권력 유지를 위한 서술임을 알 수 있다. 예루살렘 성전 사제 권력이 성서를 통해 성전세를 편집한 것은 '성전 완성→성전 제의→성전세→성전 권력의 몫'이라는 이데올로기적 특징을 나타내는 것이다. 이미 에스라-느헤미야서의 성전/성벽 건설을 통해 동일한 유형으로 서술되었다.

히브리 성서에 나타난 다양한 성전 예물(헌물)의 일부는 예물을 지키는 자와 직임을 가진 자들 그리고 그 직분을 맡은 제사장에게 돌아갔음을 알 수 있다.(대하 31:14-17) 성전 운영뿐 아니라 제사장의 몫이라는 점에서 권력의 남용에 대한 위험성에 항상 노출될 수 있다는 점을 이데올로기 서술에서 볼 수 있다. 권력의 향유란 권력 유지를 위한 원천적 자금 확보가 없다면 불가능하기에 예루살렘 성전을 통한 신정국가를 운영하려면 백성에게서 성전세를 얼마나 많이 징수하는지가 관건이었다. 성전세 징수의 당위성에 관한 서술이 레위기-민수기에 집중된 중심에는 성결법전을 통한 제의와 성전세가 있으며 이것은 철저히 성전세 이데올로기 작업이라고 볼 수 있다.

1) 초기 성전세: 안식일과 모세기념세

(1) 안식일

귀환 초기 사제 집단이 강조하는 안식일은 출애굽기 20장과 신명기 5장의 계약법전과 신명기법전의 서두에서 가장 중요하게 자리를 잡고 있다. 신명기에서 안식일은 창조 이후 7일째 되는 날로, '안식일을 기념하여 거룩하게 지키라. 엿새 동안은 일하되 네가 하는 모든 일을 다 마치고 일곱째 날은 네 하나님 여호와의 안식일이니, 네 아들과 딸과 남녀 종과 생축과 네 문 안에 우거하는 이와 함께 쉬어 거룩하게 지키라.'(신 5:12-15)고 서술된다. 출애굽시킨 야훼를 기억하여 안식일을 지켜야 한다며 안식일 제의를 강조하는 것이다. 이는 "일 년 되고 흠 없는 숫양 두 마리와 고운 가루 십분의 이에 기름 섞은 소제와 그 전제를 드릴 것이니 이는 상번제[17]와 그 전제 외에 매 안식일의 번제니라"(민 28:9-10)라고 서술하면서 야훼가 휴식을 취하는 날 백성도 쉬어야 하며 그 쉬는 날은 야훼께 감사 제의를 드려야 한다는 포로기 골라에서의 이데올로기 형성 첫 단계 제의임을 짐작할 수 있다.

---

17 상번제는 떡과 과일, 전제는 포도주, 과일, 밀가루 등 식물 위주의 제물로 드리는 제사이다.

[표19] 제물의 종류

명칭	본문	내용
화목제물	레 7:11-15	감사나 찬양을 하며 성전에 오는 사람이 예물로 드리는 것
소제물	레 2:1-16	가루와 기름, 향품 등을 섞어 만들어 성전에서 드리는 제물로 하나님께 바치는 순전한 마음을 상징
속죄제물	레 4:1-35	사람들의 죄를 속죄하기 위해 드리는 제물로 대개 어린 암양, 염소, 나귀 등을 제물로 사용
번제물	레 1:1-17	성전에서 하나님께 바치는 최상급의 제물로 짐승의 희생물을 제물로 사용
속죄물	레 5:1-13	실수로 지은 죄나 부정한 일을 행했을 때 드리는 제물로 어린 양, 염소, 비둘기 등을 제물로 드림
속건제물	레 7:1-10	예물이나 제사를 드릴 때 갖는 부정의 상태를 정화하기 위해 드리는 제물
거제물	레 7:11-36	화목제나 소제, 속죄제, 화제, 속죄물, 속건제 등과 함께 드리는 제물로 성전에서 예배와 제사를 드릴 때 드리는 제물
요제물	민 15:1-16	주기적으로 드리는 제물로 일반적으로 떡과 포도주, 어린 양과 염소 등이 제물로 드려졌으며, 예배와 찬양, 감사와 헌금 등의 의미를 가지고 있다.

(2) 모세의 절기: 유월절, 무교절 그리고 초막절

유일신 야훼 제의를 시작으로 안식일이 포로지에서 정착되면서 안식일 헌물을 통해 사제 집단이 포로기 공동체의 리더로서 성장할 수 있는 경제적 원동력이 마련되었다. 이런 경제적 안정 속에서 이들은 이데올로기 정체성을 확립할 수 있게 되었다. 아울러 70년 포로 기간에 이들은 엘리트가 되어 바벨론과 페르시아제국의 관리로 등용되었고 페르시아제국의 통치 위임자 집단으로 귀환함에 따라 자신들의 모습을 모세의 출애굽으로 재현하면서 십계명의 안식일 제의와 함께 모세의 절기(모세기념세)를 구상하게 되었다.

그러나 성전세 징수는 토착민의 저항을 불러왔고, 이를 무력화하기 위해서는 성전세 이데올로기 형성이 필요했다. 사제 집단의 해법은 우리가 왜 야훼를 모셔야 하며, 히브리 민족은 어디서 왔는가 하는 조상에 대한 뿌리 찾기 운동(새로운 이데올로기 제시)으로부터 시작했다. 성전이 완공되기 이전 모세의 출애굽과 모세의 율법에 대한 뿌리 찾기 편집 작업을 통해 포로사회 리더로 부상한 경험을 바탕으로 성전 완공을 위해 출애굽 '뿌리 찾기' 기념 제의를 시작한 것이다.[18] 귀환 사제의 모습과 모세의 출애굽은 우리를 구원하여 포로지에서 귀환을 명령한 하나님의 역사를 동일하게 담지하고 있었고, 이는 사제 집단의 이데올로기 창작 작업의 귀결이었다.

유월절의 부활이라는 인식은 '사무엘 이후 역대 왕이 유월절을 지키지 않았다.'(왕하 23:22, 대하 35:18)는 언급에서 잘 나타난다. 포로기 이후 귀환 시점까지 유월절 절기가 없었음을 지적하고 있는데 원래 없던 유월절이 새로 만들어진 것인지, 있던 것이 중단된 것인지는 알 수 없지만 성서 편집은 중단에 무게를 두는 것 같다. 성

---

18 에스라 2:64-69에서는 포로민 귀환 숫자(4만 2,360명)를 언급한 뒤 족장들이 옛 성전 터에서 건축을 위해 예물 드리는 것을 서술한다.

전이 완성된 시점(야훼 제의가 다시 시작되는 것을 의미)에 유월절을 다시 지키게 되었다는 언급은 당연한 귀결로 보인다. 에스라 6:16-22에서는 예루살렘 성전이 재건되고 성전 봉헌식(17절)으로 속죄제를 드리며 모세의 책에 기록된 대로 행하게 되었다면서(18절) 바로 유월절을 지키는 것으로(19절) 편집하고 있다. "사로잡혔다가 돌아온 이스라엘 자손과 자기 땅에 사는 이방 사람의 더러운 것으로부터 스스로를 구별한 모든 이스라엘의 사람들에게 속하여 이스라엘의 하나님 여호와를 찾는 자들이"(20-21절) 유월절을 지키며 모세의 출애굽 사건을 기념하는데, 야훼로부터 선택받은 정통성을 모세의 출애굽에 투사하여 유월절 기념 제의를 하고 출애굽시킨 야훼에게 감사를 드리는 것으로 편집한 것이다. 아울러 성전이 완공된 이후 유월절에 이어 7일간 무교절을 지키는 편집(스 6:22)을 통해 성전세의 시작을 알리고 있다.

[표20] 절기를 통한 제물의 종류

절기명	본문	제물 종류	비고
유월절	출 12:21-28	어린 양	
	민 9:1-14	헌물	무교병
	민 28:16-25	- 상번제와 그 전제 외 - 이레 동안 매일 수송아지 두 마리와 숫양 한 마리와 일 년 된 숫양 일곱 마리, 고운 가루에 기름을 섞어서 사용(수송아지 한 마리에는 10분의 3, 숫양 한 마리에는 10분의 2, 어린 양 일곱에는 어린 양 한 마리마다 10분의 1), 숫염소 한 마리	무교병

	신 16:1-8	소와 양, 신명기 16장의 세 절기에 공통으로 "여호와께서 주신 복을 따라 그 힘대로 드릴지니라" 언급	무교병
	수 5:10-12		무교병
	왕하 23:21-23		
	겔 45:21-24	송아지 한 마리, 매일 흠 없는 수송아지 일곱 마리와 숫양 일곱 마리이며 또 매일 숫염소 한 마리, 수송아지 한 마리에는 밀가루 한 에바요 숫양 한 마리에도 한 에바며 밀가루 한 에바에는 기름 한 힌씩	누룩 없는 떡
무교절과 유월절	출 12:1-20		
	레 23:4-8	화제	
	대하 30장	양	
	대하 35장	양, 소	
	스 6:19-22	양	
아빕월	출 13:1-16	첫 소산(사람, 짐승)	
무교병의 절기	출 23:14-19	첫 소산(염소)	무교병
무교절	출 34:18-24	첫 태생(소, 양)	
	대하 8:13		

성벽 완공을 기념하는 초막절에 대한 시술은 바벨론에서 귀환한 포로민들이 성전을 완성하기 전에 초막절을 지켰다는 것(스 3:4)과 함께 성벽을 완공한(느 6:15) 시점에 에스라가 율법을 낭독한 뒤 온 백성이 다시 모여 율법을 기억하고 "율법에 기록된 바를

본즉 여호와께서 모세를 통하여 명령하시기를 이스라엘 자손은 일곱째 달 절기에 초막에서 거할지니라"(느 8:14)라고 말한 것에서 잘 나타난다. "사로잡혔다가 돌아온 회중이 다 초막을 짓고… 무리가 이레 동안 절기를 지키고 여덟째 날에 규례를 따라 성회를 열었느니라"(느 8:17-18)라고 율법에 따라 출애굽 절기를 지킨 것으로 서술하고 있는데, 이들의 뿌리 찾기 제의에 초막절을 추가한 것으로 볼 수 있다.

"애굽 땅에서 인도하여 내던 때에 초막에 거주하게 한 줄을 너희 대대로 알게 함이니라"(레 23:43)라는 말씀에서 알 수 있듯이 초막절은 이집트에서 고생하여 온 것을 기념하는 절기이다. 그들이 초막절을 유월절(무교절)과 함께 가장 중요한 절기로 지킨 것은, 사제 집단 자신의 귀환과 모세의 출애굽 사건을 같은 선상으로 일치시켜 야훼-성전-성전세의 근거를 마련하기 위해서였다. 느헤미야 9-10장에는 백성이 자복(自服)하고 회개한다는 긴 서술과 함께 계명과 규례와 율례를 지킨다고 서약하는 장면이 나오는데, 제사장과 레위 사람들과 백성들이 이 서약을 기념하게 하는 것(느 10:34)은 이데올로기의 연장선에서 '야훼-성전-성전세-제사장'으로 연결된다. 다시 말해 성전 권력의 이데올로기 도식을 강화하는데, 모세의 출애굽을 기념하는 것이 바로 성전세로 연결되고 있음을 볼 수 있다. 이런 관점에서 초막절에 대한 제의 내용은 레위기, 신명기, 역대기, 에스겔서 편집에 집중되어 나타난다.

[표21] 초막절 제의

절기	본문	내용
초막절	레 23:33-43	화제, 번제, 소제, 희생제물, 전제
	민 29:12-39	- 첫째 날: 수송아지 열세 마리와 숫양 두 마리와 일 년 된 숫양 열네 마리, 그 소제로는 고운 가루에 기름을 섞어서 수송아지 열세 마리에는 각기 십분의 삼이요 숫양 두 마리에는 각기 십분의 이요 어린 양 열네 마리에는 각기 십분의 일, 숫염소 한 마리 - 둘째 날: 수송아지 열두 마리와 숫양 두 마리와 일 년 되고 흠 없는 숫양 열네 마리, 소제와 전제는 수송아지와 숫양과 어린 양의 수효를 따라서 규례대로, 숫염소 한 마리 - 셋째 날: 수송아지 열한 마리와 숫양 두 마리와 일 년 되고 흠 없는 숫양 열네 마리, 소제와 전제는 수송아지와 숫양과 어린 양의 수효를 따라서 규례대로, 숫염소 한 마리 - 넷째 날: 수송아지 열 마리와 숫양 두 마리와 일 년 되고 흠 없는 숫양 열네 마리, 소제와 전제는 수송아지와 숫양과 어린 양의 수효를 따라서 규례대로, 숫염소 한 마리 - 다섯째 날: 수송아지 아홉 마리와 숫양 두 마리와 일 년 되고 흠 없는 숫양 열네 마리, 소제와 전제는 수송아지와 숫양과 어린 양의 수효를 따라서 규례대로, 숫염소 한 마리 - 여섯째 날: 수송아지 여덟 마리와 숫양 두 마리와 일 년 되고 흠 없는 숫양 열네 마리, 소제와 전제는 수송아지와 숫양과 어린 양의 수효를 따라서 규례대로, 숫염소 한 마리

		- 일곱째 날: 수송아지 일곱 마리와 숫양 두 마리와 일 년 되고 흠 없는 숫양 열네 마리, 소제와 전제는 수송아지와 숫양과 어린 양의 수효를 따라서 규례대로, 숫염소 한 마리 - 여덟째 날: 수송아지 한 마리와 숫양 한 마리와 일 년 되고 흠 없는 숫양 일곱 마리, 소제와 전제는 수송아지와 숫양과 어린 양의 수효를 따라서 규례대로, 숫염소 한 마리
	신 16:13-15	따로 언급 없음, 신명기 16장의 세 절기에 공통으로 "여호와께서 주신 복을 따라 그 힘대로 드릴지니라"라고 언급
	신 31:10-13	
	대하 8:13	
	스 3:4	번제를 매일 정수대로 날마다 드림
	슥 14:16-21	
일곱째 달 열다섯째 날 (초막절)	겔 45:25	속죄제와 번제, 밀가루와 기름

2) 확장된 성전세(계절 토지세): 맥추절과 수장절

성전세의 확장은 성전이 완성된 뒤 출애굽의 계약법전 언급 이후에 나오는데 유월절(무교절)과 초막절 준수를 시작으로 맥추절과 수장절 등 그 개념이 농사에 대해 절기로 확장되는 모습을 볼 수 있다. 이것은 유다 땅의 토지에 대해 일종의 '농지세' 개념을 적용한 것이다. 즉 귀환 초기 사제 집단이 성전/성벽의 완공을 통해 신정국가의 출발(통치의 안정화)을 선포하는 것이며 바로 유다 땅 토착민에 대해 확고한 지배가 가능함을 의미하는 것이기도 하다.

또한 토착민의 저항에 대해 지배력이 확대되었음을 의미하여 토지에 대한 새로운 세금도 징수할 수 있다는 의미로 받아들여진다.

출애굽기 23:14-16에 무교절, 맥추절과 수장절이 나오는데 "너는 매년 세 번 내게 절기를 지킬지니라"(14절), "무교병의 절기를 지키라"(15절), "맥추절을 지키라 이는 네가 수고하여 밭에 뿌린 것의 첫 열매를 거둠이니라 수장절을 지키라 이는 네가 수고하여 이룬 것을 연말에 밭에서부터 거두어 저장함이니라"(16절)라고 언급하여 유월절과 함께 농산물 수확에 따른 절기를 세분화하고 있다. 이는 유월절과 무교절에 이어서 맥추절[19]과 수장절[20]로 절기를 확장하고 제의를 강조하면서 성전세 징수를 강화하는 것이다. 이제 성전국가의 기틀이 완성되어 백성의 토지에서 산출되는 수확물에 대해 직접 성전세를 거둘 수 있게 된 것이다. 유다 땅 토착민에게는 추가적인 세금 부담이지만 이 시행으로 성전 권력이 어느 정도 안정화되고 있음을 알 수 있다. 맥추절, 수장절에 대한 서술이 출애굽기, 레위기,

---

19 맥추절은 밀을 수확하고 그 첫 소산을 하나님께 드리는 날이다. 보통 5월 말이나 6월에 지낸다. 칠칠절도 민수기 28:26에서 초막절 다음에 기념하는 절기(7월 15일)인데 수확한 첫 열매를 가져와 감사 예배를 드린다. 맥추절과 칠칠절이 첫 소산에 대한 감사의 개념으로 혼용하여 사용되기도 한다.

20 수장절은 가을 농작물을 거두는 시기에 추수에 대해 감사하는 절기이다. 수장절과 초막절이 차이는 초막절은 유월절의 연장선상에 있어 유월절 기간 진행되는 의식이라는 것이다. 보통 7일을 진행하나 초막절은 8일을 정해 마지막 날은 '안식일'로 지킨다.

민수기에 집중되어 있는데, 사제 집단이 귀환한 이후와 성전이 완공된 이후의 안정화 과정에서 그들의 성전세 관련 이데올로기가 이 책에 집중된 것을 보아 편집 시기를 역으로 추정할 수 있다.

[표22] 맥추절, 칠칠절, 수장절과 제물 종류

절기명	본문	제물 종류	비고
맥추절	출 23:16	첫 소산(염소): 무교절과 함께 일괄적으로 언급	
	레 23:9-14	숫양: 번제, 기름 가루: 소제	
칠칠절	출 34:22		칠칠절 곧 맥추의 초실절
	민 28:26-31	- 수송아지 두 마리, 숫양 한 마리, 일 년 된 숫양 일곱 마리, 고운 가루에 기름을 섞어서 쓰되 수송아지 한 마리마다 10분의 3이요 숫양 한 마리에는 10분의 2요 - 어린 양 일곱 마리에는 어린 양 한 마리마다 10분의 1, 숫염소 한 마리	
	신 16:9-12	자원하는 예물, 신명기 16장의 세 절기에 공통으로 "여호와께서 주신 복을 따라 그 힘대로 드릴지니라" 언급	
	대하 8:13		
	레 23:15-22	곡물의 첫 이삭 한 단, 숫양, 그 소제로는 기름 섞은 고운 가루 10분의 2 에바를 여호와께 드려 화제로 삼아 향기로운 냄새가 되게 하고 전제로는 포도주 4분의 1 힌, 10분의 2 에바로 만든 떡 두 개, 일 년 된 흠 없는 어린 양 일곱 마리와 어린 수소 한 마리와 숫양 두 마리, 또 숫염소 하나로 속죄제를 드리며 일 년 된 어린 숫양 두 마리를 화목제물로 드림	

수장절	출 23:16	첫 소산(염소): 무교절과 함께 일괄적으로 언급	
	출 34:22		

성전이 완공되고 모세를 기념하는 유월절과 초막절과 더불어 맥추절과 수장절의 성전세를 통해 토지 수확물에 대한 정기적인 현물을 요구할 수 있는 기반을 마련한 것은 본토 토착민의 저항을 극복하면서 이루어낸 결과이다. 이 과정에서 철저히 모세의 율법과 규례에 따라 성전세를 시행하게 되었음을 강조함으로써 야훼의 명령이라는 불가항력적 지시를 통해 토착민이 저항할 수 없게 한 것이다.

아울러 사제 집단에게는 본토 땅에 대하여 야훼의 대행자로서 그 소유권을 위임받아 빈 땅을 완전 회복시킨다는 의미가 있다.[21] 땅의 첫 소산물과 가을 수확물을 드리는 감사 제의는 이집트에서 나와 머물게 된 기업 가나안 땅이 야훼 자신의 기업이며, 땅이며 성소이기 때문이라는 개념을 만들고,[22] 이 땅이 야훼가 선택한 포도나무, 즉 이스라엘을 '심기' 위해서 선택된 포도원(렘 2:21, 31:27-28)이므로 풍성한 결실을 주신 야훼를 기억하라는 의미를

21 노만 하벨, 정진원 옮김, 『땅의 신학』(서울: 한국신학연구소, 2001), 100-101.

22 R. Clifford, *The Cosmic Mountain in Cannon and th Old Testament* (Cambridge: Harvard Univ. Press, 1972), 139.

지닌다. 따라서 땅의 수확물에 대해 세금을 부과하는 것은 토착민에 대한 사제 집단의 권력 행사(성전세)가 잘 작동되고 있으며 성전 시스템이 완성되었다는 의미이다. 성전/성벽이 완성된 이후 신정 정치를 지속하기 위한 이데올로기 작업의 중심에는 모세의 율법책이 있음을 에스라의 율법책 낭독 본문에서 이미 고찰했는데, 이 율법책이 놓여 있는 성전세 관련 이데올로기 편집이 출애굽기, 레위기, 신명기에 중점적으로 나타나는 이유이다. 땅의 소출에 대한 성전세 이데올로기는, 모든 소산은 하나님에게 속한다는 것, 즉 포로기 70년 유다 땅은 버림받아 황폐해졌으나 안식하여(희년, Jubliee, 레 25:8-12) 비옥하게 되었고, 이제 야훼의 복 주심으로 원주인이 땅을 되찾았기에 '너희(본토 토착민)는 땅에 대해 거류민(나그네)이며 동거하는 자(임차인)'라고 규정한 것(레 25:23)에서 잘 드러나고 있다. 그러므로 임차인은 농사 수확의 일정 부분을 땅의 실질적 주인인 야훼에게 바쳐야 하며 제사장은 야훼의 대리인으로서 성전세를 받아야 한다는 논리이다.

토착민 입장에서는 추가 성전세 부담이 과중하게 느껴질 것이다. 사제 집단이 귀국한 뒤 그들의 성전 시스템이 본격적으로 작동하는 시점으로 편집된 성벽 완공 이야기는 귀환 사제가 돌아온 지 70년이 지난 시점이다. 그러나 이들은 페르시아제국의 비호 속에서 자신들의 권력을 위해 성전세 이데올로기를 집요하게 창출해냈다. '땅의 주인이 누구인가?'라는 질문은, 그들이 요단강을 건너 가나안 땅에 들어갈 때 각 지파가 열두 개의 돌(수 4:5-7)로 땅의 경계를 만든 것까지 편집할 정도로, 조상까지 소급해가며 그 소유에 대해 확실하게 서술해야 하는 문제였다.

귀환한 유다 백성의 토지 소유권을, 땅을 분배받는 초기 이스라엘 역사와 비유하는 모습(겔 47:13-23)에 이어 땅을 분배한 이후 야훼에게 예물을 드리고 그 거룩한 땅의 일부분을 사독 제사장에게 돌리는(겔 48:8-11) 사제 집단의 이데올로기 편집 작업은 '정체성-정통성-성전-땅의 주인-성전세'로 연결되는 이데올로기 위에 놓여 있다. 에스라 2장을 통해 귀환자들이 '누구의 자손'인가 하는 서술이 땅의 소유권과 연결되는 부분이다. 기업(땅)에 대한 구체적인 단위를 써가며 가문 단위의 족보를 강조하는 이유는 돌아온 자의 가문을 명시함으로써 기업(땅)을 회복하는 법적인 근거를 마련하려는 의도이다.[23] 사제 집단이 '그 땅의 백성에게' 제시한 이데올로기 '회복' 프로그램으로, 하나님의 땅에서 하나님의 백성으로 안식일을 준수하고 우상숭배를 멀리하며 이스라엘 백성이 구원을 받으려면 야훼 백성으로 순수 혈통을 가져야 하기 때문에 이방 여인과 결혼을 금하고 야훼 신앙 속에서 희년과 안식년을 지켜야 한다는 것이다.

성전 권력은 성전이 완공된 이후 안정기에 접어든 후대에 토지에 대한 성전세(토지세)를 걷기 위한 작업으로 성서를 편집했다. 레

23 김지은, "페르시아 시대 이스라엘 사회-종교 변화에 관한 연구," 「구약논단」 13 (2002): 68.

위기 23장에서 안식일(3절), 유월절과 무교절(4-8절), 첫 수확을 바치는 절기(9-14절), 칠칠절(15-22절), 설날(23-24절), 속죄일(26-32절), 초막절(33-43절) 규정을 다시 언급하는데 토지 성전세 이데올로기가 출애굽기 23장에서 최종적으로는 레위기 23장, 민수기 28-29장을 통해 더욱 자세하게 마무리되고 있다.

3) 최종 원천소득세: 십일조

페르시아 시절 화폐가 유통되면서 현물에 대한 성전세가 십일조로 계량화되어 보다 정교한 성전세로 변화되었다. 히브리 성서에서 언급된 십일조는 절기나 희생 예물 등에 관한 '의식법'(ceremonial law)이 아닌 세금과 같은 공동체를 위한 '시민법'(civil law)의 개념으로 격상되어 원천소득세로 책정하기 편리한 구조였다. 페르시아제국은 원(遠)거리 지역 간 교류를 바탕으로 성장한 제국으로서 이들이 화폐[24]를 만들어 사용한 것은, 십일조가 소득의 10분의 1이라는 계량 개념을 통해 성전세 징수와 계산 방식이 획기적으로 발전하였음을 의미한다. 십일조가 현물로도 책정될 수 있지만 생산 규모에 대한 일정한 비율 형식을 띤 것은 성전세의 가장 간결하면서 고도화된 개념이다. 히브리 성서에 언급된 성전세 중 가장 고도화된 후대의 세금 개념이고 동시에 이것은 성전세 징수

24 발굴을 통해 사마리아 성전에서 많은 페르시아 시대 동전이 발견되었다.

를 가장 극대화한 방법으로 보인다. 그러므로 이는 성전세 관련 히브리 성서에서 마지막 편집 단계의 서술로 추정된다.

레위기, 민수기, 신명기, 역대기, 느헤미야서의 십일조 부분은 성전이 완공된 이후 페르시아제국의 중후반 이후에 편집된 것으로 추정할 수 있다. 십일조와 관련한 화폐(동전)에 대한 언급은 신명기 14:22-26에 나오는데 먼 지역에서 헌물을 가지고 성전에 가는 불편함을 해소하기 위해 화폐로 가져와 성전 앞(여호와께서 택하신 곳)에서 헌물로 사라는 내용이다. 먼 거리에서 헌물을 옮겨오는 번거로움을 해결하려는 화폐 사용의 초기 모습을 서술하는 것으로 보인다. 화폐로 헌물을 책정하는 경우도 찾을 수 있다. 레위기 27장에 나타난 사람에 대한 서원의 가치를 20-60살 남자는 은 50세겔(여자는 절반)로, 5-20살 남자는 20세겔(여자는 절반) 등으로 구분해 나이에 따라 일정하게 책정하였다.(레 27:1-9)

이 십일조는 성전 권력의 최후 승자인 레위 제사장의 몫으로 연결되었는데 땅에 대한 기업도 분깃도 없는 레위 자손에게 십일조를 기업으로 주었다.(민 18:20-21) 이 언급으로 성전 권력의 최후 승자가 레위 제사장이며 그들이 십일조를 자신들의 몫으로 가져갔음을 알 수 있다.

[표23] 십일조와 레위인의 관계

본문	내용
신 26:12	12. 셋째 해 곧 십일조를 드리는 해에 네 모든 소산의 십일조 내기를 마친 후에 그것을 **레위인과** 객과 고아와 과부에게 주어 네 성읍 안에서 먹고 배부르게 하라
신 14:22-29	27. 네 성읍에 거주하는 레위인은 너희 중에 분깃이나 기업이 없는 자이니 또한 저버리지 말지니라 28. 매 삼 년 끝에 그 해 소산의 십분의 일(십일조)을 다 내어 네 성읍에 저축하여 29. 너희 중에 분깃이나 기업이 없는 **레위인과** 네 성중에 거류하는 객과 및 고아와 과부들이 와서 먹고 배부르게 하라 그리하면 네 하나님 여호와께서 네 손으로 하는 범사에 네게 복을 주시리라
느 12:43-44	44. 그 날에 사람을 세워 곳간을 맡기고 제사장들과 레위 사람들에게 돌릴 것 곧 율법에 정한 대로 거제물과 처음 익은 것과 십일조를 모든 성읍 밭에서 거두어 이 곳간에 쌓게 하였노니 이는 유다 사람이 섬기는 **제사장들과 레위 사람들로** 말미암아 즐거워하기 때문이라
느 13:4-5, 12-13	12. 이에 온 유다가 곡식과 새 포도주와 기름의 십일조를 가져다가 곳간에 들이므로 13. 내가 제사장 셀레먀와 서기관 사독과 **레위 사람 브다야**를 창고지기로 삼고 맛다냐의 손자 삭굴의 아들 하난을 버금으로 삼았나니 이는 그들이 충직한 자로 인정됨이라 그 직분은 형제들에게 분배하는 일이었느니라
느 10:35-39	37. …우리 하나님의 전의 여러 방에 두고 또 우리 산물의 십일조를 **레위 사람**들에게 주리라 38. 레위 사람들이 십일조를 받을 때에는 아론의 자손 제사장 한 사람이 함께 있을 것이요 **레위 사람**들은 그 십일조의 십분의 일을 가져다가 우리 하나님의 전 곳간의 여러 방에 두되

민 18:20-28	21. 내가 이스라엘의 십일조를 **레위 자손에게 기업으로** 다 주어서 그들이 하는 일 곧 회막에서 하는 일을 갚나니 24. 이스라엘 자손이 여호와께 거제로 드리는 십일조를 **레위인에게 기업으로** 주었으므로 내가 그들에 대하여 말하기를 이스라엘 자손 중에 기업이 없을 것이라 하였노라 26. 너는 레위인에게 말하여 그에게 이르라 내가 이스라엘 자손에게 받아 너희에게 기업으로 준 십일조를 너희가 그들에게서 받을 때에 그 십일조의 십일조를 거제로 여호와께 드릴 것이라 28. 너희는 이스라엘 자손에게서 받는 모든 것의 십일조 중에서 여호와께 거제로 드리고 여호와께 드린 **그 거제물은 제사장 아론에게로 돌리되**

4) 기타 성전세: 헌물[25]

성전이 완공된 이후 성전세가 '안식일 제의-모세의 기념-계절 토지세-십일조' 등으로 변화하며 정기적으로 징수, 계량화되었음을 정리해보았다. 그러나 이런 정기적 수납과 별도로 각종 헌금을 서술함으로써 정기적 성전세와 더불어 각종 감사 제의에 대한 불규칙적 감사 예물도 있었다. 헌물에 대한 내용이 오경과 열왕기서-역대기, 에스라-느헤미야서에 집중 서술된 것으로 봐서 성전이 완공된 이후 안정화 속에서도 수시로 제물을 요구한 것으로 보인다.

25 헌물은 야훼께 드리는 예물로 야훼께 경의를 표하며, 감사를 위해 드린다.

[표24] 헌물 내용

본 문	물 품		바치는 자	받는 자	비 고
출 20:24	양과 소	번제와 화목제	이스라엘 자손	여호와	해마다
출 29:1-37	어린 수소 하나와 흠 없는 숫양 둘, 무교병과 기름 섞인 무교 과자와 기름 바른 무교 전병	위임식: 속죄제, 번제, 요제 등	모세	숫양의 가슴: 모세 숫양 가슴과 넓적다리: 아론과 그의 자손(거제물)	7일
출 29:38-46	일 년 된 어린 양 두 마리, 고운 밀가루 10분의 1 에바와 찧은 기름 4분의 1 힌, 포도주 4분의 1	번제(소제, 전제)	모세		매일
레 1:1-17	소나 양, 양이나 염소, 새	번제	이스라엘 자손		
레 2:1-16	고운 가루, 기름, 유향	소제	누구든지		
레 3:1-17	흠 없는 소, 양, 염소	화목제	사람		

레 4:1-5:13	흠 없는 수송아지	속죄제	죄 지은 제사장		
	수송아지		죄 지은 이스라엘 온 회중		
	흠 없는 숫염소		죄 지은 족장		
	흠 없는 암염소		죄 지은 평민 한 사람		
	양 떼의 암컷 어린 양이나 염소(산비둘기 두 마리나 집비둘기 새끼 두 마리, 고운 가루 10분의 1 에바)		방조, 부정이나 거짓 맹세한 자		
레 5:14-6:7	모세가 지정한 가치를 따라 몇 세겔 은이 상당한 흠 없는 숫양	속건제	여호와의 성물에 대해 범죄한 자		
	모세가 지정한 가치대로 흠 없는 숫양		여호와의 계명 중 하나를 범죄한 자		
	모세가 지정한 가치대로 양 떼 중 흠 없는 숫양		이웃이 맡긴 물건이나 전당물을 속이거나 도둑질하거나 착취하고도 사실을 부인하거나 남의 잃은 물건을 줍고도 사실을 부인하여 거짓 맹세하는 등 범죄한 자		훔친 것이나 착취한 것이나 맡은 것이나 잃은 물건을 주운 것이나 그 거짓 맹세한 모든 물건과 함께 본래 물건에 5분의 1을 더하여 돌려보냄

본 문	물 품		바치는 자	받는 자	비 고
레 22:17	소나 양이나 염소의 흠 없는 수컷	서원제물이나 자원제물	이스라엘 자손이나 그 중에 거류하는 자	여호와	
레 27:1-34	모세가 정한 값	서원	사람의 값을 서원한 자	여호와	
	은 50세겔		20-80살 남		
	30세겔		20-80살 여		
	20세겔		5-20살 남		
	10세겔		5-20살 여		
	은 5세겔		1개월-5살 남		
	은 3세겔		1개월-5살 여		
	15세겔		80살 이상 남		
	10세겔		80살 이상 여		
	형편대로 값		가난한 자		
	5분의 1 추가		무르는 자		

민 6:1-21	산비둘기 두 마리나 집비둘기 새끼 두 마리 일 년 된 숫양, 일 년 된 흠 없는 숫양 한 마리, 일 년 된 흠 없는 어린 암양 한 마리, 흠 없는 숫양 한 마리, 무교병 한 광주리와 고운 가루에 기름 섞은 과자들과 기름 바른 무교전병들	속죄제물, 번제물, 속건제물, 번제물, 속죄제물, 화목제물, 소제물, 전제물	서원자		나실인의 서원
민 7 84-89	쟁반이 열둘이요 은바리가 열둘이요 금 그릇이 열둘, 수송아지 열두 마리, 숫양 열두 마리, 일 년 된 어린 숫양 열두 마리, 숫염소 열두 마리, 수소 스물네 마리, 숫양 육십 마리, 숫염소 육십 마리, 일 년 된 어린 숫양 육십 마리	번제물, 소제물, 속죄제물, 화목제물	이스라엘 지휘관들		제단에 기름 바르던 날
민 8 5-11	수송아지 두 마리, 기름 섞은 고운 가루	번제물, 소제물, 속죄제물	레위인		

본 문	물 품		바치는 자	받는 자	비 고
민 15:1-16	소나 양, 고운 가루 10분의 1에 기름 4분의 1 힌(어린 양-포도주 4분의 1 힌, 숫양-고운가루 10분의 2에 기름 3분의 1 힌, 포도주 3분의 1 힌, 수송아지-고운 가루 10분의 3 에바에 기름 반 힌, 포도주 반 힌)	화제나 번제나 서원을 갚는 제사나 낙헌제나 정한 절기제, 전제, 소제, 화목제			
민 15:17	처음 익은 곡식 가루 떡	거제	이스라엘 자손		
민 15:22-31	수송아지 한 마리, 숫염소 한 마리	화제 (소제, 전제), 속죄제	온 회중	여호와	회중이 부지중에 범죄할 경우
	일 년 된 암염소	속죄제			한 사람이 범죄한 경우
민 28:1-8	일 년 되고 흠 없는 숫양 두 마리	화제(상번제)			
	고운 가루 10분의 1 에바에 빻아 낸 기름 4분의 1 힌	소제	이스라엘 자손	여호와	매일
	어린 양 한 마리에 4분의 1 힌	전제			
왕상 8:62	소가 이만 이천 마리요 양이 십이만 마리	성전의 봉헌식 (화목제)	왕과 및 왕과 함께한 이스라엘	여호와	14일

왕하 12:4-16	사람이 통용하는 은이나 각 사람의 몸값으로 드리는 은이나 자원하여 여호와의 성전에 드리는 모든 은	성전 보수		제사장→ 일꾼(단, 속건제의 은과 속죄제의 은은 제사장)	
	속건제의 은과 속죄제의 은			제사장	
대상 29:1-9	곧 오빌의 금 삼천 달란트와 순은 칠천 달란트	성전 건축	다윗		
	금 오천 달란트와 금 만 다릭, 은 만 달란트와 놋 만 팔천 달란트와 철 십만 달란트, 보석		모든 가문의 지도자들과 이스라엘 모든 지파의 지도자들과 천부장과 백부장과 왕의 사무관, 보석을 가진 모든 사람, 백성들		
대상 29:21	수송아지가 천 마리요 숫양이 천 마리요 어린 양이 천 마리요	제사, 번제, 전제			
대하 7:4	소가 이만 이천 마리요 양이 십이만 마리	성전 낙성식	솔로몬과 모든 백성		

본 문	물 품		바치는 자	받는 자	비 고
대하 24:8	돈	성전 보수	모든 방백들과 백성들		
대하 29:31	수소가 칠십 마리요 숫양이 백 마리요 어린 양이 이백 마리, 소가 육백 마리요 양이 삼천 마리	번제물, 구별하여 드린 제물	회중		
스 1:1-6	은 그릇, 금, 물품들, 짐승, 보물, 예물	성전 건축	유다와 베냐민 족장들과 제사장들, 레위 사람들, 성전을 건축하고자 하는 자		
스 6:16-17	수소 백 마리와 숫양 이백 마리와 어린 양 사백 마리	성전 봉헌식	이스라엘 자손과 제사장들과 레위 사람들, 기타 사로잡혔던 자의 자손		
스 8:24-35	은 육백오십 달란트, 은 그릇 백 달란트, 금 백 달란트, 금잔 스무 개 (무게 천 다릭), 놋 그릇 두 개		왕과 모사들과 방백들과 또 그곳에 있는 이스라엘 무리		
	수송아지가 열두 마리요 또 숫양이 아흔여섯 마리요 어린 양이 일흔일곱 마리요	번제	사로잡혔던 자의 자손 곧 이방에서 돌아온 자	여호와	
	숫염소가 열두 마리	속죄제			

느 10:32-39	세겔의 3분의 1	성전 관리			해마다
	나무, 토지 소산의 만물과 각종 과목의 첫 열매		제사장들과 레위 사람들과 백성들이 제비 뽑아 각기 종족대로	여호와의 전	해마다
	맏아들들과 가축의 처음 난 것과 소와 양의 처음 난 것, 처음 익은 밀의 가루와 거제물과 각종 과목의 열매와 새 포도주와 기름			제사장들	
	십일조			레위 사람들	
	십일조의 10분의 1		레위 사람들	제사장들, 문지기들, 노래하는 자들이 있는 골방	
느 12:44-47	거제물과 처음 익은 것과 십일조			제사장들과 레위 사람들	
	날마다 쓸 몫		온 이스라엘	노래하는 자들, 문지기들	스룹바벨 때와 느헤미야 때
	그들이 성별한 것		노래하는 자들과 문지기들	레위 사람들	
	성별한 것		레위 사람들	아론 자손	

3. 제사장과 레위인의 몫

제사장과 레위인이 제물이나 십일조의 일부를 받은 것은 성전 제의 활동에 대한 개인 수입을 의미하는 것으로 개인 소유에 대한 당위성을 히브리 성서의 이데올로기 발전 모습에서 찾아볼 수 있다. 포로기까지 유다의 산당 제의를 담당한 레위 제사장과 관련해서는 후대 성전이 안정된 이후 조상 찾기 편집["레위 사람은 너희 중에 분깃이 없나니 여호와의 제사장 직분이 그들의 기업이 됨이며"(수 18:7)]을 통해 땅은 원천적으로 야훼의 지시에 따른 것이라고 서술한다. 그러나 역사에 나타난 다윗 왕조 이후의 산당 제의자는 가난했으며 그런 경제적 상황으로 인해 포로기 이후 예루살렘 제2성전 건설 시점에 산당 레위인 제사장들이 예루살렘 중앙 성전의 중하위급 자리로 옮긴 것으로도 유추할 수 있다. 제사장의 역할에 대해 출애굽기 29장, 레위기 6:8-7:38, 민수기 18장, 신명기 12:13-18, 느헤미야 10:35-37, 에스겔 44:20-31에서 서술하고 있지만 레위와 레위 제사장이 받은 제물에 대한 언급은 없다. 제사장과 레위인은 기본적으로 분깃도 없고 기업도 없기 때문이다.(신 18:1, 민 18:20)

그러나 느헤미야 10장에서 레위인의 성전에서의 역할(34절), 토지에서 수확된 과실과 가축에 대한 제사장의 몫(36절), 십일조의 10분의 1이 레위인 몫(38절)이라고 언급한다.(신 14:22-29, 26:12, 민 18:20-32, 느 10:35-39, 12:43-44, 13:4-5) 이는 성전세가 원천소득세로 전환되는 시점, 즉 성전이 안정화된 이후이며, 레위 제사장이 성전 권력의 최후 승리자로 나타나는 시기로 추정된다. 그들의 자신감이 자신들의 몫에 대한 편집을 가능하게 했을 것으로 볼 수 있다.

레위인은 산당 제의자에서 예루살렘 성전의 중간관리인으로 편입되어 마침내 신정국가 최고직에 등극했다. 성벽이 완공된 이후 레위인 제사장이 최종 승자로 올라서면서 "제사장과 레위 사람은 유다 모든 성읍에 흩어져 각각 자기 기업에 살았다."(느 11:20) 여기에서 '기업'으로 번역된 단어는 '나흘라'(נַחֲלָה)인데, 결국 제사장과 레위인이 땅을 최종 소유한 것으로 보인다. 또한 성전 권력이 땅에 대한 최종 소유를 지녔음을 알 수 있다. 레위인이 받은 제물에 대한 서술이 출애굽기, 레위기, 민수기, 느헤미야서, 에스겔서에 집중된 이유는 제2성전을 완공한 이후 성전 권력을 장악한 레위 제사장이 자신들의 조상 뿌리 찾기 편집 과정에서 최종 성전 권력자로서 자신들의 위상을 드러냈기 때문이다.

[표25] 받은 제물

본문	물품		대상	비고
출 29:30	위임식 숫양의 가슴과 넓적다리	화목제의 거제물	아론과 그의 자손	남은 것은 불사름
레 2:3		소제물의 나머지	아론과 그의 자손	
레 5:13		속죄제의 나머지	제사장	
레 6:16-18		화제물 중 소득	아론과 그의 자손	누룩을 넣지 않음
레 6:25-26		속죄제 제물	제사장	
레 7:6, 8-9	순살, 가죽	속건제 제물, 속죄제 제물, 화덕에 구운 소제물과 냄비에나 철판에서 만든 소제물, 거제	제사장	
레 7:10, 31	가슴	기름 섞은 것이나 마른 모든 소제물, 화목제물 중 가슴	아론의 모든 자손	

레 7:33	오른쪽 뒷다리	화목제물	아론의 자손 중 화목 제물의 피와 기름을 드리는 자	
레 7:34	흔든 가슴과 든 뒷다리	화목제물	제사장 아론과 그의 자손	
레 10:12	흔든 가슴과 들어 올린 뒷다리	화제물 중 소제의 남은 것	아론과 그 남은 아들 엘르아살에게와 이다말	
레 23:20	첫 이삭의 떡과 함께 그 두 마리 어린 양		제사장	
민 5:5-10	죄 값의 5분의 1, 숫양	거제	제사장	
민 6:20	삶은 숫양의 어깨와 광주리 가운데 무교병 하나와 무교전병 하나, 흔든 가슴과 받들어 올린 넓적다리		제사장	나실인
민 18:8-20	처음 익은 모든 열매, 모든 생물의 처음 나는 것, 은 다섯 세겔, 흔든 가슴과 오른쪽 넓적다리	모든 소제와 속죄제와 속건제물, 거제물과 모든 요제물, 거제	아론과 그 아들들	땅에 기업도 없겠고 그들 중에 아무 분깃도 없다
민 31:29	전리품(사람이나 소나 나귀나 양 떼)의 1,000분의 1		제사장 엘르아살	
민 31:30	전리품(사람이나 소나 나귀나 양 떼나 각종 짐승)의 100분의 1		레위인	

본문	물품		대상	비고
신 18:1, 3	소나 양이나 그 앞다리와 두 볼과 위, 처음 거둔 곡식과 포도주와 기름과 네가 처음 깎은 양털		레위 제사장	분깃도 없고 기업도 없다
느 10:36-37	맏아들들과 가축의 처음 난 것과 소와 양의 처음 난 것, 처음 익은 밀의 가루와 (거제물)과 각종 과목의 열매와 새 포도주와 기름		제사장	산물의 십일조의 10분의 1-레위 사람들
느 12:44	(거제물)과 처음 익은 것과 (십일조)		제사장들과 레위 사람들	
느 12:47	날마다 쓸 몫		노래하는 자들과 문지기들	
	노래하는 자들과 문지기들이 성별한 것		레위 사람들	
	레위 사람들이 성별한 것		아론 자손	
느 13:5	(십일조)로 주는 곡물과 새 포도주와 기름		레위 사람들과 노래하는 자들과 문지기들	도비야
		거제물	제사장들	
겔 44:15-30	(소제와 속죄제와 속건제의 제물, 이스라엘 중에서 구별하여 드리는 물건), 각종 처음 익은 열매와 너희 모든 예물 중에 (각종 거제 제물), 첫 밀가루		사독의 자손 레위 사람 제사장들	
겔 48:10	거룩한 땅		제사장	

레위인과 레위 제사장의 위상이 최고조에 이르고, 그들이 역대기를 저작/편집했다고 보는 이유는 이들과 함께 성전세가 동시적으로 서술되고 있기 때문이다. 이처럼 역대기[26]에서 레위인이나 레위 제사장 권력의 약진이 드러나는데, 예루살렘의 성전 권력 시스템이 공고화된 이후 레위인들이 성전 권력을 장악한 모습이 역대기의 편집에서 잘 나타난다.

[표26] 제사장들과 레위 사람들의 몫

본문	내용	구절
대하 31:4-6	제사장들과 레위 사람들의 몫	4. 또 예루살렘에 사는 백성을 명령하여 제사장들과 레위 사람들 몫의 음식을 주어 그들에게 여호와의 율법을 힘쓰게 하라 하니라 5. 왕의 명령이 내리자 곧 이스라엘 자손이 곡식과 포도주와 기름과 꿀과 밭의 모든 소산의 첫 열매들을 풍성히 드렸고 또 모든 것의 십일조를 많이 가져왔으며 6. 유다 여러 성읍에 사는 이스라엘과 유다 자손들도 소와 양의 십일조를 가져왔고 또 그들의 하나님 여호와께 구별하여 드릴 성물의 십일조를 가져왔으며 그것을 쌓아 여러 더미를 이루었는데

26 역대기에서는 제사장과 레위 사람이 번제(대하 30:15), 성전의 모든 일(대상 28:13), 궤와 회막과 장막 안의 모든 거룩한 기구를 메는 일(대하 5:5) 등 성전의 모든 제의를 담당하고 있다.

4. 권력을 획득한 후 이방인에 대한 포용적 자세로 전환

귀환 초기 사제 집단은 이방인에 대한 적대 감정을 표출했다. 대표적으로 이방인과의 이혼 요구와 결혼 금지(스 10장, 느 13:23-30)가 있는데, 이는 성전 건설 과정에서 발생한 이방인(사마리아인 포함)의 방해와 연결되어 있다.(스 4:1, 느 6:1-7) 그러나 성전이 완공된 이후 레위 제사장이 권력을 안정적으로 독점함으로써 이방인에 대한 평가가 부정에서 긍정으로 변화하는데, 그 이유가 무엇인지 살펴보고자 한다.

기존의 성서연구에서는 '이방인, 외국인, 나그네, 임시거류민'[27]으로 다양하게 표현되는 '이방인'에 대해 주로 사회적 약자의 관점에서 다루었다. 크리스티아나 반하우튼(Christiana van Houten)은 이방인에 대한 평가를 성서의 계약법전과 제사(성결)법전, 신명기 법전을 중심으로 분석했다. 먼저 그는 신명기에 선행하는 계약법

---

27 '이방인'에 대한 우리말 개역개정 번역은 아래와 같다.

명칭	의미	우리말 번역(개역개정 기준)
גֵּר(게르)	다른 종교 문화권에서 온 이민자, 개종하면 유대인이 됨	나그네 (출 19:34, 신 10:19) 외국인 (삼하 1:13) 이방인 (출 12:19, 신 28:43)
נָכְרִי(노크리)	유대인 내부에서 유대인이 아닌 자	외국인 (출 21:8) 이방인 (신 14:21, 15:3, 왕상 8:43, 대하 6:32, 6:33)
תּוֹשָׁב(토샤브)	외국에서 온 이주자이며 해당 지역 거주자, 해당 지역에서 태어난 사람들도 토샤브라고 하며 그 지역을 강조	거류민 (출 12:45) 기타 객, 동거인으로 번역

전이 이방인에게 환대와 정의가 필요함을 나타낸다고 보았고, 신명기법전에서는 비(非)이스라엘인인 이방인을 과부, 고아와 함께 약자보호법의 대상으로 보아 사회적 관점에서 분석했다.[28] 그러나 기존의 연구는 이방인에 대한 각 두루마리의 상관관계 가운데 에스라서, 느헤미야서에 나타나는 이방인과의 이혼과 결혼 금지에 대한 부정적 모습을 설명하지 못하고 있다.

먼저 신명기에서 이방인에 대한 평가는 복잡한 구성을 이루고 있다. 신명기에 나타난 이방인에 대한 시각은 '객(이방인), 고아, 과부의 진형적 순시'(신 24:19-21)로, 시회적 약자 보호의 관점만 존재하는 것은 아니다. 몇 가지 사례를 살펴보자. 첫째, 신명기 14:29는 초기 귀환 사제 집단의 이데올로기를 반영하고 있으며 사회적 약자 보호의 개념으로 연결하기 어렵다. 예를 들어 "기업이 없는 레위인과 네 성중에 거류하는 객과 및 고아와 과부들이 와서 먹고 배부르게 하라"(신 14:29)라는 구절을 같은 장 21절과 비교해보자. 21절에서는 부정한 음식에 대해 이스라엘 성민은 죽은 것을 먹지 말라고 언급하면서 객이나 이방인에게는 이것을 팔아도 된다고 서술한다. 이는 사회적 약자로서 이방인을 보호하는 것과 일치하지 않으며,[29] 에스라-느헤미야서에 나오는 이방인과의 이혼 요구

---

28 참조. 크리스티아나 반하우튼, 이영미 옮김, 『너희도 이방인이었느니: 구약법에 나타난 이방인』(오산: 한신대학교 출판부, 2008).

29 반하우튼은 이 부분에 대해 이스라엘의 음식 규정이 외국인에게는 적용되지 않았기 때문이라고 설명한다.(참조. 위의 책, 99.)

와 결혼 금지 등의 차별과도 연결된다.

둘째, 29절 이전에 십일조(22, 23절)와 레위인(27절)에 대해 거론하는 것이다. 반하우트은 레위인의 지위를 포로기 이전 시기로 소급하지만,[30] 성전이 완공된 이후 권력의 최종 승자인 레위 제사장의 이데올로기를 위해 후대에 편집된 것으로 보는 것이 더 타당하다. 성전 완공 이후 페르시아 화폐가 본격적으로 십일조에 활용되면서 원천소득세의 개념으로 성전세를 부과한 것이다.[31]

셋째, 신명기법전이 사회질서를 위한 포고령 형식(쉐마 형식)을 취하고 있다는 점이다. 출애굽기의 사회적 계약법전(출 22-23장)은 신정국가(성전의 완공 시점)에 나타난 구체적 법 형식으로 이해되고 있다. 즉 출애굽기 '계약법전'이 신명기법전의 후대 확대 편집인데, 원십계명의 편집과정에서도 신명기 십계명이 편집된 이후 출애굽기 십계명이 편집되었음을 언급했다.[32]

마지막으로 성결법전 혹은 제의법전은 레위 제사장이 성전 권력을 가진 이후에 공표한 가장 후대의 법전이라는 것이다. 다시 말

---

30 위의 책, 90.

31 참조. 김영호, "포로기 사제 집단의 이데올로기 형성과 종교권력 구축과정 연구," 153-55.

32 계약법전 안에도 신명기적 편집이 존재하며, 신명기법전과의 관계는 일방적이 아닌 상호적이다. 참조. 버나드 레빈슨, 이영미 옮김, 『신명기와 법 혁신의 해석학』 (오산: 한신대학교 출판부, 2009), 33-34. 원제는 Bernard M. Levinson, *Deuteronomy and the Hermeneutics of Legal Innovation* (Oxford: Oxford University Press, 1997).

해 성결법전은 레위 제사장의 편집에 의한 최종적인 제의법이며, 이에 따라 이방인에 대한 관점 또한 변화됨을 감지할 수 있다. 초기 귀환 사제의 눈에 비친 사마리아인들은 성전 건설의 방해자로 평가되었기에 그들은 이방인에 대해 부정적일 수밖에 없었다. 아울러 야훼의 정통성을 지닌 순수한 사람임을 드러내고자 했기에 상대적으로 이방인과 혼혈된 사마리아인에 대해 유일신 야훼를 따르지 않고 다신적 제의를 하는 이방인이라며 배타적 태도를 견지했다.(왕하 17:7-12) 더 나아가 유일신 야훼를 모신 성전 공사를 방해하는 자들 역시 이방인 혹은 이방세력이라는 이념적 태도를 드러냈다.(스 4:1) 그렇기 때문에 귀환 초기 유일신 야훼 제의를 거행한 순수 백성이라는 관점에서 이방인과의 이혼을 요구한 것이다.(스 9-10장) 이것이 현실적인 개혁인지에 대해서는 의문이 있으나, 귀환 사제 집단은 정통성과 순수성의 이데올로기 작업으로 이방인에 대해 부정적·배타적인 태도를 드러냈다. 그러나 성전이 완공된 이후에는 이방인에 대한 긍정적·포용적 시각의 전환이 극명하게 나타난다.

신정국가 선포 이후 성전 권력의 최종 승자인 레위 제사장의 입장에서는 시내석 완성이 변화된 이후이다. 성전(신정국가)이 안정된 뒤 그들은 자신들의 권력을 유지하고 확장하고자 성전세를 극대화하기 위해 십일조 등의 방법을 사용했다. 근본적으로 세수 인원을 확장하기 위한 이데올로기 작업도 필요했다. 그래서 다음과 같이 이방인에게 율법을 가르치기 시작했다. "네 성읍 안에 거류하는 타국민을 모으고 그들에게 듣고 배우고 네 하나님 여호와를 경외하며 이 율법의 모든 말씀을 지켜 행하게 하고."(신 31:12) 이것은 이방인을 유대인과 동등하게 대함과 동시에 성전세를 부과하기 위한 방법이었다. 이처럼 성전세 징수를 극대화하기 위해서는 본질적으로 세수 인원을 증가시켜야 했고, 그래서 이방인도 성전 제의에 참여하게 한 것이다. 성전이 완공된 이후에는 이미 권력이 안정화되었고 이방인을 성전세의 사각지대에 둘 필요가 없었기에 율법의 틀 안으로 들어오게 한 것이다.

이방인에 대한 관점이 변화한 데에는 이방인에 대한 사회적 약자 보호법이라는 관점만이 아니라 다른 시각에서 복잡한 이해가 얽혀 있다. 포로기 귀환 공동체의 정체성, 곧 골라에서 야훼를 모시는 순혈주의 이데올로기가 태생적으로 복잡했기 때문이다. 표면적으로 사제 집단은 이방인(바벨론 백성 포함)에 대해 배타적 시각을 지니고 성서 편집의 주체로서 나섰지만, 그들 자신도 사실 페르시아제국에서는 이방인이었기 때문이다.[33] 그들은 자신을 선택받은 백성으로 상정하기 위해서 선택받지 못한 백성(이방인)을 산정해 두었는데 이는 귀환 초기 이미 타락한 혼혈 백성에 대해 자신들이 차별화되었음을 강조하기 위한 이데올로기적 장치였다. 그러므로 이방인 및 혼혈인과 이혼할 것을 요구하는 것은 그들에게

33 B. S. Childs, *The Book of Exodus: A Critical, Theological Commentary* (OTL: Philadelphia Westminster Press, 1962), 454.

당연한 개혁 조치였고 성공 여부와는 관계없는 일이었다. 이후 성전/성벽을 건설하는 동안 사마리아인의 방해를 언급하는 것도 이방인에 대한 차별 이데올로기에 사마리아를 추가한 것이라고 볼 수 있다. 오직 순수한 야훼 백성(귀환 사제 집단)에 의해 성전이 건설되어야 한다고 주장한 것이다. 성벽이 완공(신정국가 시스템 작동)되고 나서는 성전세를 극대화하기 위해 이방인 성전세 징수에 관심을 갖는데 이로써 이방인에 대한 포용적 모습이 성서에 나타나게 되었다.

역사적 정황으로도 유다는 포로기 이전부터 이방인들과 관계를 맺었다. 아시리아와 바벨론제국의 이방인 통치에 대해 국가적인 저항을 하지는 않았다. 오히려 느헤미야서에 나타난 암몬 출신 예루살렘 사람 도비야,[34] 시돈 백향목 수입상을 통한 성전 건설, 사마리아 성전 비문에 나타난 야훼 제의에 참석한 페르시아인 등을 생각하면 고대 이스라엘 사회는 개방사회였으며 문화적·경제적으로 주변 국가와 교류하는 사회였다고 할 수 있다. 이런 상황에서 귀환 사제 집단의 급진적 개혁 조치(이방인과의 이혼 혹은 결혼 금지)는 실질적이고 역사적인 개혁이라기보다는 상징적이며 이데올로기적인 개혁에 가깝다고 할 수 있다. 즉 포로기 귀환 사제

---

34 이윤경, "느헤미야, 산발랏, 도비야의 관계를 통해서 본 느헤미야 개혁," 「한국기독교신학논총」 86(2013): 5-29. 아마도 도비야는 거대 무역상으로서 대제사장과 거래를 한 것으로 보인다.

집단의 순수성을 강조하기 위한 전형적인 이데올로기 작업일 가능성이 큰 것이다.[35]

결론적으로 이방인에 대한 성서 편집은 성전 완공 시점을 기준으로 부정에서 긍정으로 변했는데, 이것은 분명 성전세와 관련이 있다. 에스라가 성벽 앞에서 읽은 법전이 신명기법전일 가능성이 높으며[36] 이후 계약법전을 편집하여 총회나 제의 구성원 본문으로 출애굽기 23:14-19를 제시하는데, 세 절기(무교절, 맥추절, 수장절)에 참석할 수 있는 사람을 "모든 남자"(출 23:17)라고 언급할 뿐 민족이나 계급에 대해서는 말하지 않아 이방인을 절기에 포함했는지 제외했는지가 불분명하다. 다만 이방인을 호의적 대상으로 여기는 듯 "너는 이방 나그네(גֵּר, 게르)를 압제하지 말라"라는 표현이 출애굽기 22:21과 23:9에 반복해서 서술된다는 점에서 이방인에 대한 인식 변화를 엿볼 수 있다. 그리고 마지막 제의법전으로 레위기 17:12-13에서 나그네로 하여금 계명을 지키고 번제나 제물을 드리도록 규정함으로써 이들을 구성원으로 포함한 것을 알 수 있다.

그러나 귀환 초기 모세의 기념일로 유월절, 칠칠절, 초막절에 대해 설명하는 신명기 16:11에서는 나그네가 구성원에 포함되지

35 에스라 10장에 나타난 '이방인'과의 이혼에 110쌍이 언급된 것은 적은 숫자에 불과하며 이방 여인의 자녀(44절) 문제가 언급되지 않은 점으로 보아 이것은 편집 이데올로기로 봐야 한다.

36 반하우튼, 『너희도 이방인이었으니』, 91.

않았으며 신명기 23:1-8 총회법에서도 '고환이 상한 자나 음경이 잘린 자', '사생자', '암몬 사람', '모압 사람', 즉 이방인은 총회에 들어올 수 없다고 제한하고 있다. 다만 '에돔 사람'과 '애굽 사람'은 삼 대 후 자손이 총회에 들어올 수 있다고 규정한다. 신명기 23장의 총회법은 느헤미야 13장과 밀접한 연관성을 드러내는데, 민경구는 느헤미야 13장이 신명기 23장의 총회법을 수용하여 이스라엘과 뿌리 깊은 관계를 맺는 두 인물(도비야-암몬 사람, 산발랏-모압 사람)을 비판하는 것으로 이해한다.[37] 그러나 이사야 56:1-8은 이방인과 고자에게도 안식일에 참여할 수 있는 자격을 부여함으로써 신명기 23장과 느헤미야 13장과는 다른 관점을 제시하는 듯하다. 한편 에스겔 44:4-8은 할례를 받지 않은 이방인의 참여를 비판한다.

이방인에 대한 부정 평가는 상황에 따라 긍정적인 평가로 바뀐다. 즉 성전이 완공된 이후 성전세 징수를 극대화하기 위해 이방인의 제의 참여를 인정한 것이다. 이와 관련하여 [표27]을 살펴보자.

---

37 민경구, "토라의 수용 및 재해석," 「구약논단」 23 (2017): 25-26

[표27] 성전 완공 전후 이방인에 대한 평가

평가	성서	성서 본문	비고
부정적	겔 44:4-8	7. 너희가 마음과 몸에 할례 받지 아니한 이방인(נֵכָר, 노크리)을 데려오고 내 떡과 기름과 피를 드릴 때에 그들로 내 성소 안에 있게 하여 **내 성전을 더럽히므로** 너희의 모든 가증한 일 외에 그들이 내 언약을 위반하게 하는 것이 되었으며	귀환 직후
부정적	느 13:1-3	1. 그 날 모세의 책을 낭독하여 백성에게 들렸는데 그 책에 기록하기를 **암몬 사람과 모압 사람은 영원히 하나님의 총회에 들어오지 못하리니** 2. 이는 그들이 양식과 물로 이스라엘 자손을 영접하지 아니하고 도리어 발람에게 뇌물을 주어 저주하게 하였음이라	귀환 직후 성전 완공 전
부정적/ 유보적	신 23:1-3	1. **고환이 상한 자나 음경이 잘린 자**는 여호와의 총회에 들어오지 못하리라 2. 사생자는 여호와의 총회에 들어오지 못하리니 십 대에 이르기까지도 여호와의 총회에 들어오지 못하리라 3. 암몬 사람과 모압 사람은 여호와의 총회에 들어오지 못하리니 그들에게 속한 자는 십 대뿐 아니라 영원히 여호와의 총회에 들어오지 못하리라 8. **그들의 삼 대 후 자손은 여호와의 총회에 들어올 수 있느니라**	성전 건축 완공 전

부정적/유보적	레 17:1-16	3. 너는 또 그들에게 이르라 **이스라엘 집 사람이나 혹은 그들 중에 거류하는 거류민(게르)이 번제나 제물을 드리되** 9. 회막 문으로 가져다가 여호와께 드리지 아니하면 그는 백성 중에서 끊어지리라 10. 이스라엘 집 사람이나 그들 중에 거류하는 거류민 중에 무슨 피든지 먹는 자가 있으면 내가 그 피를 먹는 그 사람에게는 내 얼굴을 대하여 그를 백성 중에서 끊으리니 15. 또 스스로 죽은 것이나 들짐승에게 찢겨 죽은 것을 먹은 모든 자는 본토인이거나 거류민이거나 그의 옷을 빨고 물로 몸을 씻을 것이며 저녁까지 부정하고 그 후에는 정하려니와 16. 그가 빨지 아니하거나 그의 몸을 물로 씻지 아니하면 그가 죄를 담당하리라	성벽의 완공 직후
긍정적	신 16:11	11. 너와 네 자녀와 노비와 네 성중에 있는 레위인과 및 너희 중에 있는 객(게르)과 고아와 과부가 함께 네 하나님 여호와께서 자기의 이름을 두시려고 택하신 곳에서 네 하나님 **여호와 앞에서 즐거워할지니라**	성전 완공 이후 안정기
긍정적	사 56:1-8	3. 여호와께 **연합한** 이방인(노크리)은 말하기를 여호와께서 나를 그의 백성 중에서 반드시 갈라내시리라 하지 말며 **고자**도 말하기를 나는 마른 나무라 하지 말라 4. 여호와께서 이와 같이 말씀하시기를 나의 안식일을 지키며 내가 기뻐하는 일을 선택하며 나의 언약을 굳게 잡는 **고자들에게는**… 6. 또 여호와와 연합하여 그를 섬기며 여호와의 이름을 사랑하며 그의 종이 되며 안식일을 지켜 더럽히지 아니하며 나의 언약을 굳게 지키는 **이방인마다** 7. 내가 곧 그들을 나의 성산으로 인도하여 기도하는 내 집에서 그들을 기쁘게 할 것이며 그들의 번제와 희생을 나의 제단에서 기꺼이 받게 되리니 이는 **내 집은 만민이 기도하는 집**이라 일컬음이 될 것임이라	성전 완공 이후 안정기

성전이 완공된 이후 안정기에 들어선 신정 권력 사제 집단은 더 이상 순수하지 않은 이방인이라는 이데올로기 비판 작업을 지속할 필요가 없었다. 성전 시스템이 원활하게 작동됨에 따라 오히려 성전세를 극대화하기 위해 이방인에 대한 관점을 바꿔야 했다. 이로써 사마리아인을 포함하여 이방인들을 예루살렘 구성원으로 받아들였음을 추정해볼 수 있다. 결국 이방인에 대해 사마리아 성전과 같이 유연한 모습을 보였을 것으로 추정된다. 이방인뿐만 아니라 고자를 총회의 구성원으로 받아들인 것에 대해 군네벡은 이사야 56장에 기록된 이방인 수용이 느헤미야서 이후의 모습[38] 이라고 주장하는데 그 이유는 사제 집단의 종교 권력이 안정화된 이후의 모습이라 유추되기 때문이다. 정리하자면, 이방인에 대한 관점이 변화한 것은 이방인에 대한 정치적 포용이 아니라 성전세 수익 극대화를 위한 성전 권력자의 이데올로기 작업이라 할 수 있다.

38 A. H. J. Gunneweg, *Nehemia, KAT XIX 2* (Gütersloh: Gerd Mohn, 1987), 41. 군네벡은 느헤미야 2:1에 기록된 왕을 아닥사스다 I(Artaxerxes I, 465-424)로 규정하며, 이를 기원전 445년에 있었던 기록으로 확정한다. 이와 달리 토레이는 엘레판틴 파피루스(Elephantine-Papyri)를 근거로 느헤미야 2:1을 아닥사스다 II(Artaxerxes II) 20년인 384년경으로 추정한다. C. C. Torrey, "Sanballat. The Horonite," *JBL* 47 (1928): 384.

[표28] 이방인에 대한 시각 변화

본문	겔 44:4-8	느 13:1-3	신 23:1-8	신 16:13-17	사 56:1-8	레 17:1-16
단계	성전 완공 이전 (부정적)			성전 완공 이후(긍정적)		
배제	이방인	암몬, 모압 (총회 불가)	고환이 상한 자, 음경이 잘린 자, 사생자, 암몬, 모압			
참여			에돔, 애굽 (3대 후)	이방인	이방인	이방인, 고자

5. 성전 안정기 성전세에 대한 함의

포로기 귀환 사제 집단이 추구한 성전 건축 과정과 성전 완공 이후 성전세 획득은 그들만의 독특한 발상이 아닌 고대 근동 메소포타미아 지역의 다양한 신전 제사와 제의 형태에서 발전된 것이라고 할 수 있다. 바벨론제국이나 이를 승계한 페르시아제국에서도 성전을 통한 성전세를 제국의 조세제도로 사용한 것을 찾아볼 수 있다.

히브리 성서의 오경, 역사서, 에스라-느헤미야서에는 다양한 성전 세금에 관한 내용이 나오는데, 제국의 세금과 별도로 성전 사제 집단이 자신들의 권력을 위해 성전세를 활용한 것은 아닌지 살펴보는 것도 필요하다. 먼저 초기 귀환 사제 집단은 모세를 사제의 원형으로 여기고, 출바벨론의 역사를 출애굽 역사와 데자뷔로 기술하면서 모세기념세(유월절과 초막절)로 세금을 걷기 시작했다. 이후 성전 권력은 성전이 완성되면서 초기의 순수성을 잃었는데, 성전세를 확대하고자 토지 계절세(맥추절, 장막절)와 원천소득세(십일조)를 도입하고 레위인 몫의 땅까지 소유하면서 지속적으로 탐욕을 드러냈다. 결국 이것은 유다 토착민의 고통을 가중시켰다. 또한 원천소득 징수세인 십일조에 더하여 다양한 헌물이 징수되었고, 제국 화폐가 사용됨에 따라 예루살렘 성전은 일종의 중앙은행(금고지기)의 역할을 담당했다.[39] 십일조에 대해서는 아브라함과 멜기세덱 이야기에 십일조를 편집하고(창 14:17-20), "여호와의 성물"이라고 말하면서 계명으로 의무적으로 헌물하도록 규정(레 27:30)했다.

신명기 14:25에서 알 수 있듯이 멀리서 성전으로 헌금을 하러 갈 때는 돈(silver)을 가지고 와서 소나 양, 포도주 등을 샀다. 페르시아제국의 화폐를 십일조 헌물로 바꾼 것이다. 레위인을 자칭하는 사제 집단의 몫을 지정한 것(신 14:27)은 타락한 사제 권력의 본모습을 잘 보여준다. "분깃이나 기업이 없는 자"라고 자신들의 조상을 회고하나 정작 레위인 자신들은 자기 기업을 가졌으며(느 11:20), 그들에게는 땅 무르기가 언제든지 가능(레 25:32)했다. 즉 성전 완공 이후 레위 제사장들은 땅을 소유하게 되었는데 1세기 산헤드린의 제사장과 유사한 느낌이다. 그들의 종교권력은 마침내

---

39 Marty E. Stevens, *Temples, Tithes, and Taxes* (Michgan: Baker Academic, 2006), 136-37.

정치권력으로 확장되고 마카베오 반란(The Maccabean Revolt, 167-164 BC)을 통해 하스몬 왕가의 시몬이 왕과 대제사장을 겸직하게 된다. 그 이유는 종교적인 이유가 아니라 경제적 이유로 그 중심에는 성전세가 왕조 운영의 근간이었기 때문이다. 이처럼 사제 집단의 '성전-성전세-제사장 권력'으로 이어지는 이데올로기는 성서의 편집을 통해 잘 드러난다. 특히 말라기 3:8에서 "사람이 어찌 하나님의 것을 도둑질하겠느냐… 이는 곧 십일조와 봉헌물이라"라고 언급한 것은 신약 시대로 넘어가기 직전의 역사적 모습을 잘 보여준다. 극심한 성전세를 요구하는 세태로, '십일조는 너희에게 복을 쌓는 것이다.'(말 3:10)는 말에서 절정에 이른다.

초기 귀환 사제 집단의 희망, 성전국가의 상징인 예루살렘 성전은 점차 헬레니즘 시대로 접어들면서 정치권력의 모습으로 전환되는 과도기적 위치에 놓여 있었다. 이러한 시대 배경에서 그들은 편집을 통해 성전세의 당위성을 아주 세세하게 묘사할 수밖에 없었다. 가난한 자에 대한 구제를 언급하지만(출 22:25, 신 15:7, 11), 이들이 원래 가난했는지 아니면 가난해졌는지 살펴보아야 한다. 신명기 15:11의 '항상 가난이 끊이지 않는 상황'에 대한 언급은 분명 초기 귀환 사제의 서술이다. 느헤미야서를 통해서 백성의 고통을 없애려는 귀환 사제의 순수한 정의감을 엿볼 수도 있지만 한 사람이 성전 권력의 부패를 개혁할 수는 없다. 요컨대 성전이 완공된 이후 레위인이 최후 승자로 등장하여 성전세 징수를 극대화하는 모습은 이들이 세속화되고 타락하였음을 의미한다.

제 6 장

결론

고대 사회에서는 특정한 집단의 힘(power, 권력)을 통해서만 개인의 작품을 보존할 수 있었을 것이다. 그 집단은 세대를 넘어 동일한 목적을 가지고 있었기에 성서를 보존해야 했고 외부적, 내부적 상황이 변함에 따라 편집(수정, 삭제, 첨가) 작업도 필요했다. 특히 남유다가 멸망한 후 바벨론 포로지에서 이런 힘이 축적되기 시작했는데, 이는 포로공동체의 사제 집단으로부터 시작되었다. 이들은 내부의 힘을 성장시키면서 페르시아제국의 통치 위임자로 귀환했는데 그들의 통치 이데올로기가 성서에 그대로 반영되었다. 바로 그들이 성서의 각 두루마리 속에 나타난 공통 주제를 다양하게 동시에 편집한 것으로 보인다. 이런 관점에서 각 두루마리의 상호 연관성을 비교해보면 편집 이데올로기가 일정한 방향으로 발전한 것을 알 수 있다.

결국 페르시아제국의 등장은 히브리 성서 편집의 가장 큰 배경이자 동력이 되었다. 시대 환경이 급변함에 따라 바벨론 포로공동체의 엘리트 사제 집단이 페르시아제국의 속주 지역 통치 대행자로 귀환함으로써 성서를 기록하게 된 것이다. 당시 포로공동체에서는 사제 집단이 형성되었는데 이들은 국제화된 바벨론의 문화, 교육, 종교를 가장 가까이에서 체득하는 특권을 누렸으며, 그들 사회에 동화되지 않고 자신들만의 정체성을 확보하기 위해 유일신 야훼를 중심에 놓는 작업을 시작했다. 귀환 사제들은 스룹바벨, 에스라, 느헤미야 등 교포 3-4세 엘리트로서 페르시아제국 속주 관리자(총독 등)로 귀환했는데, 이들은 골라 지역에서 형성된 자신들의 이상향을 예루살렘 성전 건축을 통해 구현하고자 했다. 귀환 초기 이들은 엘리트로서 순수성을 간직하고 있었지만 성전이 건축된 이후에는 탐욕적으로 바뀌게 된다.

우리는 에스라-느헤미야서를 중심으로 한 되쏘기 작업을 통해 각 두루마리의 상관관계 속 이데올로기 흐름을 파악하면서 열왕기서, 역대기, 출애굽기, 레위기, 신명기의 편집 과정을 분석했는데, 이런 이데올로기 해체는 실체적·역사적 정황을 중심축에 놓고 히브리 성서를 들여다봄으로써 얻어진 결과이다. 이처럼 성서의 내용은 시대의 산물이기에 역사 기록물로서도 충분한 가치를 가지고 있다.

포로기 사제 집단의 이데올로기는 최소한 네 단계(포로기-포로귀환 직후-성전 건립/두 성전의 경쟁-성전 안정기)로 변화, 발전되었다. 이데올로기 서술은 권력을 지향하는 방향으로 서술되는데, 역설적으로 실제 역사적 상황을 은폐하는 경우도 있다. 자신들의 목적을 정당화하기 위한 논리를 펴지만 정당성이 결여되는 경우 그 서술이 길어질 수밖에 없다. 히브리 성서에 그려진 사제 집단(권력자) 중심의 서술은 성전의 건설과 율법의 시행이라는 장기적 목표

아래에서 이루어졌다. 이 과정에서 다윗 왕조에 대한 평가, 산당에 대한 비판, 땅의 문제, 이방인과 혼혈민족에 대한 비판이 있었다. 그리고 성전세가 다양한 모습으로 규격화, 정량화되는 과정은 사제 집단의 탐욕을 드러냄과 동시에 유다 토착민의 고통을 가늠하게 한다. 지방 산당을 지키던 레위인들은 성전 조직에 참여하고 마침내 사독의 자손 레위 사람 제사장으로 불렸는데, 제2예루살렘 성전을 중심으로 한 신정국가에서 최후 승자가 되면서 탐욕이 생긴 것으로 보인다. 이 최후 승자는 레위인에 대해 긍정적인 관점으로 역대기를 편집했음을 확인할 수 있다. 성서 기자는 엘리트 지배 계급의 당위성을 서술하고 있지만, 그 이면에는 유다 땅 토착민의 고통이 있으며 이들이 왜 가난 속에 있었는지를 짐작하게 한다.

레위기에 집중된 제의법전은 이러한 그들의 마지막 편집 작업에 속한다. 현실적으로 성전을 유지하고 성전 권력자가 권력을 승계하기 위해서는 지속적인 성전세 유입이 필요했다. 즉 성전세는 일종의 국가 재정이었다. 페르시아제국은 본토 중앙 정부의 세금뿐 아니라 예루살렘 성전을 위한 내부 성전세를 걷는 등 세금을 과도하게 징수했는데 세금 확보를 위해 이방인의 야훼 제의까지 수용할 정도였다.

[표29] 이데올로기 발전 모습

이데올로기 형성 단계		왕정	성전	성전서	레위인	이방인	땅의 문제
1단계	정체성 확립: 포로기						
	십계명 → 정체성 유일신 사상						
2단계	정통성 주장(귀환 직후)	부정 (우상숭배)	산당부정 (중앙 제의) 성막이 원형	유월절 및 모세절기	레위인 중간 관료화 작업	부정 (고레스 긍정)	땅의 소유 (암하레츠) 부정
	열왕기 등 신명기적 역사 편집 → 왕의 부정 원인						
3단계	성전 권력 경쟁: 성전과 성벽의 완공 이전		사마리아 성전 부정	계절 절기로 상례화, 제사장에 대한 대우	사마리아 성전과 대립	차별 유지	
	사마리아 성전과의 갈등						
4단계	공고화, 안정화 작업	요시야 부정, 성전제의 강조	솔로몬 성전이 원형	십일조	최종 승자 레위인의 재산 소유	포용 느고 왕 평가	
	레위의 위상 성전세의 다양화, 역대기						

이 책은 이데올로기를 발전시키는 과정에서 유일신 야훼의 백성으로서 포로지에서 신앙을 지킨 이들의 정체성에 주목해왔다. 공동체의 구심점이었던 사제 집단이 있었기에 그들은 정체성을 잘 형성할 수 있었을 것이다. 그들은 바벨론제국에 끌려가 이민족으로 차별을 당했으나 야훼 백성 공동체로서 자신들의 고유한 종교 제의를 정형화하면서 히브리 민족의 정체성을 깨닫게 되었다. 이 포로 기간 70년은 아마도 히브리 민족이 역사 속에 나타날 응집력이 축적되던 시기였을 것이다.

귀환 초기 미스바 중심의 바벨론 구권력(舊權力)이나 다윗 왕조를 재건한 세력의 저항은 거의 없는 듯했지만, 민족의 순수성을 내세우며 예루살렘 토착민에게 이방인과의 이혼 및 결혼 금지를 요구한 것은 극심한 저항에 직면하게 된다. 민족의 개념이 약한 상태에서 오랜 전통으로 자리 잡은 결혼 문제에 대해 급격하게 개혁한다는 것은 쉽게 받아들이기 어려운 문제였다. 그런데도 이들이 이러한 이데올로기 편집을 시도한 것은 현실적이라기보다는 상징적인 것이며, 성공보다는 당위에 목적이 있었다.

귀환 사제 집단은 '안식일을 거룩하게 지키고', '이방인과 혼혈되지 않은 순수한 야훼주의자'로 포로기 공동체를 지켰으므로 귀환 이후 유다 땅에서도 성전을 통해 자신들의 정체성을 유지하려고 했을 것이다. 유다 땅의 토착민은 산당 제의를 폐지하고 중앙 성전 중심의 제의로 전환하는 것에 크게 거부감을 느끼지 않았지만, 과중한 성전세에는 저항한 것으로 보인다. 성전 완공이 지연된 원인에는 초기 제국의 혼란으로 속주에 대한 지원이 적시에 이루어지지 않은 것도 있었겠지만, 토착민에게 주어진 과도한 세금(성전세 포함) 때문임을 짐작할 수 있다.

이런 문제와 함께 예루살렘 성전 건축에서 또 하나의 큰 장애물은 같은 야훼를 섬기는 사마리아 성전의 존재였다. 두 성전의 존재는 '한 하늘 아래에 태양이 둘일 수 없다.'는 문제였다. 이러한 헤게모니 쟁탈의 상황에서 예루살렘 사제들은 사마리아인을 '혼혈 이방족'으로 규정하고 경쟁과 대립의 긴 터널을 지나면서 성전을 완공시켰다. 사실 성전 완공의 진정한 의미는 외형적 건물이 아니라 성전 제도의 시스템이 제대로 작동하는 것이다. 신정국가에는 성전과 율법이 필요한데, 에스라가 성벽 앞에서 온 국민을 향해 율법을 낭독한 것은 새로운 신정국가의 탄생을 알리는 것이었다. 대규모 군중을 동원한 국가 행사의 모습이 그려진다.

성전이 완성된 이후 중하위직 레위 제사장들의 신분이 상승하고 마침내 예루살렘 제사장의 최고 자리에 등극하면서 성전 권력이 부패하기 시작했다. 야훼 성전을 차지한 뒤 그들은 권력을 유지하고 확장하기 위해 다양한 종류의 성전세를 만들었을 뿐만 아니라 그 당위성을 위해 성서 이데올로기 작업을 진행했다. 이로써 피지배자인 백성의 고통만 가중되었는데 백성은 성전에 대해 의무만 있을 뿐이었다. 그들은 제국의 세금과 성전세라는 이중 과세를 부담했다. 마치 1세기 로마제국의 세금과 산헤드린의 성전세 부담과 같은 것이었다.[1]

페르시아제국의 속주 예루살렘 성전의 신정정치는 역사적으로 유례가 없는 것이었다. 제국의 입장에서 이 지역은 경제적 이득보다는 이집트와의 군사적 경계 역할이 더 중요했다. 이 지역에서 사제 집단의 성전 통치는 중세 시기 왕권신수설(王權神授說)보다 더 직접적인 신권설(神權說), 즉 신이 직접 통치하는 것이었는데, '야훼가 지시했기 때문'이라는 이데올로기는 그 대행자인 성전 대제사장의 권력 남용을 잘 보여주고 있다. 또한 그들은 성서 편집을 통해 성전세를 강조함으로써 권력을 유지하고 확장했다. 이러한 이데올로기 구도는 성전 완공 이후 '성전-성전세-레위 제사장'이라는 구도 위에 놓이는데, 역사에서 반복하여 나타나는 '독재국가-과도한 세금-독재자'의 구도와 유사하다. 이들을 견제하고자 한 세력은 탄압을 받았으며 권력자의 프로파간다 서술 속에 존재하지 않게 되었다.

독재의 경우 정권 초기에는 순수성을 가지고 쿠데타를 일으키지만 집권한 이후에는 권력의 속성에 따라 장기 집권을 추구하면서 부패하게 된다. 이 유형은 성전 완공 이후 최종 권력자인 레위 제사장에게도 동일하게 적용되었다. 결국 초기 귀환 사제의 순수성은 사라지고 성전세를 극대화하기 위한 이데올로기만 남았다. 성전 권력의 부패한 모습은 '십일조(성전세)를 해야 야훼가 복을

---

1 로마-유다 제사장 사회의 메시아 대망론과 이사야서의 메시아 대망론은 백성에 대한 이런 착취와 관련이 있을 수 있다.

주신다.'(말 3:10)는 결론에서 절정에 이른다.

본 연구는 몇 가지 유의미한 결론을 가질 수 있었다.

첫째, 히브리 성서의 글쓰기(글쓰기-보존-편집)는 유일하게 사제 집단이 수행했다고 보아 문서가설(J, E, D, P)을 인정하지 않았다. 아울러 편집비평에서 간과하고 있는 성서 편집의 이유를 이데올로기 해체비평을 통해 제시했다. 사제 집단의 글쓰기는 히브리 성서에 사제 집단의 권력 이데올로기가 담긴 P(Priest editions)와 사제 집단 혹은 다른 글쓰기에 권력 이데올로기가 담기지 않은 Non-P로 나누고 제2성전 완공을 중심으로 시기적으로 Pre-P, P, Post-P로 구별하는 것이 타당하다.

둘째, 페르시아제국의 등장과 함께 제2성전이 완공되고 유다 지역이 변화함에 따라 네 단계(정체성-정통성-대립기-안정기)로 사제 집단 이데올로기가 형성되었음을 살펴보았다. 먼저 이데올로기 형성이 있었고, 이후 편집이 있었는데 편집의 모습은 다양하게 나타나고 있다.

셋째, 페르시아제국의 속주 통치 정책, 즉 통치를 원활하게 하고 세금을 잘 걷기 위해 성전이 완공되었음을 밝혔다. 페르시아제국이 없었다면 사제 집단의 귀환, 성전 건설은 불투명했을 것이다.

넷째, 페르시아제국의 통치 위임사로 귀환한 인물들은 공동체에서 자신들의 정체성을 확립한 유대인 교포들이었다. 이들은 광의(廣義)의 사제 집단에 속하는 사람들이다.

다섯째, 사제 집단은 귀환 초기 포로기에서 돌아온 사제 집단

(사독계 제사장, 재외교포 제사장)과 유다 땅에서 산당을 지키던 레위 제사장(토착 제의 제사장)으로 구별했다. 이 두 그룹은 초기에 협력하여 성전을 완공했으나 소수의 사독계는 그 명맥을 유지하지 못하고 결국 레위계가 성전의 실권을 장악하게 되었다.

여섯째, 성벽 완공은 성전의 진정한 완공 혹은 신정국가 시스템의 완전 작동을 의미한다.

일곱째, 율법책은 성전 권력의 한 축(헌법)이며 사제 집단은 성전 권력의 개혁을 상징한다. 모세의 율법은 요시야 때 다시 나타났고, 잘 보존하여 포로기 때 가져갔다가, 성벽 완공 시 에스라가 낭독했다. 이 율법책은 신명기법전으로 보인다.

여덟째, 성전세는 포로기 안식일 제의→모세기념세→토지세→원천소득세로 확장되었다.

아홉째, 사제 집단의 이데올로기는 에스라-느헤미야서, 열왕기서, 신명기, 레위기, 민수기, 출애굽기, 역대기에 집중되어 있다.

지금까지 이데올로기 해체비평을 통해 히브리 성서의 각 두루마리에 나타난 상관관계를 찾아 사제 집단의 이데올로기 형성 및 발전 과정을 살펴보고 몇 가지 기준점을 제시했다. 그러나 거시적 방법의 개괄이라는 한계로 인해 앞으로 더욱 많은 부분을 추가로 연구해야 하리라고 본다. 그럼에도 오늘날 한국 기독교에 주는 의미는 분명하다고 본다. 성서 본문에 나타난 사제의 권력과 탐욕 이데올로기가 현재 목회자들의 권력화 양상과 아주 유사하기 때문이다. 성서 본문 자체를 바로 '진리'로 받아들이는 순간 현대 목회자들의 권력 지향적 부패가 그곳에 도사릴지도 모르기 때문이다. 우리는 인간의 사고 범주에 있지 않은 하나님의 심오한 영역에 범접할 수 없다.[2] 그러므로 우리는 겸손한 마음으로 성서의 깊은 '안내'를 받아야 한다.

이 책은 미시적 접근을 할때 드러나는 기존의 성서연구의 난해성을 극복하려는 의도에서 시작되었다. 성서 본문의 단락, 문장, 단어에서 어떤 의미를 추출하고 신학적으로 해석하는 것은 분명 긍정적인 면과 부정적인 면이 있을 것이다. 이때 하나님의 뜻이 무엇인지 다양한 해석이 가능한데, 소위 이단사도 성서 본문을 가지고 자기 해석을 주장할 수 있기에 더욱 경계해야 한다. 청자는 유다 땅의 피지배 백성과 같이 화자의 주장에 대항할 근거를 가지기 어렵기 때문이다. 기존 한국 기독교의 교권 세력은 '성서가 진리'라는 직관적 해석만 가지고 한국교회에 보편적으로 통용함으로써 혼란을 일으켰는데, 한국 기독교가 이런 배경에서 성장했기에 이단들의 동일한 성장 전략에 대해 분별하지 못하는 것이다. 지금 시대에서는 성서를 '진리'로 보기보다는 '진리로 가기 위한 안내서'로 여기는 사고의 전환이 필요하다.

해서은 자유롭지만 해석 위에 하나님이 계신다. 역사는 하나님이 이끌어 가시므로 인간은 하나님의 역사에 대해 항상 겸손해야

---

2 참조. 칼 바르트는 하나님의 속성을 '절대타자'(Totaliter aliter)의 개념으로 주장했다.

한다. 데리다의 '종교는 신이 아니다.'라는 말을 다시 되새겨야 하지 않을까?

필자는 이데올로기 해체비평을 하면서 히브리어 단어에 대한 번역을 중요하게 여기지 않았다. 히브리어 단어 자체는 역사 속에서 지속적으로 살아 움직이며 확장 변형되는데, 한글 번역본 성서를 가지고도 기원전의 글을 검토할 수 있다는 것은 주관적인 해석으로 치우칠 가능성이 존재한다는 것을 의미하기 때문이다. 좀 더 거시적으로 숲을 보기 위해 전체 단락의 의미 혹은 전체 문장과 각 두루마리 사이의 상관관계 속에 놓인 이데올로기에 초점을 맞췄다. 즉 히브리 성서 속에 나타난 사제 집단의 이데올로기 해체는 그들이 사용한 단어의 해체가 아닌 각 두루마리 사이에 놓인 상관관계의 이데올로기 해체를 의미한다.

성서의 사제 집단이 서술한 권력에 대한 모습도 이런 시각에서 검토해야 한다는 것이 결론이다. 성서는 철저히 진리로 가기 위한 안내서로 고대 신앙인들과 사제들이 작성한 글이다. 이것만으로 세상을 바라보면 분명 우리는 일종의 세뇌된 안목으로 세상을 보게 되어 서구 로고스주의의 이분법적 사고인 선과 악의 대립 구도를 벗어나기 어렵다. 가령 예수께서는 이웃 사랑과 용서의 의미를 강조하셨는데 이는 사제 이데올로기의 대척점에 있는 것이다.

역사적 정황을 중심에 두었다는 것은 이스라엘의 자연, 기후, 환경, 그들의 삶을 기반으로 성서를 해석했다는 것을 의미한다. 이제 서구 기독교가 서구의 지배논리로 덧칠한 것을 '해체'(deconstruction)하는 작업이 필요하다. 예를 들어 한국 불교는 중국 불교 혹은 한자 문화를 통해 불교를 해석하면서 원 인도 불교의 본질에 존재하지 않는 공(空)의 개념을 창출해냈는데 이러한 중국 불교의 가르침이 석가의 가르침과 같은지 고민해야 한다. 이는 서구신학이 쌓아올린 성과에 대해 본질적인 의문을 제기하는 것과 유사하다. 서구신학이 이스라엘 땅에서 일어난 실체적 상황에 둔감한 경우가 있음을 항상 경계해야 한다. 한 예로 서구신학에서 자연스럽게 사용하는 '아키메네스 왕조'(페르시아제국)라는 용어는 조선왕조를 '이씨 조선', 즉 이씨 성을 가진 왕조라고 비하하는 일본 역사학자의 경우와 유사하다. 현대에는 나라의 명칭을 자국이 부르는 대로 사용하는 것이 일반적인 상식이다. 최근 터키가 '튀르키예'로 국명을 변경했는데 모든 주권국가는 동등하므로 터키를 변경된 국명인 튀르키예로 불러야 한다.

서구신학은 초기 연구에서 기독교의 정당성을 찾고자 하는 노력을 전제했기에 히브리 성서에 기술된 역사를 그대로 받아들인 경향이 있다. 그러나 청동기 시대인 기원전 10세기 다윗 왕조 시절에 히브리 문자가 논리를 형성하여 다윗 왕조의 역사를 기록(역대시략, 왕상 14:19)했다는 것은 인정하기가 힘들다. 히브리 성서의 자료가 문서로 만들어지기 위해서는 분명 지성 집단(사제 집단)이 형성되어 있어야 하기 때문이다. 이뿐 아니라 증명되지 않은 요시야 개혁을 중요한 전환점으로 삼는 것도 받아들이기 어렵다. 요시야 개혁은 사실 여부가 중요한 것이 아니라 후대의 사제 집단이 왜 그것을 되쓰기 방식으로 서술했는지 그 이유가 중요하다. 개혁의 문제가 아닌 다른 의도가 있다고 여겨지기 때문이다. 필자는 두루마리의 상관관계 속에서 느헤미야서의 '에스라 율법책'과 연결되어 있다고 본다. 율법책 낭독(헌법 낭독)은 신정국가의 탄생을 선포하는 것인데, 열왕기서에 편집된 요시야 시절에는 율법을 제대로 시행하지 못하고 다윗 왕조가 망한 반면, 에스라의 율법책을 통해 탄생한 신정국가에서 다시는 그런 전철을 밟지 않으리라고 선포하는 것이다. 다시 말해 신정국가 탄생의 2개 중심축인 '성전과 율법'이 완성되었음을 나타낸 것이다.

고대 이스라엘 사회의 편집 저자의 힘(power)을 생각해보면 그들은 강력한 목적의식이 있었을 테고, 역사적인 사실을 기록하는 것이 아니라 그러한 서술 표현을 통해 자신의 관점을 이야기하는 데 관심을 가졌을 것이다. 예를 들어 아브라함이 갈대아 우르에서 하란으로 이주한 편집은 단순 역사로서보다는 자신들의 정체성에 관한 이야기로 그들에게 더 크게 다가온다. 다시 말해 기원전 14세기는 우리가 담당할 영역의 시간대가 아닌 신화의 시간대이다. 오히려 출애굽기를 통해 출바벨론 시절의 모습을 그려보며, 포로기 이후 귀환 시절 히브리인의 삶의 모습을 그려볼 수 있기에 그것은 중요한 자료이며 또한 그 서술이 현재를 살아가는 우리에게도 동일하게 적용된다. 과거의 일과 현재의 일은 동일한 유형을 가지고 있으며 과거의 일에서 현재의 일을 성찰할 수 있게 한다.

오히려 서구신학이 바벨탑을 세운 것은 그들의 연구가 '가설 위에 가설'로 구약의 시대를 변형시키고 기득권을 확장하려고 했기 때문이다. 이제 세상은 서구에 전적으로 의존하지 않는다. 오히려 서구가 시대 변화에 뒤떨어지는 것처럼 보이기까지 한다. 그런데도 한국 신학계는 현실을 애써 외면하는 듯하다. 서구 기독교 세계가 비기독교 세계를 비(非)문명적, 반(反)문명적으로 그리는 태도는 히브리 성서에 나타난 사제의 권력 이데올로기와 유사하다. 일부 서구신학이 이런 모순에서 벗어나고자 노력하고 있지만 여전히 넘어야 할 산이 많다. 양성평등 문제와 성소수자 문제 등 기독교의 인식 전환이 필요한 때이다.

최근 전 세계에서 케이컬쳐(K-Culture) 열풍이 거세다. 케이팝(K-Pop), 케이무비(K-Moive), 케이드라마(K-Drama) 등 우리 문화가 세계에서 선도적으로 평화의 메신저 역할을 담당하고 있다. 한국 신학 또한 서구 중심적 사고에서 벗어나 성서, 상식, 과학 그리고 보편적 가치를 기준으로 하는 성서해석이 필요한 시점이다.

상대와 세상을 인정하지 않는 신학은 어쩌면 현대사회에서 스스로 고립을 자초하며 하나님의 심오한 창조 역사를 왜곡하고 기독교 사회가 세상으로부터 외면받게 할 것이다. 우리는 성서 속 인간 탐욕의 역사를 통해 현재 세상에서 일어나는 문제점을 반추할 수 있다. 그 역사를 성서 내부에서 찾는 작업은 세상의 문제점을 해결하는 열쇠이다. 우리가 속한 아시아적 사유, 자유 친화적 세상, 더 넓게는 인간과 자연 그리고 21세기 기술(인공지능)과 조화를 이루는 세상으로의 열쇠이다.

권력 이데올로기는 그 자체로 권력을 위한 의식화 작업을 동반한다. 권력의 당위성을 직접 혹은 간접적으로 주입하는 고도의 작업이며 표상보다는 이면의 은폐된 모습을 지닌다. 니체의 사상을 계승한 푸코(M. Foucault, 1926-84)는, 니체가 기원에 대한 탐색을 거부하고 사물의 배후에 관한 통찰을 통해 그동안 신성하다고 믿어져 온 기원을 밝히고자 한 노력을 지지하면서,[3] 자신의 권력/지식 연구에 접목하여 기원의 신성성에 집착하기보다는 계보가 발생하는 순간에 존재하는 권력관계의 망(網)과 투쟁의 과정을 주목하는 것이 중요하다고 말했다.[4]

우리는 이러한 문제의식을 성서비평 연구에서도 적용해야 한다. 히브리 성서는 특정 집단 특정 이데올로기에 따른 편집 과정을 거쳤고, 그들이 권력을 쟁취하고 유지하는 데 사용되었다. 이 점을 고려한다면 현대 교회 권력에 종속된 성서연구는 한계를 가질 수 밖에 없다.

이제 새로운 환경에 대한 신학적 대응을 고민할 때이다. 인공지능 시대, 새로운 바이러스 환경에서 교회가 어떻게 반응해야 할지 자문자답할 시기이다.

---

3 참조. Friedrich Nietzche, *Zur Genealogie der Moral* (Leipzig: Verlag von C. G. Naumann, 1887).

4 참조. 미셸 푸코는 프랑스 철학자이다. 권력과 지식이 사회기관으로, 사회 통제로 사용되는지를 연구했다. 미셸 푸코, 정일준 옮김, 『미셸 푸코의 권력이론』 (서울: 새물결, 1994), 92, 102-103.

마지막으로 이 책에서 이데올로기 해체비평을 거시적 관점에서 접근한 것은 미시적 접근의 편집비평이 지니는 난해함을 극복하고 독자 중심의 이데올로기 비평에 앞서 일차적으로 저자의 편집 의도를 찾아내기 위함이었다. 그동안 성서학자들이 이러한 시도를 하지 않았기에 초보적인 발걸음을 내디딘 것으로 자평한다. "역사는 항상 진보한다."라는 명제에 위로를 받으면서도 향후 부분별로 좀 더 깊게 연구해야 할 숙제가 있음을 부인할 수 없다. 그럼에도 이번 연구의 의미는 '신화, 전통, 역사적 정황'으로 혼재된 성서 본문에서 신화와 전통을 분리하여 '역사적 정황'(상황, 맥락)을 중심으로 사제 집단의 권력 이데올로기를 새롭게 해석한 것이다. 이를 통해 사제 집단이 독점한 '하나님 사랑'을 되찾는 출발점이 되었다. 이번 '이데올로기 해체비평'을 통해 독자들의 인식 폭이 확장되기를 소망한다. '하나님 사랑 되찾기'의 다양한 '해석'은 차연의 공간에 남겨 놓았으며 그 해석은 철저히 독자의 몫이다. 세상과 교회의 이분법적 사고의 경계를 넘어 세상 속 교회, 교회 속 세상을 살아가기를 간절히 바란다.

부 록

구약성서의 사제에 대한 연구사

성서연구의 역사비평은 원본이 존재하지 않은 상태에서 원본에 가까운 성서 본문을 찾고, 저자가 누구이며 작성 내용이 어떤 역사적 사실과 관련이 있는지를 연구하는 분야로 본문비평, 자료비평, 양식비평, 전승사비평, 편집비평 등의 방식으로 진행되는 연구이다.

히브리 성서 원본 형성에 관한 연구는 큰 틀에서 세 가지 가설을 설정하고 있다. 첫째, 성서에서 가장 오래되었다고 생각해온 오경 연구에서 처음부터 기본 문서가 있었으며 이것을 바탕으로 이어쓰기를 하면서 내용이 보충되었다는 기본 문서가설(보충가설/속기모델)이 있다. 둘째, 기본 문서가 아닌 여러 개의 자료(source)가 상황 변화에 따라 합쳐지면서 최종 형태의 문서로 발전되었다는 벨하우젠(J. Wellhausen)의 네 문서 출전가설(문헌가설/층 모델)이 있으며,[1] 마지막으로 이와는 다르게 단편적 전승들이 합쳐지면서 더 큰 이야기가 되었다는 단편가설(이야기가설, 고리가설)이 있다. 최근에는 이러한 가설을 연결하는 경향도 보인다. 바이마르(P. Weimar)와 쳉어(E. Zenger)의 뮌스터(Münster) 오경 모델의 경우

1 윤형, "오경 연구에 대한 해석학적 제안,"「장신논단」45 (2014): 46.

자료가설이 특정한 시대 배경을 가지고 문서 작업되어 문헌가설로 연결되고, 이후 최종 편집 작업은 보충가설로 연결된다.[2] 블룸(E. Blum)의 경우는 자료의 취합(단편가설)으로부터 KD(신명기 계열의 편집), KP(사제 계열의 편집) 등 보충가설을 사용하여 문헌가설을 거부한다. 하지만 통상 세 가지 가설을 혼합하여 설명하는 경향이 늘고 있다.

이러한 편집비평 외에도 삶의 정황과 비교하는 궁켈(H. Gunkel)의 양식비평이 있다. 이뿐 아니라 폰 라트(G. von Rad)와 노트(M. Noth)의 전승사 입장에서 이스라엘 신앙고백이 중심이 되었다는 전승비평이 있다. 이러한 비평들을 통해 원전의 실제 모습이 무엇인지를 찾고 있다. 편집비평에서 제일 많이 인용되는 J, E, D, P에 관한 연구도 최종적으로 'P'의 승리로 기울어지는데 필자는 기존 가설의 한계와 포로기 이후 사제 집단의 이데올로기 형성과 관련된 새로운 대안적 'P'의 모습을 제시하려 한다.

1. 오경의 사제 자료에 대한 연구

'오경의 저자는 모세인가?'에 대한 의문점 그리고 오경의 반복되는 내용이나 이야기 흐름, 어휘나 문체가 달리 사용되는 것에 대해서

---

2 에리히 쳉어, 이종한 옮김, 『구약성경 개론』 (서울: 분도출판사, 2012), 174

오경 작성 당시 이미 존재하던 자료나 문서가 종합된 것으로 가정한다. 벨하우젠은 문서가설(documentary hypothesis)을 제시하면서 오경이 네 가지 독립 형태의 자료로 형성되었다고 주장했다. 네 가지 자료는 야훼이스트(Jahwist, J), 엘로히스트(Elohist, E), 신명기(the Deuteronomist, D), 제사장(the Priestly Writer, P) 문서로서 J, E가 JE로 합쳐지고, JE는 포로기에 D와 통합되어(D는 JE에서 파생을 한 Dtr1과 나중 Dtr2가 합쳐져 일부는 토라의, 일부는 신명기의 자료로 사용) JED가 되고, 마지막으로 P와 결합하여 JEDP로 최종 편집되면서 오경이 완성되었다고 주장했다. 이 내용을 개괄하면 [표30]과 같다.[3]

드베테(W. de Wette) 이후에는 역사비평을 통해 신명기를 사문서(JEDP) 자료의 연대를 결정하는 기준으로 사용해왔다. 열왕기하 22-23장의 보도에 따라서 신명기를 기원전 622년 요시야 종교개혁의 산물로 보고, 이 시점을 기준으로 J와 E는 신명기 이전의 자료로, D는 신명기 자료로 생각한 것이다.[4]

---

3 참조. 한스-크리스토프 슈미트, 차준희 옮김, 『구약 어떻게 공부할 것인가?』 (서울: 대한기독교서회, 2015), 257-358. 원제는 Hans-Christoph Schmitt, *Arbeitsbuch zum Alten Testament. Grundzüge der Geschichte Israels und der alttestamentlichen Schriften* (Göttingen: Vandenhoeck & Ruprecht, 2005).

4 참조. 이영재, "토라 연구의 최근 동향," 『토라의 신학』 (서울: 동연, 2010), 38-39, 47.

[표30] 오경의 자료 구분

자료 구분	형성 (기원전)	특징	성서 본문
J(Yahweh/Jahwist)	10-9	남왕국 유래, 신인동형론적 표현, 족장이야기	창 2:4b-24, 3장, 6:1-9:29, 12-50장, 출 1:1-24:8, 민수기 일부
E(Elohist)	9-8	북왕국 유래, 신의 초월성, 경외사상	창 20-22, 26, 32-33장, 출 3-4, 6장, 민 22-24장
D(Deuteronomist)	7	요시야 개혁, 인과응보, '한 하나님-한 성전-한 백성'	신명기, 수 1-5장
P(Priestly)	6	포로기 이후 제사장직, 제의의식 "하나님이 이 말씀대로"	창 1:1-2:4a, 레위기, 민수기, 신 31:24-34:12

2. 사제 자료에 대한 연구의 새로운 흐름

1) 'J'에 대한 도전

학자들은 점차 솔로몬 시대의 J와 북왕국의 E 문서에 의문을 제기하면서, 그 자료들이 포로기와 그 이후의 공동체로부터 유래한 것이라고 주장했다.[5] JEDP의 전통적 문서가설이 점차 의심을 받고, JE의 존재까지도 의문시되면서 최근 학계에서는 D와 P만을 다

5 참조. J. van Seters, *A Law Book for the Diaspora: Revision in the Study of the Covenant Code* (Oxford: Oxford University Press, 2002).

루고 있다. 즉 고정된 시대에서 기원한 자료라고 논의되던 가설이 의문시되면서, 왕국 시대와 그 이전 시대를 다루는 성서 기록의 역사성도 당연히 의문시될 수밖에 없게 되었다.

벨하우젠 이후 계속된 문서비평 작업과 그 연대 측정은 역사적 구성을 성서 본문 안에서만 연구한다는 범위의 한계와 그 내적인 순환 추론이라는 중대한 위험과 한계를 지닌다. 무엇보다 고고학적 연구 결과에 따라 히브리 성서 두루마리의 내용이 역사적 사실이 아니며 히브리 성서 두루마리의 최종 편집 시기가 점차 후대로 가정되면서, 이제 페르시아 시대와 그 이후 시대인 헬레니즘 시대까지도 배제할 수 없게 되었다.[6]

일부 학자들은 고고학적 증거로 인해 제의개혁의 역사성에 의문을 가지며, 요시야와 히스기야의 개혁 보도도 의심한다. 열왕기하 22-23장에 나오는 요시야 개혁에 대한 설명이 역사적 사실이 아니라, 개혁이 어떤 모습이어야 하는지를 설명하는, 신명기에서 차용한 문구를 조합한 문학적인 역사기록이라는 것이다. 이 기록의 문학적 성격은 이러한 개혁이 역사상 발생한 적이 있는지를 질문하게 한다. 오랫동안 고고학자들은 열왕기서에 언급된 개혁에 대한 증거를 찾으려고 노력해왔다. 왜냐하면 숭배 장소가 파괴되고, 제단을 철거하고, 신성한 기둥을 부수는 것(성서에 묘사된 개혁)

---

6 참조. R. Gmirkin, *Berossus and Genesis, Manetho and Exodus: Hellenistic Histories and the Date of the Pentateuch* (New York: Bloomsbury Publishing, 2006).

은 쉽게 식별할 수 있는 흔적을 남길 것이라고 생각해왔기 때문이다. 그러나 지금까지 이러한 노력은 성공하지 못했다. 즉 히스기야와 요시야의 역사에 기술된 성상 파괴에 대한 고고학적 증거를 찾지 못한 것이다.[7] 만일 요시야의 개혁이 일어나지 않았다면 자료로서의 D와 그와 관련된 역사비평 연구의 전제뿐 아니라, 그 주제에 제한된 후속 연구들도 무효화될 수밖에 없다. 이처럼 고고학적 증거는 분열 왕국 시대, 특히 요시야와 히스기야 개혁의 역사적 신뢰성에도 의문을 제기하고 있다.[8] 최근의 성서연구 동향으로는 J, E가 폐기되고 저자보다는 편집의 역사에 집중하고 있다. D는 오경에서 분리하여 '신명기 사가의 연속성'에서 바라보며, 오경의 최종 편집자로서 'P'에 관한 연구가 진행되고 있다.

2) 'D'에 대한 도전

최근 연구에서 D자료는 J, E의 소멸 혹은 Post-P 이후의 자료라는 설득력이 더해지고 있다. D가 신명기와 오경 그리고 전기 예언서까지 연결되어 있다는 연구가 꾸준히 진행되고 있다. 20세기 중반까지 '신명기'(Deuteronomy) 혹은 '신명기적'이라는 용

7 N. Na'aman, "The Debated Historicity of Hezekiah's Reform in the Light of Historical and Archaeological Research," *Zeitschrift für die Alttestamentliche Wissenschaft* 107 (1995): 179–95.

8 참조. 김영호, "포로기 사제 집단의 이데올로기 형성과 종교권력 구축 과정 연구" (박사학위 논문, 한신대학교, 2023), 90–91.

어는 신명기를 지칭하거나 오경의 'D'라는 전승 자료를 지칭하는 용어로 사용됐으나 노트는 1943년 그의 책 『전승사적 연구』(*Überlieferungsgeschichtliche Studien*)에서 한 저자가 신명기부터 열왕기서까지 문학적·신학적 통일성을 갖고 '신명기 역사서'(Deuteronomistic History)를 기록했다고 주장했다. 다시 말해 이스라엘이 멸망한 원인을 역사적으로 설명하고자 이스라엘의 가나안 점령부터 유다의 멸망까지 기록했다고 주장한 것이다.

이로써 신명기 역사가에 대한 논쟁이 시작되었다. 이는 기존의 문서비평 방법을 통한 6경설에 도전했고, 전기예언서와 신명기 사이의 관련성 연구가 종합되지 않은 상태에서 충격을 주었는데, 그때까지 학계의 대체적인 시각은 육경(오경+여호수아)이 연속적 관계에 있으며 그 중심 연결고리는 '자손 번성과 땅의 약속'으로, 자손 번성은 출애굽기에서, 땅의 약속은 여호수아서에서 성취되었다는 것이다. 그러나 노트는 여호수아 13-21장의 땅 분배에 대한 편집자와 P기자의 관련성에 의문을 가지면서, 신명기 사가가 축복받은 땅임에도 불구하고 왜 유다가 멸망했는지를 자신의 현재 위치에서 과거를 회상하여 원인을 밝히고자 했다고 보았다. 그는 신명기 역사가(저자)가 여호수아 1장, 여호수아의 고별연설(수 23장), 사사 시대의 시작(삿 2:11 이하), 사무엘의 마지막 연설(삼상 12장), 솔로몬의 예루살렘 성전 봉헌 연설(왕상 8:14 이하)과 북왕국 역사 서술의 후기(왕하 17:7 이하) 등 회고와 연설을 통해 순종과 불순종의 결과가 무엇인지를 통일성 있게 보여주고 있다고 보았다. 이후

학자들은 이 역사서 안에 포함된 책들이 문헌적으로, 신학적으로 통일성을 가지는지 논의하면서, 단일 저자가 아니라 편집 과정이 있었다고 반론을 제기한다.

크로스(F. M. Cross)는 열왕기하 23:25상까지는 요시야 시대의 종교개혁 선전을 위해 기록되었고, 그 이후의 문장은 포로기까지 확장되었다고 이해하여 요시야 시절 편집(Dtr1)과 포로기 시절 편집(Dtr2)으로 나눈 '이중 편집 이론'[9]을 주장한다. 이중 편집에 동조하는 프리드만(Richard Friedman)은 첫 편집이 요시야가 죽기 직전에 편집되었고, 두 번째 편집은 왕국 멸망 이후에 이루어졌으며, 이는 이집트 공동체의 산물이라고 주장한다.

괴팅겐(Göttingen)학파로 불리는 스멘트(R. Smend)와 그의 제자 디트리히(W. Dietrich)는 편집이 세 차례 있었다고 주장하는데 그중 마지막은 율법적 편집자(DtrN)가 했다는 3중 편집론을 주장한다.(DtrH→DtrP→DtrN)[10] 노트가 주장한 신명기 사가의 목적에 대한 반론도 있다. 폰 라트와 볼프(H. W. Wolff)는 신명기 역사서가 이스라엘 멸망의 원인을 규명하고, 이스라엘의 미래에 대해 회의적이라는 노트의 입장에 이의를 제기한다. 폰 라트는 나단의 예언(삼하 7장)과 여호야긴의 석방 본문(왕하 25:25-27)을, 회복을 알

---

9 열왕기하 23:25 "요시야와 같이 마음을 다하며 뜻을 다하며 힘을 다하여 모세의 모든 율법을 따라 여호와께로 돌이킨 왕은 요시야 전에도 없었고 후에도 그와 같은 자가 없었더라."

10 H, P, N은 Historian, the Prophetic, Nomistic의 약어이다.

리는 본문으로 해석하면서 이 역사서는 심판하고 구원하시는 하나님의 말씀으로 구원사를 설명한다고 주장한다.[11] 볼프도 노트의 견해에 이의를 제기하면서 신명기 역사서의 본문들은 케리그마(kerygma)로서 '하나님에게 돌아오라는 요구'로 해석한다.[12]

정리하자면, 신명기를 오경에서 분리된 신명기 역사서로서 한 저자가 저술했다는 노트의 견해로부터 편집 관점에 대한 크로스 학파(이중 편집)와 괴팅겐 학파(삼중 편집)의 논쟁이 이어진다. 그리고 신명기 사가의 목적에 대한 견해에 따라 6경(땅의 정복을 기준으로 구분) 또는 4경('D'가 신명기 사가의 서문 역할) 혹은 9경('D'가 신명기 사가 작품과 연결됨)으로 나타난다.

3) 신자료비평의 'P'

미국의 성서학계에서는 통시읽기(형성사 관점)가 보여준 난맥상에 대한 반동으로 공시읽기(문학적 관점)가 크게 유행했다. 하지만 유럽권 학자들이 여전히 통시적 관점의 연구를 발전[13]시키면서 블룸의 견해가 카(D. Carr)를 통해 북미에 소개된 후, 도즈만(T.

---

11 G. von Rad, *Die Theolgie der geshichtlichen Überlieferungen Israels* (München: Kaiser, 1969), 353–59.

12 H. W. Wolff, *Gesammetle Studien zum Alten Testament* (München: Kaiser, 1973), 315–24.

13 전재영, "민수기에 제사장 문서(P)가 존재하는가?" 「한국기독교신학논총」 111 (2019): 5–38.

Dozeman)[14] 등이 뒤를 따르고 있다. 특히 베이든(Joel S. Baden)을 중심으로 문서가설을 옹호하는 입장, 곧 과거의 가설로 회귀하는 '신자료비평'에서는 자료비평 이론 자체가 문제가 아니라 그것을 무분별하게 확장한 것이 문제라고 주장한다.[15] 이들은 자료비평의 핵심이 오경의 형성을 설명하는 데 여전히 유효하다면서 효과적으로 문서가설을 복원하려고 시도하는데, 베이든에 따르면 자료비평은 각 자료가 언제 어디서 유래했으며 어떻게 결합했는지에 대한 역사적 재구성보다 최종본문 이전에 존재한 네 개의 독립된

---

14 참조. Erhard Blum, *Die Komposition der Vätergeschichte* (Neukirchen-Vluyn: Neukirchener Verl, 1984); Erhard Blum, *Studien zur Komposition Des Pentateuch* (Berlin, New York: W. de Gruyter, 1990); David M. Carr, *Reading the Fractures of Genesis: Historical and Literary Approaches* (Louisville: Westminster John Knox Press, 1996); Thomas B. Dozeman, *The Pentateuch: Introducing the Torah, Introducing Israel's Scriptures* (Minneapolis, MN: Fortress Press, 2017); Thomas B. Dozeman, *Commentary on Exodus*, The Eerdmans Critical Commentary (Grand Rapids, Michigan: W. B. Eerdmans Publishing Co., 2009). 그러나 창세기에서 KD 텍스트를 찾을 수 없다는 블룸의 수정된 견해는 이들의 연구에 아직 반영되어 있지 않다. 수정된 견해에 관하여는 Erhard Blum, "Die literarische Verbindung von Erzvätern und Exodus, Ein Gespräch mit neueren Forschungshypothesen," in *Abschied Vom Jahwisten. Die Komposition Des Hexateuch in Der Jüngsten Diskussion*, BZAW 315, eds. Jan C. Gertz et al. (Berlin-New York: de Gruyter, 2002), 119-56.

15 J. S. Baden, *J, E, and the Redaction of the Pentateuch* (Tübingen: Mohr Siebeck, 2009), 4.

자료 구분에 의의가 있다. 특히 JE의 단계적 편집 이론 자체를 부정하는 이론, 즉 오직 하나의 편집자만 있었다고 주창하며 현재의 본문이 다수의 자료가 모아져 조합된 것이 아니라 통일된 편집 원칙이 있음을 밝히면서 이를 증명하려고 노력한다. 편집자가 다수라는 주장이 논리적으로 불필요함을 논증하고, 최종 편집단계까지 각기 다른 전승군(제사장 계열, 예언자 계열, 민간 계열 등)에서 개별적으로 보존되었다가 에스라 시대에 최종 편집자에서 한데 모아졌다고 잠정 제안한다.[16]

그러므로 오경 연구는 유럽의 편집사 진영과 신자료비평 진영으로 나눌 수 있는데,[17] 신자료비평의 접근은 공시적 시각에서 편집 과정을 단순화시켰다는 것에 의미를 둘 수 있다.

3. 사제 편집

편집비평은 시대와 종교적 배경 등을 고려하여 이전 문서를 수정, 추가했다는 것을 연구하는 비평으로 19세기 초반 드베테가 D를 '요시야 언약책 발견'(왕하 22-23장)과 관련하여 시기 구분을 제시한 이후, 지금까지 수많은 오경 연구 이론이 제시되며 활발하게 진행되어 왔다. 20세기 이후 많은 학자들은 J, E 문서에 의문을 가짐

16 위의 책, 260.

17 홍국평, "소위 '신자료비평'에 대한 비판적 소고,"「장신논단」44 (2012): 155.

과 동시에 P를 기준으로 문서를 분류했고, 편집 시기와 'P'의 성격에 대한 논의가 지속되고 있다.[18]

엡센(A. Jepsen)은 열왕기서에 세 번의 편집이 있었는데 포로기 초기, 포로기, 포로기 이후로 구분하면서 포로 이전의 전승 자료를 토대로 포로기 초기는 제사장 집단에 의한 편집(580 BC 추정)으로, 중반은 예언자적 편집으로, 포로기 이후는 레위 제사장의 편집으로 분류한다.[19] 바이퍼(H. Weipper)는 여기에 열왕기서에 반복해서 나타나는 평가본문(그는 야훼의 눈에 정직하게/악을 행하였다)을 기준으로 이 블록 단위가 세 단계(히스기야 시대, 요시야 시대, 바벨론 시대)에 걸쳐 편집되었고, 첫 번째 편집단계에서는 '제의단일화 규정'이, 두 번째 편집단계에서는 '제의정화 규정'이 신학적인 평가 기준으로 기능한다고 주장함으로써 엡센과는 반대되는 의견을 제시한다.[20]

슈미트(K. Schmid)나 렌토르프(R. Rendtorff)의 연구에서는 문서가설의 핵심인 역사의 연속된 평행자료(족장사-출애굽-광야생활-

---

18 Konrad Schmid, "Post-Priestly Additions in the Pentateuch: a Survey of Scholarship," *Forschungen zum Alten Testament* 111 (2016): 589-604.

19 참조. A. Jepsen, *Die Quellen des Königsbuches* (Halle: Niemeyer, 1953).

20 H. Weipper, "Die 'deuternomistischen' Beurteilungen der Könige won Israel und Juda und das Problem der Redaktion der Königsbücher," *Bibelwissenschaf* 53 (1972): 301-39.

가나안)의 존재를 부정하고, 오경의 형태가 단일제사장 계열의 편저자에 의해 편집되었음을 주장한다. 다시 말해 제사장 문헌 이전의 족장사와 출애굽 전승은 독립적으로 존재했지만 J, E 같은 포로기 이전의 연속된 평행자료는 부정하기에 이른 것이다.

블룸은 오경의 형성을 '신명기 계열의 편집'(KD)과 '사제 계열의 편집'(KP)으로 분류하여 연구한다. 그는 신명기 역사서의 영향 아래에 포로기 직후 이집트 탈출과 모세 전승을 취합한 것이 신명기 계이며 추후 기원전 500년경 사제 계열이 원 역사와 조상 이야기 그리고 모세의 죽음을 추가하여 오늘날과 유사한 형태의 오경(창 1장-신 34장)이 편집되었으며, 페르시아제국 시절 편집이 합쳐졌고, 여기서 육경의 편성까지 연결되어 땅의 약속과 성취가 연관되었다고 주장한다.[21] 이러한 관점에서 블룸은 마틴의 신명기 사가의 역사서 관점과 결을 달리한다. 땅의 정복이라는 6경의 형성이 KP의 작품이며 페르시아 시대의 작품이라고 본 것이다. 반면 노트는 신명기 사가가 '폐망의 원인'을 규명하는 신명기 저작의 완성을 포로기 시절의 KD로 보고 있다.

블렌킨소프(J. Blenkinsopp), 레빈(C. Levin), 크뤼제만(F. Crüsemann), 오토(E. Otto)와 같은 학자들에게 'P'의 독립성은 다소 차이를 보이지만, 벨하우젠이 'P'가 기원전 5-4세기에 제2성전을 중심으로 기록된 독립 문서자료라고 간주한 의견을 받아들이고 있

21 참조. Blum, *Studien zur Komposition des Pentateuch*.

다. 이들은 독립적인 'D와 P'가 포로기 이전이나 포로기에 존재했으며, 나중에 오경의 최종 편집자에 의해 자신의 저술들과 함께 결합되었다고 이해한다. 따라서 이들은 각각의 차이점을 강조하면서 최종 편집자에 의해 이루어진 결과를 오경에서 구별하고자 한다. 예를 들어 블렌킨소프는 포로기 바벨론 땅에서 편찬된 창세기, 기본 이야기를 P와 동일시함으로써 P 이후 최종 편집자의 활동과 구분한다. P와 D를 편집한 제3의 최종 편집자가 페르시아의 시대 상황에서 헌법 문헌으로 여호수아를 제외하고 오경의 틀을 만들면서 제의법을 강조하게 되었다고 이해한다.[22] 따라서 신명기 34장에 있는 모세의 죽음 보도는, 원래의 위치(민 27장)에서 벗어나 현재의 위치인 신명기 끝부분으로 이동한 최종단계의 산물로 본다.

오토는 포로기에 형성된 D문서와 P문서가 포로기 이후 기원전 5세기에 육경 편집(창 1:1-삿 2:9)을 통해 결합하여 천지창조로부터 여호수아의 죽음에 이르는 형태를 취했지만, 오경 편집은 기원전 400년경에 오래된 계약법전과 성결법 등을 통합하면서 여호수아를 분리하는 것이 확정되었으며, 이후에도 일부 추가와 수정이 진행된 것으로 추정한다.[23]

---

22 참조. 조셉 블렌킨소프, 박요한 옮김, 『모세 오경』 (서울: 성서와함께, 2009)

23 E. Otto, "Die nachpriesterschriftliche Pentateuchredaktion im Buch Exodus," in *Studies in the Book of Exodus: Redaction-Reception-*

그러나 크로스는 P를 독립된 문서가 아니며 하나의 편집물 혹은 한 사람이 편집한 것으로 주장하는데, 이후 대다수 학자는 독립적인 P문서의 존재를 부정한다.[24] 반세터스(J. van Seters)도 P가 자신이 소지하고 있던 포로기의 산물인 '후대 J'의 본문을 조금 개정해서 편집한 것으로 보는데, 이 J본을 이미 존재하던 신명기학파의 초본을 수정하고 보충한 것으로 본다. 그는 자신의 '후대 J'를 신명기학파의 초본과 P 사이의 중간기에 만들어진 저작물[25]이라고 판단한다.

편집비평에 대하여 간략하게 살펴보니 성서연구 전반에서 전통적인 문서가설의 J와 E가 부정되고 있으며, D와 P가 남게 되었음을 알 수 있다. 자료의 작성 시기도 왕국 시대나 그 이전 시대를 보도하는 성서 기록의 역사성은 크게 의문시되고 있으며, 오경의 주요 문서나 기록이 사실상 포로기를 지나면서 제작 또는 편찬된 것으로 여겨진다. D와 P를 결합하든지, P가 D를 포괄하든지 간에 'P를 중심'으로 그 전과 후에 대한 문제가 오경 형성의 핵심적인 위치에 놓여 있다.

현재 D, P와 관련된 연구는 아직도 세부적으로 계속 진행되고

Interpretation, ed. M. Vervenne (Leuven: Peeters, 1996), 61-111.

24 참조. F. M. Cross, *Canaanite Myth and Hebrew Epic* (Mass: Harvard University Press, 1973).

25 참조. J. van Seters, *The Pentateuch: A Social-Science Commentary* (Sheffield: Sheffield Academic Press, 1999).

복잡한 양상을 보이지만, 각론과는 별개로 몇 가지 핵심적인 명제는 합의를 이루었다. 창세기와 출애굽기가 제사장 문서 혹은 편집층에 의해 비로소 문학적으로 연결되었다는 것, 최근의 연구가 'P' 중심으로 이루어진 것, 많은 비제사장 계열의 텍스트들을 후대로 간주하여 'post-P'로 보는 것, 다수의 오경 텍스트를 왕정이나 포로기 연대보다 훨씬 후대인 페르시아제국 통치 중·후반 시대로 보는 것 등이다.[26]

4. 히브리 성서 최종 편집자로서의 사제 집단

1) 히브리 성서 속 사제 집단 연구

히브리 성서에서 언급된 사제 집단에 대한 표현은 제사장, 사독, 레위인, 레위 제사장 등이 있다. 이들은 야훼 제의를 담당하던 사람들인데 특히 역사비평학자들은 사독과 레위인의 관계에 대해 다양한 견해를 제시했다. 벨하우젠은 요시야의 정책이 실패하면서(왕하 23장) 예루살렘의 중앙 제사장과 지방 성소의 제사장으로 구별된 것으로 이해하며, 레위인은 지방 제사장을 가리키거나 예루살렘의 제단에서 중요하지 않은 임무를 맡은 자로 보았다. 이와 함께 소위 족보에 대한 접근을 통해서 D문서는 레위 사람 제사

26 참조. Jaeyoung Jeon, *Who Wrote the Torah? Redaction-Critical and Socio-Historical Studies of the Pentateuch* (GA: SBL Press, 2019), 1-10.

장인 아비아달의 자손이 사독의 아들들과 마찬가지로 예루살렘 제사장직을 담당할 수 있도록 만들어진 것이며, 그 이후 작성된 P 문서는 모세에 기원을 두는 아론계 제사장과 레위인 사이를 구별하고자 사독 제사장에게 특권을 부여하기 위해 작성된 문서로 여겼다.[27]

코디(A. Cody) 또한 레위 사람 제사장은 중앙 성소의 제단 사제를 의미하며 레위인은 어떠한 제단 임무도 갖지 못한, 지방에서 일하는 사람이라고 보았다.[28] 그는 요시야의 정책 이후 사독 제사장과 레위 지파의 갈등이 시작된 것으로 보면서, 포로 후기 사독 제사장 때를 지위를 잃어버린 정점의 시기로 이해했다.[29] 그는 제사장직 재구성에서 두 가지 긴장을 전제하면서 연대기적으로 서술했다. 하나는 이데올로기적 긴장으로서 제사장은 레위인이지만 사독 제사장은 레위인이 아니라는 것이며, 다른 하나는 사회적 긴장으로서 사독 제사장과 레위인 모두 제사장으로서 생계유지를 위한 중요한 목적 사이에 긴장을 지닌다고 보았다.[30] 더불어 그는 '레위'라는 용어의 의미가 계속해서 변화했으며 '레위'를 실로의 엘리 가문, 예루살렘의 사독 제사장과 아론 제사장을 포함하는 중

---

27 Julius Wellhausen, *Prolegomena to the History of Israel* (Atlanta: Scholars Press, 1994), 124-58.

28 참조. Aelred Cody, *A History of Old Testament Priesthood* (Rome: Pontifical Biblical Institute, 1969).

29 위의 책, 134-41.

30 위의 책, 161.

요한 제사장 집단으로 이해했다. 초기 이스라엘 사회에서 제사장직에 대해서는 의구심을 가지면서도 사독 제사장에 대해서는 여부스 족속으로 이해하는 전통적인 접근을 견지했다.

그러나 제사장 연구는 20세기 후반부터 요시야 개혁 시점의 사독과 레위인에 대해 포로기 이후까지도 본격적으로 연구하기 시작했다. 핸슨(Paul Hanson)은 포로기 이후 제사장직을 차지한 사독계 제사장을 중심으로 재건 사회를 건설하려는 회복 프로그램(겔 40-48장, 학개, 슥 1-8장)과 예루살렘 성전의 제사장직을 박탈당한 레위계 제사장과 제2이사야와 관련된 귀환 집단의 회복 프로그램이 상충하면서 갈등을 일으키게 되었다고 보았다.[31]

스미스(M. Smith)는 고대 이스라엘 제사장 갈등은 포로 귀환 제사장 중 제2성전을 중심으로 한 갈등이었으며 기존 토착 세력과 바벨론 귀환 사제 세력과의 갈등, 느헤미야 당시 권력투쟁에 맞선 레위인 집단이 일반 사람들의 입장을 대변하면서 당시 엘리트 계층이던 사독 제사장과 지역에서 활동하고 있던 상류 계층을 압박하면서 생긴 갈등이라고 보았다. 그는 이들 레위인 집단을 '분리주의자들의 세력'으로 규정하고, '진정한 신명기 사가적 개혁가'로 불렀다. 이 개혁은 이자를 면제하고 땅을 재분배하면서 다른 집단이 가지고 있던 빚을 탕감해주는 내용을 담고 있었다. 또한 이 개혁

---

31 폴 핸슨, 이무용·김지은 옮김, 『묵시문학의 기원』 (서울: 그리스찬다이제스트, 1996), 197-261.

은 성서가 형성되는 데에도 영향을 끼쳐 역대기, 에스라-느헤미야서와 시편이 이들의 영향을 받은 것으로 보았다. 스미스는 이들이 대중적인 지지를 얻으면서 결국에는 레위 지파, 느헤미야, 분리주의자들 그리고 엘리트 계층인 사독 제사장과 귀족들이 자신들의 결정을 협력하도록 했으며 이 과정에서 오경이 타협의 결과로 나타나게 되었다고 보았다.[32]

쿠트(R. Coote)는 솔로몬 이후 북왕국은 모세 계열의 레위 제사장이 다스렸으며, 남유다의 예루살렘은 아론계 제사장이 장악하고 있었다고 보았다. 그는 요시야가 북왕국이 멸망한 이후 아시리아와 결탁하고 있던 예루살렘 아론계를 제압하기 위해 다른 레위 계열 가족인 힐기야, 사반, 예레미야를 이용한 것으로 보았다.[33] 이들은 실로를 중심 거점으로 두면서 아론보다는 모세와 사무엘을 영웅으로 여기는 전통을 가진 집단으로서 쿠트는 이들이 친바벨론파로서 신명기 역사서와 예레미야서 그리고 아모스서와 미가서의 신명기적 편집에 반영되어[34] 있다고 주장한다. 따라서 쿠트는 페르시아 시대 아론-사독계 제사장 가문이 새로운 엘리트 통치자가 되어 앞선 친바벨론파를 축출하게 되었고, 팔레스타인의 전통

---

32 Morton Smith, *Palestinian Parties and Politics That Shaped the Old Testamen* (New York: Columbia University Press, 1971), 75–95.

33 Robert B. Coote and David Robert Ord, *In the Beginning: Creation and the Priestly History* (Minneapolis: Fortress Press, 1991), 33.

34 위의 책, 35.

적인 토지 소유와 지역 주민에 대한 후견인 지위까지도 회복하게 되었다고 보았다.[35]

알베르츠(R. Albertz)는 신명기 18:1의 "레위 사람 제사장과 레위의 온 지파는 이스라엘 중에 분깃도 없고 기업도 없을지니 그들은 여호와의 화제물과 그 기업을 먹을 것이라"를 인용하며 개별적인 레위인과 레위 계열 제사장을 구분한다. 하지만 이들 모두는 이스라엘에서 분깃도 없고 기업도 없는 돌봄의 대상으로서 예루살렘에서 봉사하거나 다른 제의적, 법적 기능을 담당하는 레위인들이었다.(신 18:7) 그러나 그는 왕정 이후 국가 제의가 형성되고 공식적인 제사장 업무가 시작되면서 이들의 자리가 위축된 것으로 보고 있다. 그러면서 신명기에는 이전에 존재하고 있던 레위인을 서로 결합하면서 제의적 통일성뿐 아니라, 제사장직의 통일성까지 만들고자 한 노력이 나타난다고 보았다. 이러한 이해를 전제로 알베르츠는 요시야 정책 이후 축출당한 지방 성소 제사장들이 예루살렘에서 활동할 수 없게 되자 레위인으로 활동했다고 이해한다.[36]

쿡(S. L. Cook)은 이스라엘 사회가 농업사회에서 도시국가로 발전하면서 가장 신각하게 영향을 받은 집단을 레위인으로 규정하고 있다.[37] 지역에 기반을 둔 레위인은 중앙에서 활동하던 사람

35 위의 책, 35-36.

36 라이너 알베르츠, 강성열 옮김, 『이스라엘 종교사 I』 (고양: 크리스챤다이제스트, 2003), 501-505.

37 S. L. Cook, "The Levites Sociocultural Change in Ancient Judah:

들과의 권력 다툼에서 자신들의 자리가 계층화되고 불평등하게 바뀌어가는 과정을 목도하게 되었다. 원래 레위인들은 아주 작은 경제적 이익의 소박한 사회(simple society)에 속해 있었고, 개인적인 성향이나 법령 그리고 강제성 등 단지 작은 권력만을 가지고 있었는데, 상호 협력적인 가족체계 안에서 이들의 역할이 확대되었다는 것이다.[38] 그는 신명기 17:9의 "그리하면(그때 봉사하는 가운데)"이라는 구절을 레위인들이 주변 지역에서 예루살렘으로 이동한 것을 보여주는, 순환 시스템을 추측할 수 있는 단서로 이해했다. 레위인들이 언약을 가르치고 해석하며 소명 훈련을 지원해주면서 사회 중심에서 중재적인 역할을 한 것이다. 이것은 신명기에서 레위인들에 대한 불평을 왕족들이 조건부로 양보하며 유다 사회가 중앙집권화를 꾀할 때 그 언약으로 권력이 발휘된 것으로 이해했다. 그는 레위인들이 발휘하는 권력 그리고 권력을 공유하는 방식에 대한 신명기의 제안을 통해 레위인들이 주변 지역에서 예루살렘으로 이동하는 순환 배치구조가 오랫동안 지속되었다고 본다.[39]

블렌킨소프는 에스겔 44:10-16에 나오는 사독계 제단 제사장과

Insight from Gerhard Lenski's Social Theory," in *Social Theory and the Study of Israelite Religion: Essays in Retrospect and Prospect*, ed. S. M. Olyan (Atlanta: Society of Biblical Literature, 2012), 41-43.

38 위의 책, 44.

39 위의 책, 45-46.

레위 사람 성전 제사장의 차이점에 대해 에스겔 성전법 이전에는 명백하게 입증된 것이 없다고 주장한다. 또한 신명기의 레위인은 제단 임무 외에 재판과 교육, 치료를 담당했다. 물론 지방 성소 제사장이 중앙 성소에 고용될 수 있지만(신 18:6-7), 제사장 직무를 담당하지는 못했다.(왕하 23:9) 그러나 에스라-느헤미야서에서 레위 사람의 임무가 확대되어 성전의 일반적인 감시와 성전 유지(겔 44:11-14, 45:5, 느 11:15-16) 그리고 제사 준비(겔 44:11, 스 6:20)와 함께 율법에 관한 특별 업무로 확장되었다. 결국 역대기에 이르러 레위 사람의 업무는 제사장과 동일하게 제사를 담당하기에 이른다.[40]

위에서 살펴본 것처럼 대부분 학자들은 큰 틀에서 요시야의 정책을 따라 예루살렘의 중앙 제사장과 지방 성소의 지방 제사장을 구분했다. 이때 지방 제사장이 레위인으로 불리게 되었다고 이해하면서, 이러한 관계가 포로기 이후에 또다시 발생했다고 보았다. 귀환자 그룹에 속한 제사장들과 유다 땅의 지방 성소를 담당하던 레위인들이 갈등 관계에 있었다는 것인데, 이것을 추적하기 위해서는 포로 70년[41] 동안 유다 땅에서 중앙 성소와 지방 성소의 관계가 처음부터 원만했는지, 그 역할 분담과 지위를 인정하기까지 그

40 조셉 블렌킨소프, 소형근 옮김, 『유대교의 기원: 에스라와 느헤미야를 중심으로』(서울: 대한기독교서회, 2014), 214.

41 70년에 대해서는 다양한 의견이 있으나 일반적으로 기원전 587년부터 본격적으로 귀환하기 시작한 기원전 515년까지를 기준으로 통칭하여 부른다.

과정이 히브리 성서에 어떻게 나타나는지를 살펴보아야 한다.

이 책에서 필자는 바벨론 포로기의 귀환 사제 집단이 포로기 동안 그리고 귀환 이후 그들의 이데올로기를 형성하는 과정이 성서에 어떻게 나타나는지를 규명했다. 사제 집단은 바벨론 시대보다는 페르시아제국 시대에 더욱더 권력의 비호를 받았다. 페르시아제국이 등장했기에 사제 집단의 권력이 공고화되었다고 볼 수 있다. 이들은 포로 귀환 이후 예루살렘 성전의 중심 세력으로 등장함과 동시에 페르시아제국 내에 남아 있던 사제 집단으로서 제국과 정치, 경제적으로 연대했다. 그들은 포로기 귀환 초기 스룹바벨 때 성전을 건축하고, 귀환 이후 70년쯤 지난 뒤 페르시아제국의 관료인 느헤미야[42]가 총독으로 와 성벽을 완공하는 등 페르시아가 멸망하기 전까지 약 200년간 예루살렘 성전권력으로 자리매김했다.

블렌킨소프는 "(후손이) 내 이름을 위하여 집을 건축할 것이요"라는 사무엘하 7:13의 나단의 예언과 에스겔의 환상 속에 나타난 예루살렘 성전의 모습을 바벨론 골라를 위한 본문으로 이해한다. 하나님의 영광이 예루살렘에서 바벨론 골라로 이동하고, 이후 예루살렘 성전에 새롭게 머물게 된다는 표현은 궁극적으로 종교적·정치적 회복에 대한 희망을 지닌 디아스포라 공동체의 귀환을 신학적으로 표현한 것이라는 것이다. 에스겔서에서 전하는 하나님

42 술 관원(느 2:1)이라는 직책은 당시의 언어적 표현이며 현대의 시각에서 평가절하해서 보면 안 된다. 술을 관리하는 것은 당시의 국가 재정을 담당하던 최고위직을 의미한다고 본다.

의 영광이 동문을 통해 성전으로 들어왔고, 하나님의 임재로 그 자리를 떠나지 않았다는 암시(겔 44:1-3)는 그곳에서 백성을 통치하였다는(겔 44:1-3, 46:1-11) 의미인데, 이는 성전 제의에 참여할 수 있는 자격을 부여한 것으로 이해된다. 이러한 자격 부여받음으로 귀환 공동체는 자신들의 정체성을 규정하고 분파의 이득을 강화하는 모습을 보였다는 것이다.[43]

2) 최종 편집자로서의 'P'

지금까지 'P'에 대한 연구를 요약하면, 오경의 중심이 창세기, 출애굽기에서 신명기로 놓이면서 'P'가 육경, 구경의 범위로 확장되고[44] 있다. 그러나 아직도 편집비평은 진행형이며 복잡한 상황의 미로 속에 있는 느낌인데, 가장 큰 이유는 성서연구가 성서 본문에 접근할 때 객관적으로 증명할 수 없는 가설(Hypothesis)에 대한 가설의 연장선 위에 있기 때문이다. 성서의 기록과 역사적 사실에 대한 비교 검토가 힘들었던 시절로부터 기존 가설의 범주 속에서 새로운 입장이 탄생하고, 그 가설이 검증되지 않은 상태에서 지속되는 모순 위에 올려진 새로운 가설이기에 태생적 한계를 지니고 있다.

이런 상황에서 역사비평이 아닌 성서의 최종 편집에 대한 공시적 접근, 해체주의비평과 이데올로기 비평을 통한 새로운 'P'에 대한

43 블렌킨소프, 『유대교의 기원』, 186.
44 윤형, "오경 연구에 대한 해석학석 세안," 51.

관심이 1990년대부터 주목받기 시작했다. 주로 고대 이스라엘 역사의 재구성을 통해 히브리 성서 본문 안에 담긴 저자나 편집자의 이데올로기[45]를 발견하거나, 히브리 성서 본문에서 암호화되거나 배제된 목소리를 찾아 현대의 이데올로기적 상황 속에서 성서 본문이 어떻게 읽힐 수 있는지에 대한 독자비평이 등장하고 있다.[46]

저술, 편집 등의 시기에 대하여 그 이유를 찾는 이데올로기 비평은 편집의 이유를 명확하게 찾아주는 이점이 있기에 역사비평과 함께 상호 보완적 역할이 가능할 것이다. 한 예로 '요시야 왕의 개혁'에 의해 편집이 이루어졌다는 논의는 역사적으로 객관적 증거가 없다. 만약 이것을 기준으로 한다면 그 객관적이고 역사적인 사건에 대한 검증이 쉽지 않은 반면, 동일한 내용이 최종 편집되어 서술된 열왕기서와 역대기의 저작/편집 의도에 대한 해석은 가능할 것이다.

브루그만(W. Brueggemann)은 이스라엘 백성 특히 사제 집단이 바벨론에서 해방되어 귀환하는 모습을 출애굽 사건의 데자뷔로, 이스라엘 백성이 진심으로 회개하면 다시 건져준다는 것을 강조하기 위해 사제 집단이 추가한 것이라 주장하고, 이것을 연계적 서

---

45 이러한 경우는 데이비스(Philip Davis)와 휘틀럼(K. W. Whitelam), 톰슨(Thompson), 알스트룀(Gösta Ahlström) 그리고 이탈리아의 가비니(Giovanni Garbini) 등이 있다.

46 이러한 경우는 조블링(David Jobling), 피핀(Tinna Pippin), 페웰(Nolan Fewell) 등이 있으며, 페미니스트 비평, 해방신학적 비평, 민중신학적 비평과도 관련된다고 볼 수 있다.

사구조(paradigmatic reuse of narrative)[47]로 설명한다. 갓월드(N. K. Gottwald)는 제2이사야에서 배제된 두 가지 요소, 즉 포로기에 유다 땅에 머물던 본토민의 목소리가 나타나지 않는 점 그리고 포로기 이후 유다 재건에 대한 구체적인 목소리가 나타나지 않는 점에 주목하여, 포로지에서 활동한 제2이사야와 그의 독자들(귀환 포로민)이 귀환 이후 본토민과의 리더십 갈등에 이르게 되었고, 이로 인해 본토민의 입장이 아닌 귀향자들의 관점에서만 서술했다고 주장한다. 둘째, 제2이사야의 공동체 안에 다윗 왕조의 부활을 바라는 무리가 있었기에 이들과 논쟁에 빠지지 않기 위해 귀환 공동체의 미래상을 희미한 암시들로만 표현할 수밖에 없었다고 주장한다. 이를 통해 갓월드는 제2이사야가 종교적·정치적 엘리트 계층으로 이루어진 포로민의 이데올로기를 반영하고 있다고 하여 새로운 이데올로기 'P'의 편집을 암시하고 있다.[48]

김은규가 "페르시아제국 시대에 구약성서의 오경은 신권 정치의 관변 경전인가?"[49]와 『종교 권력으로 보는 구약신학』[50]을 통해 포로기 종교 권력에 관해 연구한 것은 상당히 고무적이다. 서구

---

47 Walter Brueggemann, *An Introduction of the Old Testament* (Westminster John Knox Press: London, 2003), 54.

48 N. K. Gottwald, "Social Class and Ideology in Isaiah 40-55: An Eagletonian Reading," *Semeia* 59 (1992): 43-57.

49 김은규, "페르시아제국 시대에 구약성서의 오경은 신권 정치의 관변 경전인가?" 「종교연구」 68 (2012): 169-94.

50 참조. 김은규, 『종교 권력으로 보는 구약신학』 (서울: 동연, 2019).

와 한국의 구약학자들이 신학 연구에서 신앙적 결론을 위한 비정치적, 관념적, 문학적 주제 연구에 집중해온 것과 달리 그는 성서의 종교 권력, 즉 성전 권력에 관한 연구가 부족하다는 것을 인식하고, 푸코가 주창한 '권력의 본질은 지식과 감시'라는 이론을 바탕으로 성서의 종교 권력에 대한 연구를 진행한 것으로 보인다. 그는 이 연구에서 일차적 자료인 성서를 바탕으로 고대 이스라엘의 시대별 권력에서 신권 권력(P)의 모습을 찾는다. 그에 따르면, 출애굽의 모습은 과장된 부분이고 출애굽과 관련된 어떤 증거도 발견하지 못했다. 반면 출애굽 보도는 모세와 모세 율법을 통해 권력을 정당화시키고, 백성들에게 의무와 책임 강요를 요구하는 수단으로 활용되었다고 주장한다.[51] 그는 D문서를 요시야 시절의 종교개혁에 따른 문서로 이해하면서 그 당시 종교 권력의 주도권 경쟁이 사독과 레위 간에 벌어진 것으로 보는 학계의 시각을 그대로 반영한다. 또한 페르시아 시대에 P문서의 사독계 제사장들이 종교 권력을 획득하고 유지하기 위한 신권정치를 하면서 예루살렘 성전을 통해 권력의 공백을 메우고 있다며, 이를 권력으로 규정하고 있다.[52]

그러나 오경을 종교 권력의 산물로 바라보려는 비판적 관점에도 불구하고 그의 연구는 몇 가지 의문을 남긴다. 무엇보다 앞서

51 위의 책, 108-109.
52 위의 책, 170.

논의한 형성사 관점에서 그가 고전적인 사문서가설을 전제로 한다는 것이다. 솔로몬 시절의 성전과 성전권력의 저자로 야훼이스트(J)를 언급하고 있는데 사문서가설이 현대 구약 연구에서 유용성이 있는지 의구심이 든다.[53] 전체적으로 히브리어 성서 작성에서 사문서가설의 한계가 무엇인지를 지적하지 못하고 있다. 문장의 형식보다는 편집 의도에 대해, 즉 권력의 속성, 성서에서 언급되는 부분의 이면의 모습을 찾아야 하는데, 그는 성전의 재건축 의도 자체가 성전 권력이며, 유다 제사장이 반대했다고 언급함으로써 깊이 있는 성전 재건의 의도를 단순히 성전 권력의 시점으로 분석하여 성서 속에서 어떤 편집을 통해 그 이면의 의미가 작동하고 있는지를 파악하지 않았다. 단순히 성서를 일차 자료로만 이용하여 단절된 해석을 하고 있는 것이다.

분명 성전 권력의 P는 의도를 가지고 히브리 성서의 주요 편집 과정에 영향을 미쳤을 것이다. 성전 권력과 관련 있는 주요 키워드인 제사장, 레위인, 성전, 성전세, 땅의 문제, 이방인 등의 주제가 성서 전반의 흐름에 어떻게 반영되었는지 그 인식 변화의 중심에 있는 사제 집단의 시각을 간과해서는 안 된다.

53 위의 책, 183.

5. 결론

지금까지 형성사의 문서 및 편집비평의 흐름을 살펴본 결과 'D'와 'P'가 최종적으로 남아 있는 듯하다. 각 두루마리의 연관성이 땅의 정복이라는 주제의 육경의 시각에서 신명기를 기준으로 'D'가 확장되어 열왕기서까지 저작/편집의 과정이 있다는 주장(구경)과 함께 'P'가 오경의 최후 승자가 될 가능성이 있음이 드러나고 있다고 정리했다. 그러나 성서 역사비평은 최종 형태의 편집물로부터 원자료나 구성 단계의 편집에 관해 다양한 연구를 진행했지만, 여전히 종합적 결론을 내지 못하면서 진행형의 상황에 놓여 있다고만 말할 수 있다. 이러한 상황에서 인식의 전환이 요구된다. 'D'가 포로기 시대 후반의 저자라는 연구도 동의하기가 어렵다. 사제 집단을 제외한 다른 저자(포로기 공동체의 서기관 등)에 대한 가능성 또한 글을 작성하고 보존하려고 했던 이유를 찾는 이데올로기 입장에서는 이해하기 어렵다. 다시 말해 종교적이고 이념적인 글을 읽고 쓸 수 있는 집단은 사제 집단을 제외한 어떤 집단도 가능성이 없어 보인다. 설령 다른 집단의 기록이나 보존이 있었다고 하더라도 강력한 종교적 권력을 지닌 사제 집단의 지시나 지도로 이루어졌을 수밖에 없었을 것이다.

인식 전환을 위한 기준으로 기록/편집의 과정에 있는 역사적 실체, 즉 당시 사회의 실체적 모습과 시간을 상상해야 한다. 히브리 성서 본문에서는 성서 속 저자가 설정한 시대 그리고 인물과 연결된 서술 시대가 다르다. 저작/편집의 시기가 일치하지 않는 상황에서 성서에 적힌 기록을 기준으로 하는 것은 당연히 한계를 가질 수밖에 없다. 지금까지의 연구는 성서 본문에 나타난 시대를 기준으로 하여 다양한 미로 속으로 들어갔다. 열왕기서에서 언급한 요시야 왕의 개혁이 실질적, 역사적 사건이 아니라면 이것을 역사적 문서 편집의 기준으로 삼을 수 없다. 바로 이 점에서 J, E가 요시야 이전의 자료라는 것을 거부하는 것이다.

이 책은 최종 편집 작품의 구체적 대상을 사제 집단이라고 설정했으며, 그들이 히브리 성서의 글쓰기, 보존, 편집 기능을 담당한 유일한 집단이라는 전제에서 출발했다. 언어에 대한 이데올로기 사고를 창출할 수 있는 능력은 언어를 자유자재로 사용할 수 있는 특수층, 즉 언어(글)로 사유를 지속할 수 있는 집단을 전제로 한다. 언어(글쓰기) 작업이 가능하지 않으면 새로운 이념의 형성은 불가능하다는 점[54]에서 이들이 언어를 고도의 문학적 표현으로 할 수 있을 만한 시기를 추정했다. 제2예루살렘 성전 건축 시점 전후에 그들의 언어적 사유가 극대화된 것으로 추정하면, 'P' 문서이 편집은 포로기 이후의 시점이 가장 타당해 보이며 확장된 'D'의 모습 역시 포괄된 '사제 집단', 즉 귀환 초기 사제 집단의 작품으로 보는 것이 타당하다.

---

54 소쉬르(Ferdinand de Saussure)의 언어 구조주의 이론에 따르면 언어가 있어야 사유가 가능하다는 점도 유의해야 한다.

새로운 'P'(확장된 D+P=New P)를 기록, 편집한 당시의 사제 집단의 모습을 그려보는 것은 복잡한 성서연구를 조금 더 간단하게 아우를 수 있는 방법이다. 전체를 아우르는 거시적 기준을 통해 미시적 상황으로 들어가야 한다. 미시적 성서 연구로는 각 분야에 정통할 수 있지만, 전체를 아우를 수는 없으며 결국 균형감을 상실하게 된다. 17세기 스웨덴제국은 당시 유럽 최고의 군함을 건조하라는 왕의 명령에 따라 '바사호'를 만들었지만, 항해 첫날 침몰했다. 침몰 원인을 분석한 결과 각 부분의 설계자는 모두 훌륭한 장인들이었지만 배의 전체적 균형을 서로 확인하지 않고, 자기 부분만 가장 크고 화려하게 만든 것이다. 결국 바사호는 전체 균형의 부조화로 침몰하고 말았다.

성서를 해석할 때는 본문의 문학적 측면과 함께 당시 시대의 정치적, 경제적, 종교적 상황을 보면서 집필 동기를 찾는 작업이 필요하다. 포로기 귀환 이후 페르시아제국의 통치 아래 놓인 사제 집단은 성전을 통해 자신들의 위상을 높이고자 했다. 그렇다면 성전 권력자로서 그들에게 필요한 것이 무엇이었을까? 이를 찾기 위해서 당시의 실체적 화폐 사용 여부, 세금, 땅에 대한 속주정책, 사회적 구성원 등 정치적·경제적·종교적 시각을 균형감 있게 가져야 한다. 사제 집단과 성전, 성전세, 땅의 소유와 이방인의 관계는 신학적 해석만이 아니라 경제적 해석, 즉 권력을 위한 해석이 가능하기 때문이다.

따라서 히브리 성서 기록에 대한 의도를 찾는 작업은 역사적 맥락을 기반으로 상호 교차적으로 접근하는 일이 필요하다. 레위인, 레위 제사장은 성전이 완공된 이후 성전국가의 최고 중심 세력으로 자리매김했다. 그렇기에 그들이야말로 성서에 등장한, 성서 편집이 가능한 권력자 집단으로 볼 수 있다. 이로써 이들이 역대기를 통해 자신에 대한 위상을 기록하고 오경의 편집을 통해 레위의 역사와 역할 그리고 레위 제사장의 몫을 편집한 이유를 짐작할 수 있다. 이런 추적은 역대기와 에스라-느헤미야서를 하나의 같은 고리로 묶는 중심에 레위 사제 집단이 있음을 알게 한다.[55] 레위인은 제사장으로서 성전 제의를 담당하기도 하며, 대사장 족보에도 사제들과 같은 자손으로 되어 있다. 또한 레위인들은 주임무로 제사장 보조와 하급일과 법궤와 장막 일을 맡으며(대상 6장), 제사장 업무(23-27장), 찬양대, 성전 문지기, 관리인(25장) 등도 담당하였다. 즉 포로기 귀환 이후 레위인이 성전의 중하위직 업무를 담당했음을 가늠할 수 있다. 이러한 상황은 귀환 엘리트들이 자신을 사독 계열 제사장으로 분류하고, 예루살렘 지방 산당의 제사장(이들을 레위인이라고 언급하지 않음)[56]을 레위인으로 성전 하급 조직으로 귀속시킨 것과 관련이 있다. 레위인에 대한 시각이 산당 제의를 담당하던 부정적인 모습에서 중앙 성전의 업무를 담당하는 긍정

55 김은규, 『종교 권력으로 보는 구약신학』, 291-312.

56 "산당들을 짓고 레위 자손 아닌 보통 백성으로 제사장을 삼고"(왕상 12:31)라는 편집은 산당의 제의자가 레위인이었음을 반증하는 것이지만, 이후 산당 제의가 레위인에 의한 것이라는 성서의 언급은 없다.

적인 모습으로 전환된 이후 레위 제사장이 성전권력의 최후 승자가 되면서 성전 완공 이후의 이데올로기 후대 편집자로 자리매김했음을 알 수 있다.

그러므로 히브리 성서의 중심축에 있는 사제 집단의 'P'문서는 성전이 완공되기 이전에 사독계 사제 집단에 의해 이데올로기의 기틀이 정해져 저작/편집이 진행되었고, 페르시아제국 통치 중후반 들어 성전이 완공된 이후 안정화 시대에는 최후 권력 승자인 레위 사제 집단에 의해 다양한 성서 본문의 편집이 정교하게 이루어졌다. 특히 역대기를 통해 사제 집단 자신들의 위상을 높인 것을 확인할 수 있다. 이런 성서 본문 해석을 통해 당시 사독과 레위 사제 집단은 권력투쟁 관계에 있지 않았고, 오히려 상호 협력관계에 있었음을 알 수 있다. 최종 승자인 레위 제사장이 자신들을 "사독의 자손 레위 사람 제사장"(겔 43:19)이라며 사독계와 동일시하고 있는 점에서 충분히 유추할 수 있다. 성서 본문에 대한 이러한 새로운 해석이 가능한 것은 성서의 각 두루마리를 공시적 관점에서 해체하기 때문이며 그 해체를 통해 그들의 이데올로기를 발견할 수 있기 때문이다.

결론적으로 히브리 성서의 각 문장의 편집과정에 대한 분석은, 히브리 성서의 역사기록을 객관적 기준으로 보려 하는 것을 극복하게 하고 역사적 정황을 새로운 기준으로 제시하며, 또한 글을 사용할 수 있는 저자/편집자가 누구인지에 주목하게 한다. 히브리 성서 본문은 시대적 상황의 변화 속에서 당시 기록을 보존하는 집단의 의도에 따라 편집된 것이며, 오랜 기간 세대와 세대를 넘어 권력 유지를 위한 내부용 교육 자료로서 보존되었다고 할 수 있다.

히브리 성서는 제2예루살렘 성전이 기원전 515년 완공되었다고 보도한다.(스 6:15) 이 성전의 완공은 바벨론 포로기 귀환 사제들의 가장 시급한 숙원 사업이었다. 일차적으로 바벨론 포로공동체에서 성전이 없는 야훼 제의를 드렸기에, 귀환 이후 야훼 성전을 세우기로 한 것이다.(스 3:8) 사제 집단의 이데올로기가 가장 활발하게 형성된 시점은 포로기 귀환 이후 예루살렘 성전이 건설되는 기간이었다. 포로기 이후 성전 건축은 에스라, 느헤미야의 귀환을 정점으로 하고 있으며 페르시아제국의 속주정책인 위임 통치 기간 약 200년을 관통하면서 사제 집단의 이데올로기는 성전 건축을 중심으로 몇 차례 발전했다.

제2성전을 건축하려는 귀환 사제 집단의 중심에는 소위 사독계 사제 집단이 있었다. 성서에 나타난 사독(צָדוֹק, 짜도크)은 다윗과 솔로몬 시절 이스라엘 제사장(삼하 8:17, 왕상 2:35)이었으며 아론의 아들 엘르아살의 자손(대상 24:3)이자 아히둡의 아들(삼하 8:17)로 구약성서에 총 53회 언급되며 신약성서 마태복음 1:14의 예수의 족보에서는 예수의 조상으로 언급되고 있다. 사독이라는 이름은 성벽 건설의 때(느 3:4) 그리고 성벽 완공 후 율법의 언약식(느 10:21)에 참여한 자로 나타나는데, 포로 귀환 이후 성전과 성벽 완공을 통한 제사장 국가(신정국가)의 헤게모니를 가진 자(집단)로 이해할 수 있다.

성서를 편찬할 때 중요한 서술 양식인 과거의 사건에 대해 현재와 미래의 모습으로 서술하는 되쏘기 방식[57]을 사용한다는 점에서 사독에 대한 언급 역시 성전 완공 이후 레위 제사장들의 후대 편집일 가능성이 매우 크다.[58] 사독 제사장은 사무엘하 15:13에 처음 언급되는데 그 후손이 모세-아론-사독-사독 계열의 후손으로 제사장의 정통성을 잇고 있다. 이렇듯 열왕기서에서는 '제사장 사독'이 일곱 차례 등장하는데 역대기에서 나온 2회에 비해 그 비중이 크다.

이처럼 히브리 성서에서 사독이라는 인물이 열왕기서, 사무엘서, 역대기, 에스라-느헤미야서, 에스겔서에 등장[59]하는 것으로 보아 귀환 초기 사제 집단이 사독계 제사장으로 불렸다고 봐야 한다. 히브리 성서에서 대제사장에 대한 언급은 대제사장의 권위를 부여받은 것(사무엘), 왕과 제사장의 관계(열왕기서), 사독 가문의 정통성과 혈통(역대기, 느헤미야서), 야훼 하나님의 대리인 제사장(에스겔)으로 나타나는데, 대제사장의 권위는 '왕에게 기름 부음

---

57 존 도미닉 크로산, 김기철 옮김, 『예수』 (서울: 한국기독교연구소, 2007), 49.

58 제2성전 완공 시 바벨론 귀환 사제 집단(소위 유다 페르시아 3세)을 '사독 계열 제사장'으로, 본토 토착 제사장(토착 사제들)을 '레위 제사장'으로 후대에 분류해서 부른 것으로 보인다.

59 삼하 8:17, 15:24f., 27, 29, 35f., 17:15, 18:19, 22, 27, 19:12, 20:25, 왕상 1:8, 26, 32, 34, 38f., 44f., 2:35, 4:2, 4, 왕하 15:33, 대상 5:34, 38, 6:38, 9:11, 12:29, 15:11, 16:39, 18:16, 24:3, 6, 31, 27:17, 29:22, 대하 27:1, 31:10, 스 7:2, 느 3:4, 29, 10:22, 11:11, 13:13, 겔 40:46, 43:19, 44:15, 48:11.

을 받은 자'(삼상 10:1, 왕하 11:12)이며 '야훼의 사자'(위임자)로서 정통성과 권위를 가지고 있음을 드러내고(말 2:7) 있다. 포로기 이후 제2성전의 사제 집단은 크게 최고위층 엘리트이며 소수인 사독 계열과, 성전 제반의 모든 일을 집행하는 중하위급 레위인 제사장으로 구분할 수 있다. 히브리 성서 본문에 나타나는 '대제사장', '제사장', '아론 자손 제사장', '레위 제사장', '사독의 자손 레위 사람 제사장' 등은 편집 시기의 상황에 따른 호칭으로 이해해야 한다.

필자는 귀환 초기 사독계가 성전 권력을 획득하기 위해 레위 제사장과 권력두쟁을 벌였나는 일부 성서학자의 견해에 뜻을 달리한다. 왜냐하면 바벨론 포로 귀환 초기 사제 집단은 페르시아 정부 조직의 일원으로 귀환했으며, 이를 역사적 정황과 연결하여 이해하면 이들은 개혁을 위해 산당을 비판했지만, 산당의 레위인에게 중앙 성전의 하급직 임무를 맡기는 등 그들을 포용했기 때문이다. 이러한 귀환의 역사에는 이데올로기의 형성과 발전 과정이 있었으며, 이는 한국의 제1공화국의 상황과 비슷하게 전개되었음을 비교하여 이해할 수 있다.[60]

이처럼 인류의 역사를 보면 새로운 진보의 길이 나타나기도 하지만, 과거의 형태가 반복되기도 한다는 것을 알 수 있다. 지금까지 살펴본 이데올로기의 패턴 역시 이와 동일한 과정을 거친다고 할 수 있겠다.

60 찬조. 송건호 이, 『해방 전후 사의 인식 1』(서울: 한길사, 1997).

[표31] 귀환의 모습 비교

사건	포로기 귀환 이후 이스라엘	대한민국 제1공화국
귀국	사제 집단	이승만
보호	페르시아제국	미국
시행	토지 개혁 이방인과 이혼, 결혼 금지정책	토지 개혁
정부	성전/성벽 건설	공화국 건설
청산	다윗 왕조 부정 산당 조직 제거 레위인 산당 제의 제거	조선왕조 거부 친일세력 청산 일제 친일 공무원 해직/청산
새 정부 조직	산당 레위 제사장 하급 조직으로 등용	제1공화국 건립과 함께 친일 관료 정부 공무원 재등용

참고문헌

강승일. "구약성경과 고대근동 문학." 「기독교문화연구」 16 (2011): 51-75.
김상근. 『군주의 거울: 키루스의 교육』. 서울: 21세기북스, 2016.
김영진 외. 『구약성서개론: 한국인을 위한 최신 연구』. 서울: 대한기독교서회, 2005.
김윤식. "역대하 34-35장(요시야 본문)의 수사비평적 연구: 환유를 중심으로." 박사학위 논문, 한신대학교, 2021.
김은규. 『종교권력으로 보는 구약신학』. 서울: 동연, 2019.
______. "페르시아제국 시대에 구약성서의 오경은 신권정치의 관변 경전인가?" 「종교연구」 68 (2012): 169-94.
김종윤. "다윗 내러티브에 대한 3차원적 이데올로기 독법: 성서 내러티브 독법에 있어서의 새로운 제안." 「헤르메네이아투데이」 23 (2003): 21-40.
김지은. "페르시아 시대 이스라엘 사회-종교 변화에 관한 연구." 「구약논단」 13 (2002): 57-72.
김찬국. 『성서와 역사의식: 김찬국의 평화 인권 사상과 예언자 신학』. 서울: 동연, 2021.
김창주. "여호야긴과 에윌므로닥." 「성경원문연구」 37 (2015): 58-83.
노세영·박종수. 『고대 근동의 역사와 종교』. 서울: 대한기독교서회, 2000.
노희원. "십계명의 편집사적 연구." 「구약논단」 1 (1995): 108-53.

민경구. "토라의 수용 및 재해석." 「구약논단」 23 (2017): 14-42.

민경진. "신명기에서의 레위인." 「장신논단」 44 (2012): 13-36.

민영진. "바빌로니아 창조 서사시 〈에누마 엘리쉬〉의 번역과 주해." 「신학과세계」 7 (1981): 273-98.

박정호. 『현대철학의 흐름』. 서울: 동녘, 1996.

박지은. "아모스서에 나타난 하나님의 심판과 구원-아모스 9장을 중심으로." 「구약논단」 85 (2022): 103-27.

양운덕. "새로운 이론: 데리다의 해체이론." 「월간사회평론」 92 (1992): 186-98.

양해림. 『현대 해석학 강의(개정판)』. 파주: 집문단, 2011.

오택현. 『신명기와 신명기 역사』. 서울: 크리스천헤럴드. 2007.

유연희. "어디서 와서 어디로 가는가?(창 16:8): 페미니스트 비평과 하갈과 사라 이야기(창 16장과 21장)." 「구약논단」 23 (2007): 101-17.

______. "주님께서 우리와도 말씀하시지 않았느냐?: 민수기 12장에 대한 이데올로기 비평." 「한국여성신학」 62 (2005): 66-82.

______. "'내가 어찌 한 날에 너희 둘을 잃으랴?': 수사비평과 이데올로기 비평으로 읽는 창 27장." 「구약논단」 16 (2004): 263-91.

윤형. "오경 연구에 대한 해석학적 제안." 「장신논단」 45 (2014): 46-51.

이영미. "구약의 제사장과 현대의 목회자." 「신학사상」 160 (2013): 9-42.

이윤경. "느헤미야, 산발랏, 도비야의 관계를 통해서 본 느헤미야 개혁." 「한국기독교신학논총」 86 (2013): 5-29.

장춘식. "요세푸스의 사마리아인 역사 기록." 「신학논단」 20 (1998): 327-45.

선재영. "민수기에 제사장 문서(P)가 존재하는가?" 「한국기독교신학논총」 111 (2019): 5-38.

정중호. "고대 이스라엘 사회의 게르에 관한 연구." 「사회과학논총」 23 (2004): 511-25.

______. "고대 이스라엘의 성전 재정 운영에 관한 연구." 「구약논단」 6 (1999): 53-78.

천사무엘. 『신구약 중간사 성서의 중간시대』. 서울: 대한기독교서회, 2013.

최연식. 『조선의 지식계보학』. 고양: 옥당출판사, 2015.

한동구. "포로기의 제사장과 레위인의 관계." 「구약논단」 21 (2006): 10-32.

홍국평. "소위 '신자료비평'에 대한 비판적 소고." 「장신논단」 44 (2012): 151-72.

Albertz, Rainer. "More and Less Than a Myth: Reality and Significance of Exile for the Political, Social, and Religious History of Judah." In *By the Irrigation Canals of Babylon: Approaches to the Study of Exile*, edited by John J. Ahn and Jill Middlemas, 20-33. London: T&T Clark, 2012.

Albright, W. F. "King Jehoiachin in Exile." *The Biblical Archaeologist* 5 (1942): 52-112.

Alt, A. "Judas nachbarn zur zeit Nehemias." *PJB* 27 (1931): 66-74.

Baden, J. S. *J, E, and the Reaction of the Pentateuch*. Tübingen: Mohr Siebeck, 2009.

Blum, E. *Das exillische deuteronomistische Geschichtswerk*. Berlin: Walter de Gruyter, 2011.

Broshi, M. "Estimating the Population of Ancient Jerusalem." *The American Schools of Oriental Research* 4 (1978): 10–15.

Brueggemann, Walter. *An Introduction of the Old Testament.* London: Westminster John Knox Press, 2003.

Carroll, Robert P. "The Myth of Empty Land." In *Ideological Criticism of Biblical Texts*, edited by David Jobling and Tina Pippin, 79–93. Atlanta: Scholars Press, 1992.

Chaney, Marvin L. "Ancient Palestinian Peasant Movements and the Formation of Premonarchic Israel." In *Palestine in Transition: The Emergence of Ancient Israel*, edited by D. N. Freedman and D. F. Graf, 39–90. Sheffield: Almond Press, 1983.

Childs, B. S. *The Book of Exodus: A Critical, Theological Commentary. Old Testament Library.* Philadelphia: Westminster Press, 1962.

Clifford, R. *The Cosmic Mountain in Cannon and th Old Testament.* Cambridge: Harvard Univ. Press, 1972.

Cody, Aelred. *A History of Old Testament Priesthood.* Rome: Pontifical Biblical Institute, 1969.

Cook, S. L. "The Levites Sociocultural Change in Ancient Judah: Insight from Gerhard Lenski's Social Theory." In *Social Theory and the Study of Israelite Religion: Essays in Retrospect and Prospect*, edited by Saul M. Olyan, 41–43. Leiden: Brill Academic Publishers, 2012.

Coote, Robert B. and David Robert Ord. *In the Beginning: Creation and the Priestly History.* Minneapolis: Fortress Press, 1991.

Cross, F. M. *Canaanite Myth and Hebrew Epic.* Cambridge, Mass: Harvard University Press, 1973.

______. "The Discovery of the Samaria Papyri." *The Biblical Archaeologist* 26 (1963): 110–21.

Eshel, H. "The Governors of Samaria in the Fifth and Fourth Centuries B.C.E." In *Judah and the Judeans in the Fourth Century B.C.E.*, edited by Oded Lipschits, Gary N. Knoppers, and Rainer Albertz, 223–34. Winona Lake: Eisenbrauns, 2007.

Finkelstein, Israel. "The Population of Palestine in Iron Age II." *The American Schools of Oriental Research* 287 (1992): 47–69.

Gottwald, N. K. "Social Class and Ideology in Isaiah 40–55: An Eagletonian Reading." *Semeia* 59 (1992): 43–57.

Grabbe, L. L. *A History of the Jews and Judaism in the Second Temple Period 1.* London: T&T Clark, 2006.

______. *Judaism from Cyrus to Hadrian.* Minneapolis, MN: Fortress, 1992.

Gray, John. *I & II Kings: A Commentary.* Philadelphia: Westminster, 1970.

Gropp, Douglas M. "Sanballat." In *Encyclopedia of the Dead Sea Scrolls*, edited by Lawrence H. Schiffman and James C. Vanderkam, 823–25. Oxford: Oxford University Press, 2000.

Gunneweg, A. H. J. *Nehemia*, KAT XIX 2. Gütersloh: Gerd Mohn, 1987.

______. "Leviten und Priester: Hauptlinien der Traditionsbildung und Geschichte des israelitisch-jüdischen Kultpersonals." *Forschungen zur Religion und Literatur des Alten und Neuen Testaments* 89 (1965): 98–104.

Janssen, E. *Juda in der Exilzeit*. Göttingen: Vandenhoeck & Reprecht, 1956.

Johnstone, W. *Exoduus*. Sheffield: JSOT Press, 1990.

Joseph, Alison L. "Who Is like David? Was David like David? Good Kings in the Book of Kings." *The Catholic Biblical Quarterly* 77 (2015): 20-41.

Koch, K. and S. M. Cupitt. *The Growth of the Biblical Tradition: The Form Critical Method.* New York: Schribner, 1969.

Lipschits, Oded. "Achaemenid Imperial Policy, Settlement Processes in Palestine, and the Status of Jerusalem in the Middle of the Fifth Century B.C.E." In *Judah and the Judeans in the Persian Period*, edited by Oded Lipschits and Manfred Oeming, 19-40. Winona Lake, IN: Eisenbrauns, 2006.

______. *The Fall and Rise of Jerusalem: Judah under Babylonian Rule.* Winona Lake, IN: Eisenbrauns, 2005.

Lipschits, Oded and Joseph Blenkinsopp. *Judah and the Judeans in the Neo-Babylonian Period*. Winona Lake, IN: Eisenbrauns, 2003.

Macdonald, J. *The Theology of the Samaritans.* London: SCM Press, 1964.

Magen, Yitzhak. "The Dating of the First Phase of the Samaritan Temple on Mount Gerizim in Light of the Archaeological Evidence." In *Judah and the Judeans in the Fourth Century B.C.E.*, edited by Oded Lipschits, Gary N. Knoppers, and Rainer Albertz, 157-211. Winona Lake: Eisenbrauns, 2007.

Meyers, C. L. and E. M. Meyers. *Haggai, Zechariah 1–8*. New York: Doubleday, 1988.

Montgomery, J. A. *The Samaritans, the Earliest Jewish Sect: Their history, Theology and Literature*. Eugene: Wipf and Stock, 2006.

______. *A Critical and Exegetical Commentary on the Books of Kings*, ICC, edited by H. S. Gehman. Edinburgh: T&T Clark, 1951.

Na'aman, N. "The Debated Historicity of Hezekiah's Reform in the Light of Historical and Archaeological Research." *ZAW* 107 (1995): 179–95.

Nelson, R. D. *1, 2 Kings*. Philadelphia: John Knox Press, 1987.

______. *The Double Redaction of the Deuteronomistic History.* Sheffieid: JSOT Press, 1982.

Nemet-Nejat, Karen Rhea. *Daily Life in Ancient Mesopotamia*. Peabody, MA: Hendrickson Publishers, 2002.

Nihan, Christophe. *From Priestly Torah to Pentateuch: A Study in the Composition of Leviticus.* Tübingen: Mohr Siebeck, 2007.

Noth, Martin. *The Deuteronomistic History.* Sheffield: Sheffield Academy Press, 1981.

Otto, E. "Die nachpriesterschriftliche Pentateuchredaktion im Buch Exodus." In *Studies in the Book of Exodus: Redaction-Reception-Interpretation*, edited by M. Vervenne. Leuven: Peeters, 1996.

Porten, B. and A. Yardeni. *Textbook of Aramaic Documents from Ancient Egypt.* Winona Lake: Eisenbrauns, 1993.

Prichard, J. B. *Ancient Near Eastern Texts: Relating to the Old Testa-*

ment. Princeton: Princeton University Press, 1992.

Schaper, Joachim. *Priester und Leviten im achäenidischen Juda: Studien zur Kult-und Sozialgeschichte Israels in persischer Zeit.* Tübingen: Mohr Siebeck, 2000.

______. "The Jerusalem Temple as an Instrument of the Achaemenid Fiscal Administration." *Vetus Testamentum* 45 (1995): 533-39.

Schmid, Konrad. "Post-Priestly Additions in the Pentateuch: A Survey of Scholarship." *Forschungen zum Alten Testament* 111 (2016): 586-604.

Schmidt, Hans. "Mose und der Dekalog." *Zur Religion und Literatur des Alten Testaments* 1 (1923): 78-119.

Smith, Daniel L. *The Religion of the Landless: The Social Context of the Babylonian Exile.* Bloomington: Meyer Stone Book, 1989.

Smith, Morton. *Palestinian Parties and Politics That Shaped the Old Testament.* New York: Columbia University Press, 1971.

Stevens, Marty E. *Temples, Tithes, and Taxes.* Michgan: Baker Academic, 2006.

Torrey, C. C. "The Foundry of the Second Temple of Jerusalem." *Journal of Biblical Literature* 55 (1936): 247-60.

______. "Sanballat. The Horonite." *Journal of Biblical Literature* 47 (1928): 380-89.

Tuplin, Christopher. "The Administration of the Achaemenid Empire." In *Coinage and Administration in the Athenian and Persian Empires: The Ninth Oxford Symposium on Coinage and Monetary History,* edited by Ian Carradice, 149–53. Oxford: British Archaeological Reports Oxford Ltd., 1987.

Vanderhooft, David. "New Evidence Pertaining to the Transition from Neo-Babylonian to Achaemenid Administration in Palestine." In *Yahwism After the Exile-Perspectives on Israelite Religion in the Persian Period*, edited by Rainer Albertz and Bob Becking, 219–35. Leiden: Brill Academic Pub., 2003.

van Seters, J. *The Pentateuch: A Social-Science Commentary.* Sheffield: Sheffield Academic Press, 1999.

von Rad, G. *Die Theolgie der geshichtlichen Überlieferungen Israels.* München: Kaiser, 1969.

______. *Studies in Deuteronomy.* London: SCM Press, 1963.

Waerzeggers, Caroline. "Babylonian Kingship in the Persian Period: Performance and Reception." In *Exile and Return: The Babylonian Context*, edited by J. Stökl and C. Waezeggers, 181–222. Berlin: De Gruyter, 2015.

Watts, James W. *Persia and Torah: The Theory of Imperial Authorization of the Pentateuch.* Atlanta: Society of Biblical Literature, 2001.

Weinberg, J. *The Citizen-Temple Community*. Sheffield: Sheffield Academic Press, 1992.

Weipper, H. "Die 'deuternomistischen' Beurteilungen der Könige won Israel und Juda und das Problem der Redaktion der Königsbücher." *Bib* 53 (1972): 301–39.

Wellhausen, Julius. *Prolegomena to the History of Israel.* Atlanta:

Scholars Press, 1994.

Wiesehöfer, Josef. "The Achaemenid Empire in the Fourth Century B.C.E.: A Period of Decline?" In *Judah and Judeans in Fourth Century B.C.E.*, edited by O. Lipschits and M. Oeming, 11–12. Pennsylvania: Eisenbrauns, 2007.

Williamson, H. G. M. "Samaritans." In *Dictionary of Jesus and the Gospels*, edited by J. B. Green, 726. Leicester: Inter Varsity Press, 1992.

Wolff, H. W. *Gesammetle Studien zum Alten Testament.* München: Kaiser, 1973.

Wright, John W. "Remapping. Yehud: The Borders of Yehud and the Genealogies of Chronicles." In *Judah and the Judeans in the Persian Period,* edited by Oded Lipschitz and Manfred Oeming, 67–90. Pennsylvania: Eisenbrauns, 2006.

Zsengellér, J. *Gerizim as Israel: Northern Tradition of the Old Testament and the Early History of the Samaritans.* Utrecht: Universiteit Utrecht, 1998.

드보, 롤랑. 이양구 옮김. 『구약시대의 생활풍속』. 서울: 대한기독교서회, 2013.

레드포트, 도널드·윌리엄 테베. 강승일 옮김. 『유일신 신앙의 여러 모습들: 하나님은 어떻게 한 분이신가』. 서울: 한국신학연구소, 2008.

레빈슨, 버나드 M. 이영미 옮김. 『신명기와 법 혁신의 해석학』. 오산: 한신대학교 출판부, 2009.

루, 조르주. 김유기 옮김. 『메소포타미아의 역사 2』. 서울: 한국출판사, 2013.
밀러, J. 맥스웰·존 H. 헤이스. 박문재 옮김. 『고대 이스라엘 역사』. 고양: 크리스챤다이제스트, 1996.
바딜로스, 샌즈. 최명덕·박미섭 옮김. 『히브리어 발달사』. 서울: 기혼, 2011.
반하우튼, 크리스티아나. 이영미 옮김. 『너희도 이방인이었느니: 구약법에 나타난 이방인』. 오산: 한신대학교 출판부, 2008.
브라이트, 존. 박문재 옮김. 『이스라엘 역사』. 서울: 크리스챤다이제스트, 1981.
블렌킨소프, 조셉. 소형근 옮김. 『유다교의 기원: 에스라와 느헤미야를 중심으로』. 서울: 대한기독교서회, 2014.
세고비아, 페르난도 F. 박노훈 옮김. 『현대성서학 연구: 난외(欄外)의 전망』. 서울: 한국신학연구소, 2008.
슈미트, 콘라드. 이은우 옮김. "누가 오경을 기록했는가?" 「구약논단」 28 (2022): 282-92.
시오노, 나나미. 이경덕 옮김. 『그리스인 이야기 3』. 파주: 살림, 2019.
알베르츠, 라이너. 배희숙 옮김. 『포로시대의 이스라엘』. 고양: 크리스챤다이제스트, 2006.
______. 강성열 옮김. 『이스라엘 종교사 II』. 고양: 크리스챤다이제스트, 2004.
______. 강성열 옮김. 『이스라엘 종교사 I』. 고양: 크리스챤다이제스트, 2003.
쳉어, 에리히. 이종한 옮김. 『구약성경 개론』. 서울: 분도출판사, 2012.
케슬러, 라이너. 민경구 옮김. 『고대 이스라엘 사회사』. 서울: CLC, 2022.

크로산, 존 도미닉. 김기철 옮김. 『예수』. 서울: 한국기독교연구소, 2007.
크뤼제만, 프랑크. 이지영 옮김. 『자유의 보존: 사회사적 관점에서 본 십계명의 주제』. 서울: 크리스천헤럴드, 1999.
클라인스, 데이비드 J. A. 김병하 옮김. 『포스트모더니즘과 이데올로기 성서비평: 히브리 성서 저자들과 독자들의 이데올로기』. 서울: 한들출판사, 2000.
토마스 C. 뢰머. 김경식 옮김. 『신명기역사서 연구』. 서울: CLC, 2020.
하벨, 노만 C. 정진원 옮김. 『땅의 신학』. 서울: 한국신학연구소, 2001.
핸슨, 폴. 이무용·김지은 옮김. 『묵시문학의 기원』. 서울: 크리스찬다이제스트, 1996.
휘틀럼, 키스 W. 김문호 옮김. 『고대 이스라엘의 발명: 침묵당한 팔레스타인의 역사』. 서울: 이산, 2003.

인명 찾아보기

주제 찾아보기